国家社会科学基金重大项目“中国古籍数字化工程研究”
（项目编号：12@ZH016）研究成果

家谱谱系数据模型研究

肖　禹　王　昭　著

國家圖書館出版社
National Library of China Publishing House

图书在版编目（CIP）数据

家谱谱系数据模型研究 / 肖禹，王昭著 .-- 北京：国家图书馆出版社，2016.11
ISBN 978-7-5013-5980-6

Ⅰ.①家… Ⅱ.①肖… ②王… Ⅲ.①家谱—数据模型—研究—中国 Ⅳ.① K820.9

中国版本图书馆 CIP 数据核字 (2016) 第 258589 号

书　　名　家谱谱系数据模型研究
著　　者　肖　禹　王　昭　著
责任编辑　张　颀

出　　版　国家图书馆出版社（100034　北京市西城区文津街 7 号）
（原书目文献出版社　北京图书馆出版社）
发　　行　010-66114536　66126153　66151313　66175620
66121706（传真）　66126156（门市部）
E-Mail　nlcpress@nlc.cn（邮购）
Website　www.nlcpress.com——➤投稿中心
经　　销　新华书店
印　　装　北京玥实印刷有限公司
版　　次　2016 年 11 月第 1 版　2016 年 11 月第 1 次印刷

开　　本　787×1092（毫米）1/16
印　　张　20.5
字　　数　500 千字

书　　号　ISBN 978-7-5013-5980-6
定　　价　60.00 元

前　言

目前，与家谱相关的专著主要有谱牒学论著、家谱目录提要、家谱资料汇编、家谱专题内容研究等，与家谱数字化相关的专著仍以元数据研究为主。本书以家谱谱系为研究对象，借鉴现有的谱牒学和古籍数字化领域研究成果，对国内外具有代表性的家谱数据模型进行比较研究，并在此基础上研制新的谱系数据模型。

家谱谱系数据广泛应用于寻根 SNS、家谱编撰、文献整理、历史研究等多个领域，在各种类型的谱系中最具代表性。通过对家谱谱系数据模型的研究，可以解决家谱谱系的描述与应用的问题，也可以用于家谱谱系数据交换格式或长期保存。家谱谱系数据模型除了支持一般的应用工具，还要支持专业学术工具，注重信息来源、引用情况、版本比较、文字校雠、专家意见等专业信息的记录和存储，提供必要的研究环境支持。家谱谱系是按照世系关系（包括血缘关系、婚姻关系、继承关系等）组织的人物信息集合，本身就具有数字资源整合的性质，如果加入数据链接，引入时间、空间、文献等维度，可以实现更大范围的资源整合。

本书以家谱谱系为研究对象，通过与家谱索引数据、全文文本数据进行比较，分析了谱系数据模型的基本特征和主要用途。通过对谱系电子表格、世系树 XML、GEDCOM 等现有数据模型的比较研究，从家谱谱系的内容特性出发，结合中华寻根网数据建设项目中出现的实际问题，明确家谱谱系数据模型的设计思路。按照核心集、扩展集、辅助集的方式构建家谱谱系数据模型，核心集由人物子集、关系子集、来源子集、注释子集、链接子集和修订子集组成。人物子集描述谱系中的人物信息，关系子集描述谱系中的人物关系，链接子集描述谱系数据的内部链接或外部链接，来源子集描述谱系数据的来源信息，修订子集描述谱系数据的修订信息。人物子集可进行扩展；关系子集支持家庭模式和宗族模式，宗族模式分为 3 个等级：宗族树，由一棵完整的世系树及若干与宗族相关的孤立节点组成，可用于描述房谱、支谱和世代连续的宗谱；统宗树，由多棵世系树或宗族树及若干与宗族相关的孤立节点组成，可用于描述宗谱和通谱；联宗树，由多棵世系树、宗族树或统宗树及若干与宗族相关的孤立节点组成，可用于描述联宗谱（含同姓联宗谱和异姓联宗谱）。

本书着力于家谱谱系数据模型的分析、比较与构建，希望能够提供一个结构化（或半结构化）的可控数据描述方式，使家谱谱系摆脱传统载体和书写形式的限制，依据应用的需求，订制生成一定复杂度的谱系数据，同时兼顾谱系数据的规范性和可复用性；提供灵活的家谱谱系存储方式，模型的 XML 实现或数据库实现都可以用于家谱谱系数据的保存，加入必要的元数据和存储机制，也可用于家谱谱系数据的长期保存；支持数据影射机制，可以与基于其他模型的家谱谱系数据实现无损（或低信息损失）数据交换；实现结构化人物描述和显性人物关系描述，其数据实现支持世系检索、查重、连缀、截取、拼接、重构、解构等应用，既可用于单机软件，也可用于网络平台；除了支持一般的应用工具，还支持专业学术工具，注重信息来源、引用情况、版本比较、文字校雠、专家意见等专业信息的记录和存储，提供必要的研究环境支持；支持家谱人物信息资源整合，若加入数据链接，引入时间、空间、文献等维度，可实现更大范围的资源整合。

本书为国家社会科学基金重大项目“中国古籍数字化工程研究”（项目编号：12@ZH016）和国家图书馆科研项目“家谱谱系数字化模型研究”（项目编号：NLC-KY-2014-12）的研究成果，获得国家图书馆文津出版基金的资助，特此致谢！在项目研究和成书过程中，国家图书馆陈红彦、申晓娟、龙伟、李志尧、周晨等老师给予了热心的指点，提出了很多中肯的意见和建议；国家图书馆出版社的金丽萍、王炳乾、张颀等老师为本书的出版付出了辛苦的劳动，在此一并表示感谢！

肖 禹

2016 年 8 月

目　录

1 绪论

家谱，又称为族谱、宗谱、世谱、谱牒、家乘等，徐建华在《中国的家谱》中列举与家谱相关的名称70余个[①]，王鹤鸣在《中国家谱通论》中列举有代表性的家谱定义10多种[②]，欧阳宗书在《中国家谱》中将家谱定义为三个层面：家谱是记述氏族或宗族世系的书；家谱是记录宗族世系和事迹的书；家谱就是家族史[③]。本书引用《中国家谱总目·前言》中的家谱定义，“家谱，或曰族谱、宗谱，是记载同宗共祖的血亲集团世系、人物、事迹的历史图籍”[④]。

1.1 谱系

谱系，在《现代汉语词典》上有两个定义：①家谱上的系统；②泛指事物发展变化的系统[⑤]。

第一个定义可以理解为狭义的谱系，家谱中的人物与人物关系所构成的系统，即世系。欧阳宗书在《中国家谱》中指出：“世系又称世传录、世系表、世系图等，它是家谱中的主体部分。这部分内容是中国历代家谱所共有的，家谱之所以能区别于正史与方志，主要就由这部分内容来体现。它详细记载从一世祖至修谱日期止，家族所有成员的姓名、生卒年月日、寿数、科第、职官、葬地、妻室、正妻及续娶的姓氏、父名、行次、有子女妾姓氏、受封侧室姓氏。子，人数，有无出嗣。女，人数，出嫁何人。这些一律依辈分高低、年龄长幼、嫡庶亲疏排列。一族人的源流关系、血缘亲疏、繁衍情况、婚嫁情况皆可一目了然。”[⑥]徐建华在《中国的家谱》中认为：“世系，也称世表、世系表、世系图、根图，是以图表形式反映家族成员的血缘关系，这是家谱的主要内容，通常是五代为一表。世系录，也有家谱称世序、世系考、传实、行实、世录，是对世系表的解释，即记录一个人生、老、病、死、葬的简历，内容包括父名、排行、名、字、号、生卒年月日时、享年、官职、功名、德行、葬地、葬向、妻妾的生卒年月日时、封诰、岳家、子女、女嫁之人，有无富贵外孙等，特别重生死、血统。”[⑦]王鹤鸣在《中国家谱通论》中将世系定义为“记载一世祖至撰修该家谱时历代成员的姓名字号、生卒年月、职官科第、妻室子女、葬地坟茔等内容的图表。它是中国家谱的主体部分和后人谒祖寻

① 徐建华．中国的家谱[M]．天津：百花文艺出版社，2002：9.

② 王鹤鸣．中国家谱通论[M]．上海：上海古籍出版社，2010：1－3.

③ 欧阳宗书．中国家谱[M]．北京：新华出版社，1993：1－3.

④ 王鹤鸣．中国家谱总目[M]．上海：上海古籍出版社，2008：前言．

⑤ 中国社会科学院语言研究所词典编辑室．现代汉语词典[M]．修订本．北京：商务印书馆，2000：989.

⑥ 欧阳宗书．中国家谱[M]．北京：新华出版社，1993：114－115.

⑦ 徐建华．中国的家谱[M]．天津：百花文艺出版社，2002：37－38.

根的主要线索，也是区别家谱与其他方志、家传、家史等书籍的主要依据。世系居家谱中重要分量，往往占到一部家谱四分之三以上的篇幅”①。

第二个定义可以理解为广义的谱系，泛指事物发展变化的系统，除了家谱谱系以外，还可以是植物谱系、动物谱系、器物谱系、神仙谱系、学术谱系等。以印度因明谱系为例，如图1－1所示，学术谱系中包含代表人物、师承关系、学术观点等内容。再以《真灵位业图》的神仙谱系为例，该书将之前道书中所出现的先天尊神、后天仙真、人鬼、星君、地祇、幽冥官吏及各类神将、仙官等近七百位神鬼仙圣，纳入其所设定的玉清、上清、太极、太清、九宫、洞天、酆都等七个等级的体系之中，其中每一级都有一位居于中位的主神统领，左右分设众多辅神拱卫守护，形成了一个等级森严、和谐有序的神仙谱系②。

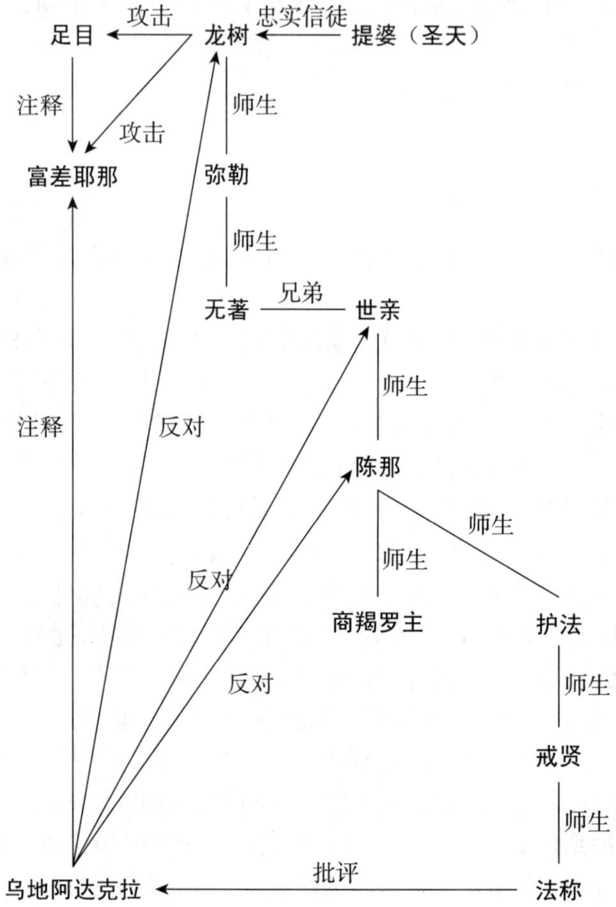

图1－1　印度因明谱系图③

1.1.1　谱学

谱学，也称作谱牒学、家谱学等，即谱牒之学。白寿彝在《中国史学史》中指出：“魏晋

① 王鹤鸣．中国家谱通论［M］．上海：上海古籍出版社，2010：306.

② 李剑楠．道教神仙谱系的建构初探［D］．北京：中央民族大学，2010：40.

③ 刘纯．由因明谱系看其思想演变［D］．秦皇岛：燕山大学，2009：9.

南北朝隋唐时期历史撰述中反映门阀地主的要求和趣味，就颇为显著。其中之一就是由名门大姓家谱之分别编撰逐渐发展成为一门综合各家记载的专门之学——谱学。”①仓修良在《试论谱学的发展及其文献价值》中认为：“谱学和方志学一样，都是史学的旁支，并随着史学的发展而产生和形成，乃至最后成为一门独立的学问——谱学。”②欧阳宗书在《中国家谱》中将谱学定义为：“专门研究谱牒，亦即家谱的学科。其内涵就是：研究中国家谱产生、发展的过程及其赖以生存的条件，揭示其发展规律，并科学地探究家谱所蕴含的各种文化内容和它的意义。谱牒学的外延应该是：从历史学、宗教学、法学、教育学、经济学、伦理学、人才学、遗传学等众多学科的视角出发，对中国家谱作综合地、立体地、全面地研究，以揭示家谱的特有历史功能、学术价值及现实意义。谱牒作为一门学问，虽然早在魏晋南北朝时期即已出现，但过去的所谓‘谱学’，无非是讲如何修家谱，如何更得力地、更密切地为特权阶级服务，远非现实意义上的、具有完整理论体系的独立学科。”③

“谱学”一词的出现不应晚于南北朝时期，在《南齐书·贾渊传》中有“贾渊，字希镜，平阳襄陵人也。祖弼之，晋员外郎。父匪之，骠骑参军。世传谱学。……先是谱学未有名家，渊祖弼之广集百氏谱记，专心治业”④。王鹤鸣在《中国家谱通论》中指出，《世本》是周代谱学著作的代表，也是后代所有总括性的谱牒所宗师、祖述的开山之作，《世本》等谱系著作的问世，表明中国谱学已脱离原始形态，标志着中国谱学已正式诞生⑤。仓修良在《试论谱学的发展及其文献价值》中概述了中国谱学发展的三个高潮：魏晋南北朝时期，门阀豪族最重门第、血统、婚宦，谱学成为维护门阀豪族利益、巩固门第制度的一种史学，修撰家谱的风气盛极一时，出现了许多著名的谱学家和专著，形成了谱学发展的第一个高潮；到了唐代，谱学在魏晋南北朝的基础上继续的得到发展，为了提高政治集团的社会地位、调节地主阶级各阶层之间的关系、巩固政权统治，唐代的谱学主要掌握在政府手中，几部大的谱牒著作亦皆为官修，出现了谱学发展史上第二个高潮；到了唐代后期，由于士、庶界限逐渐淡漠，矛盾、斗争逐渐缓和，官修谱学也就随之衰落下去，宋代开始，大多以一家一族修“私家之谱”为主，以欧、苏两家最为出名，后世奉为法式，同时，产生了一种新的体裁——年谱（按年月专门记载某一个人生平事迹的一种著作，它是由传记体发展而来的），特别到了清代，年谱之风盛行，乾嘉时期风气尤盛，遂出现了谱学发展史上第三个高潮⑥。

1.1.2 家谱谱系

家谱谱系，即世系，是家谱的核心内容。不论哪一类型的谱书，均有宗族得姓渊源、世系、地望及代表人物小传，且以世系为主体，若无世系就不成其为宗族谱了⑦。目前已知最早记录世系文字的是三件甲骨：《库方二氏藏甲骨卜辞》之1506号，容庚、瞿润缗撰《殷契卜辞》

---

① 白寿彝．中国史学史：第一册［M］．上海：上海人民出版社，1989：58.

② 仓修良．试论谱学的发展及其文献价值［J］．文献，1983（2）：207.

③ 欧阳宗书．中国家谱［M］．北京：新华出版社，1993：136.

④ 萧子显．南齐书［M］．北京：中华书局，1972：906－907.

⑤ 王鹤鸣．中国家谱通论［M］．上海：上海古籍出版社，2010：62－63.

⑥ 仓修良．试论谱学的发展及其文献价值［J］．文献，1983（2）：211－229.

⑦ 冯尔康．中国古代的宗族和祠堂［M］．北京：商务印书馆，1996：167.

之209号和董作宾编《殷虚文字乙编》之4856号①。现存最早的纸本世系是《高昌某氏残谱》(1973年出土于阿斯塔那173号墓，收入《吐鲁番出土文书》第三册第64页)和《某氏族谱》(1966年出土于阿斯塔那50号墓，收入《吐鲁番出土文书》第三册第179至184页)②。

钱杭在《宗族的世系学研究》中指出，"世系的基本特征，是通过排列有序、世次分明的文、图、表等形式，连续性地描述人类上下世代之间的继承关系③"，并列出了7种典型的世系：无配偶、无旁系、无世序、无间断；无配偶、无旁系、有世序、无间断；无配偶、有旁系、无世序、无间断；无配偶、有旁系、无世序、有间断；无配偶、有旁系、有世序、有间断；有配偶、无旁系、无世序、无间断；有配偶、有旁系、有世序、无间断。

倪义省在《家谱编撰概说》中总结了历代世系编撰方式的变化：汉代以前，一般只按照世系先后，简略叙述家族的人名，交代人物之间的世系关系，形式非常简单；汉代，世系不仅记人名(即世谥)、字号，而且记官位、姓氏起源等，形式上有横格制(分代分格按顺序记载)、(以姓为单位)先叙述得姓渊源再叙述世系官位、一以贯之的叙述；魏晋南北朝时期，世系开始反映婚姻情况，出现了现存最早的世系图表；唐代，世系以图表式为主，一般分代分格填写；宋代，欧、苏两种世系编排都行"小宗之法"，五世一图，也有欧、苏并用(世系图用欧式，世系表用苏氏)；元代，不拘泥于欧、苏的"小宗之法"，以"大宗之法"绘制谱图，出现了女儿、女婿、继室、侧室、继子等入谱的情况；明、清、民国，世系编撰方法在欧、苏两式的基础上不断发展，日臻完善④。

宋代是中国家谱的转型时期，欧阳修和苏洵创立了新的谱法，对后世影响巨大，即"欧苏体例"。欧式谱系按世代分格，自上而下每格记一世，五世为一图(五世以后，格尽另起)，谱名左侧小字记字号、生卒、配偶、目的、职官等，如图1－2所示。与欧式相比，苏式更强调宗法关系。苏式谱系仍然五世为一图，世代直行下垂，世代间用竖线连接，同辈自右向左(由大到小)排列，如图1－3所示，五世之后另起一图，但是第五世必须要同见于第一图末和第二图始，因此，第二图记第五至九世，第三图记第九世至十三世，依次类推。苏洵谱法一方面强调从纵的方面，注意诸父多子相继关系，主张五世则迁的小宗之法；另一方面又强调从横的方面，对兄弟分支加以却别，推崇合各支为一编的大宗普，推崇大宗之法⑤。后世修谱亦有欧苏并用的形式，即世系图用苏式，世系表用欧氏，如图1－4所示。

王鹤鸣在《中国家谱通论》中分析了徽州(一府六县)明至民国间48部家谱，世系都遵循欧苏体例，可以细分为4种情况：五世一图，第五世另起一图为图首，世系与世传合图；五世一图，第六世另起一图为图首，世系与世传合图；五世一图，第五世另起一图为图首，世系与世传分列；五世一图，第六世另起一图为图首，世系与世传分列。又任选50种徽州家谱，第1种情况占30%，第2种情况占20%，第3种情况占30%，第4种情况占10%，其他情况占10%⑥。

除了欧苏体例以外，家谱谱系还有宝塔式、牒记式、韵文式等。

---

① 陈梦家．殷虚卜辞综述[M]．北京：中华书局，1988：499.

② 郭锋．晋唐时期的谱碟修撰[J]．中国社会经济史研究，1995(1)：29.

③ 钱杭．宗族的世系学研究[M]．上海：复旦大学出版社，2011：43.

④ 倪义省．家谱编撰概说[M]．福州：福建人民出版社，2009：117－123.

⑤ 王鹤鸣．中国家谱通论[M]．上海：上海古籍出版社，2010：114.

⑥ 王鹤鸣．中国家谱通论[M]．上海：上海古籍出版社，2010：403－407.

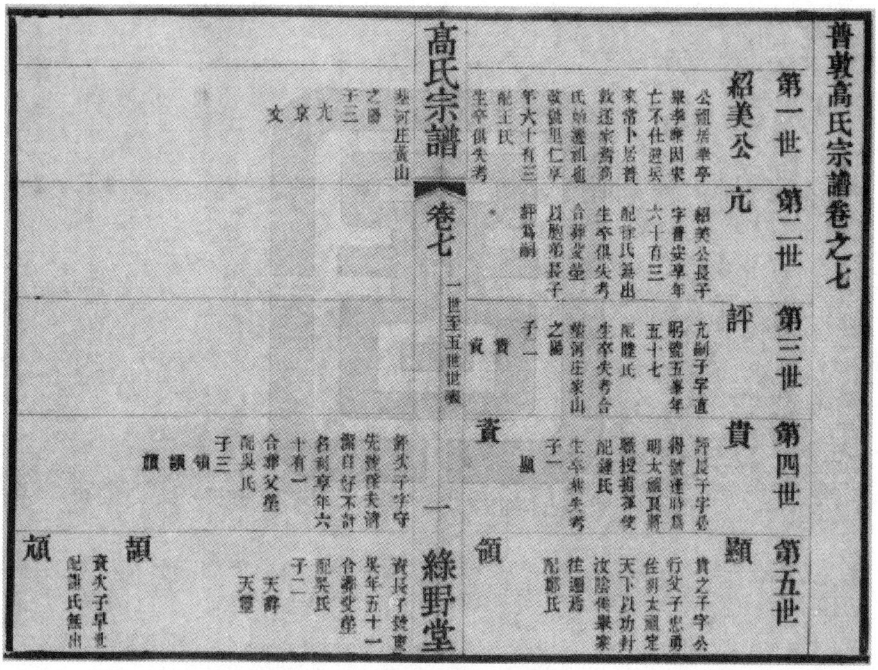

图 1－2　欧式谱系样例图①

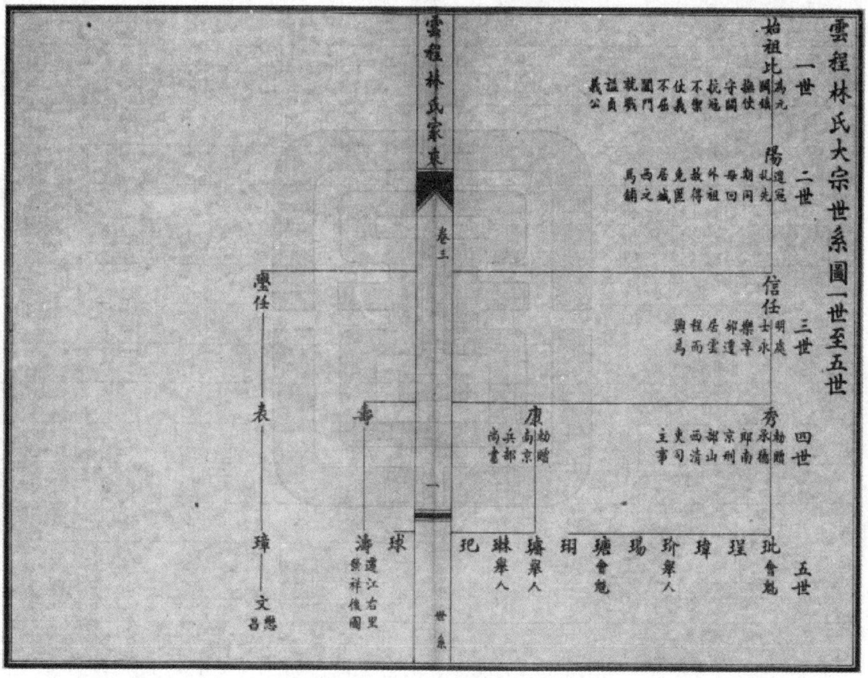

图 1－3　苏式谱系样例图②

① 见：高近纲等纂修《普敦高氏续修宗谱》(民国二十年绿野堂木活字本)。
② 见：林懋勳等纂修《侯官云程林氏家乘》(民国二十七年铅印本)。

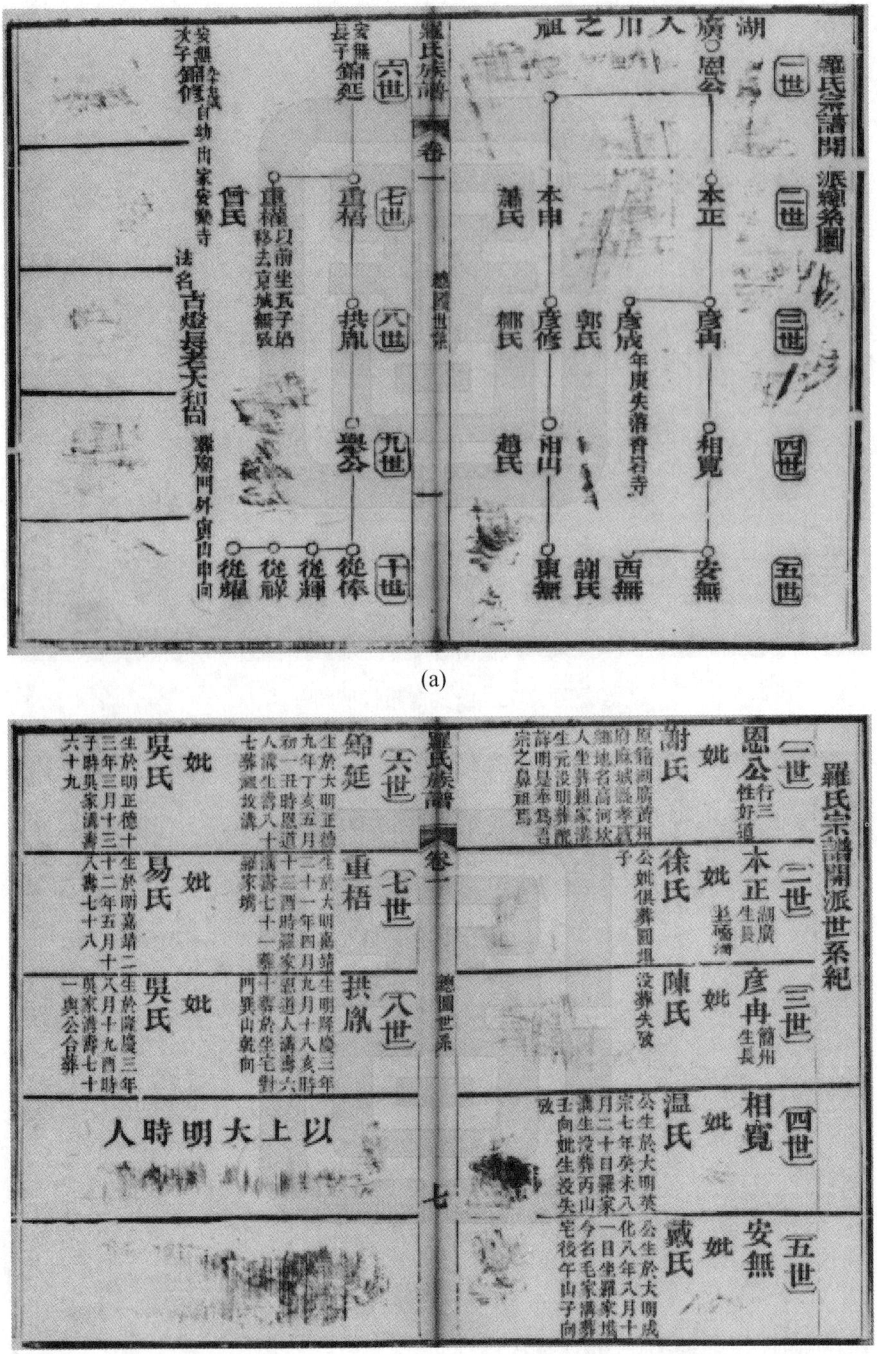

(a)

(b)

图 1－4　欧苏并用谱系样例图①

① 见：罗元廷等纂修《罗氏族谱》（民国二十年增修刻本）。

1.2 家谱谱系数据

传统的家谱谱系载体有甲骨、青铜器、石、绢布、纸等，现代的载体有缩微胶片、磁盘、光盘等。将家谱谱系数字化或在数字环境下编制谱系，即可生成家谱谱系数据。家谱谱系数据的存储格式有 TXT、DOC（或 DOCX）、HTML、XML、TIFF、JPEG、PDF、XLS（或 XLSX）、GED、MDB（MACCDB）、MYD、MDF 等。除了口传或结绳谱系采用音视频方式保存，使用文字编制的谱系通常采用图像或文本方式保存。

1.2.1 家谱数字化

谱系是家谱的核心内容，且占据家谱文献的主要篇幅。因此，可以通过考察家谱数字化情况了解家谱谱系数据的基本情况。毛建军在《中国家谱数字化资源的开发与建设》①中概述了国内家谱目录数据库和全文数据库建设的基本情况，在《中国家谱数字化的新进展》②中概述了"家谱先生""天下家谱"等家谱编辑软件和"中华寻根网"等家谱数字资源整合系统。王昭在《家谱文献资源数字化现状与思考》③中概述了国内家谱文献数字化建设现状，图书馆、博物馆等公藏机构和商业机构、宗亲会等已取得的成果，并就家谱数字化工作分散进行、无统一标准、重复建设、无法整合、使用不便等问题提出对策。

目前，家谱数字化的主要形式有目录、索引、图像、文本等。目录数据主要描述家谱文献的外部特征，揭示家谱文献的内容特征，不能直接用于描述家谱谱系。图像数据只能反映谱系在家谱文献中的原貌，不能支持检索等应用。全文文本数据描述了家谱文献的内容信息和版式信息，可以支持全文检索，如附录 1 所示。page 标签描述叶（筒子页）信息，首先是叶号、对应的图像文件、图像大小、图像中心等，然后用 text_region_list 标签描述文字和文字版式，用 page_text_list 描述版心，用 image_list 描述叶内插图，用 line_list、rect_list 等描述叶内的图形，reverse_list 描述集外字贴图。通过对附录 1 的分析可以发现全文文本数据将表示世系关系的线段与版框、界栏等都作为图形处理，并没有语义标记，既没有检索意义，也无法用于显示以外的应用。如果只从检索角度考虑，全文文本数据与附录 2 中的索引数据差别不大。当然，附录 2 中的索引数据并不是典型意义上的索引数据，传统的人名索引数据要去掉 generation、branch 和 detail 标签。

家谱谱系数字化当然属于家谱数字化范畴，但是由于谱系格式与内容的复杂性，传统的目录、索引、图像、文本等数据都不能满足谱系数字化的要求，谱系数据应该是结构化人物描述，显性人物关系描述，支持世系检索、查重、连缀、截取、拼接、重构、解构等。

1.2.2 家谱谱系数据研究现状

目前，国内对家谱谱系数据的研究还比较少，择其要者简述如下：

---

① 毛建军．中国家谱数字化资源的开发与建设［J］．档案与建设，2007（1）：22－24.

② 毛建军．中国家谱数字化的新进展［J］．数字与缩微影像，2013（2）：47－48.

③ 王昭．家谱文献资源数字化现状与思考［J］．科技情报开发与经济，2013（10）：110－113.

张帆在《家谱档案转型研究》①中指出，国内外现有电子家谱档案有两种制作方式，一是通过的大型综合性网站中的“家族树”板块或者专门的家族树网站，自行创建电子家谱。二是家谱软件制作电子家谱。家族树通常以一个人为节点，链接家人，还可以邀请其他亲戚加入，建立家族圈，依托树状结构将家庭中的成员网聚在一起，用户自动生成一个免费的电子家谱，国内网站有：家族网（Jiazuwang.net）、家族（Jia.qidian.com）、家族树（Jiazushu.net）等，国外的有 My family.com、Ancestry.com 等。通过这些网站编撰的电子家谱，约占所有电子家谱的 95%。电子家谱编撰软件与网站家族树模式类似，创建方式和步骤也类似，不同之处在于多为单机版，并且增加了后期的打印功能，国内软件有：家谱先生、弘网家谱、千秋家谱、中华族谱、永恒族谱等，国外有：Agelong Tree、Osk、GenSmarts、Genbox Family History 等。目前使用软件编撰的家谱不多，仅占所有电子家谱的 5%。

皇甫冉在《多媒体族谱数据库及网上查询系统》②中提出，将族谱资料分解为三个相关实体：族谱基本信息、族谱世系信息和族谱补充资料。族谱基本信息包括姓氏编号、族谱序号、族谱名、省、市、乡镇、村、乡镇 / 村的别名、开基祖先、发源地、起源时间、族源信息（来源及繁衍过程）、衍派（灯号）。族谱世系信息包括世系序号、族谱序号、世代、姓名、字、号、生日、卒日、旅居地（国家）、亡地、葬地、妻子、子女、父亲、父指针。族谱补充资料包括族谱序号、世系序号、资料序号、其他文字资料、多媒体信息说明、多媒体信息（图像或视频资料）。

冯一茹在《家谱元数据规范设计与 XML 实现》③中提出，家谱元数据规范包括 4 个核心实体集和 3 个辅助实体集，核心实体集包括头信息实体集、书目管理信息实体集、内容结构信息实体集和宗族信息实体集，辅助实体集包括时间信息实体集、空间信息实体集和个人 / 单位信息实体集。内容结构信息包括：谱序、谱例、谱论、像赞、世系、传记、艺文著述、其他 8 个子集，目录、修谱名目、姓氏源流、恩荣录、字辈、仕宦录、礼仪、祠堂、墓茔、族规家训、契约、族产、领谱字号、余庆录 14 个元素。宗族信息包括姓氏、郡望、堂号、房系、支系、备注 6 个元素，世代范围、时间范围、修谱历史、谱籍、始祖、名人 6 个子集。详见附录 10。

柯洲在《数字化家谱的研究与实现》④中提出，家谱数据库由家谱总目表、成员信息表和家谱信息表组成。家谱总目表包括家谱 ID、家谱名、家谱人数、家谱属地和家谱创制时间字段；成员信息表包括成员编号、家谱编号、姓、名、性别和成员生日字段；家谱信息表包括家谱编号、家族故事、家族历史和家族今日字段。采用静态树状结构表示人物关系。

雷晖在《基于 Flex 与 J2EE 的族谱网的设计与实现》⑤中提出，族谱树采用树的思想，把每个成员的关系以 XML 的形式存储于数据库中，族谱树以 Flash 形式展示给用户，Flash 根据由成员关系成生的 XML 文件来生成一棵树的形式，生成 XML 与提取这部分功能是用 PHP 来实现，生成的 XML 文件被保存在数据库中。“族谱树”以我为中心，可以添加父亲、母亲、兄弟、姐妹、妻子和儿女。

---

① 张帆 . 家谱档案转型研究［D］. 天津：天津师范大学，2012.

② 皇甫冉 . 多媒体族谱数据库及网上查询系统［D］. 泉州：华侨大学，2001.

③ 冯一茹 . 家谱元数据规范设计与 XML 实现［D］. 南京：南京师范大学，2011.

④ 柯洲 . 数字化家谱的研究与实现［D］. 武汉：华中师范大学，2011.

⑤ 雷晖 . 基于 Flex 与 J2EE 的族谱网的设计与实现［D］. 苏州：苏州大学，2011.

杨翼在《家谱数据交换标准研究》①中提出，家谱数据模型由家谱元数据信息、家谱基本信息和家谱时空信息三部分组成。家谱基本信息包含个人信息、家庭信息、家族信息和家谱事件信息。家谱数据交换总体框架由4个主要元素集合和4个次要元素集合组成（次要元素集合不能独立存在）。主要元素集合包括元数据信息、个人信息、家庭信息和家族信息；次要元素集合包括事件信息、文献信息、多媒体信息和引用信息。详见附录11。

国外对家谱谱系数据的研究比较早，20世纪80年代就制订了GEDCOM（Genealogical Data Communication）标准，并广泛应用于家谱软件和家谱网站中，类似的标准还有GREnDL（Genealogieal Record Exchange and Description Language）、GedXML（the XML specifieation of GEDCOM）、GenTech Genealogieal Data Model、GenXML等。

1.3 研究定位

本书定位于家谱谱系的数据模型研究，家谱谱系广泛应用于寻根SNS（Social Networking Services，社交网络）、家谱编撰、文献整理、历史研究等多个领域，在各种类型的谱系中最具代表性；给家谱谱系建立数据模型，不针对特定软件和应用来设计数据结构，保证数据模型的功能性、通用性和开放性。家谱谱系数据模型可以通过数据文件、数据库等形式实现，也可以形成特定领域内的标准规范。

家谱谱系数据模型具有以下作用：

（1）家谱谱系数据模型提供了一个结构化（或半结构化）的可控数据描述方式，使家谱谱系摆脱了传统载体和书写形式的限制，依据应用的需求，订制生成一定复杂度的谱系数据，同时兼顾谱系数据的规范性和可复用性。

（2）家谱谱系数据模型提供了一种家谱谱系存储方式，模型的XML实现或数据库实现都可以用于家谱谱系数据的保存，加入必要的元数据和存储机制，也可用于家谱谱系数据的长期保存。

（3）一个定义良好的家谱谱系数据模型可以描述家谱谱系中的必要信息，通过一定的数据影射机制，可以与基于其他模型的家谱谱系数据实现无损（或低信息损失）数据交换。

（4）家谱谱系数据模型实现了结构化人物描述和显性人物关系描述，其数据实现支持世系检索、查重、连缀、截取、拼接、重构、解构等应用，既可用于单机软件，又可用于网络平台。

（5）家谱谱系数据模型除了支持一般的应用工具，还要支持专业学术工具，注重信息来源、引用情况、版本比较、文字校雠、专家意见等专业信息的记录和存储，提供必要的研究环境支持。

（6）家谱谱系是按照世系关系（包括血缘关系、婚姻关系、继承关系等）组织的人物信息集合，本身就具有数字资源整合的性质，如果加入数据链接，引入时间、空间、文献等维度，可以实现更大范围的资源整合。

本书第2部分为谱系电子表格，分析利用电子表格存储家谱谱系的利弊，谱系电子表格是一种用户自定义的谱系数据模型；第3部分为家谱树，讨论世系关系的树形结构描

① 杨翼．家谱数据交换标准研究［D］．南京：南京师范大学，2009.

述、人物结构化描述和世系 XML，世系 XML 是文献收藏机构使用的谱系数据模型；第 4 部分 GEDCOM，研究家庭树模型、GEDCOM 文件格式、从 GEDCOM 到 GEDCOM X 的发展变化以及 GEDCOM 如何应用于中国家谱，GEDCOM 是家庭史等专门领域使用的谱系数据模型；第 5 部分为世系树，以谱牒学为理论基础，对上述三类谱系数据模型进行比较研究，结合家谱数字化项目中出现的实际问题和应用需求，提出世系树模型，给出世系树文件的 XML schema 描述，探讨世系树模型的扩展与应用。

2 谱系电子表格

郭东松在《使用电子表格软件制作“家谱”初探》①一文中指出：“用电子表格软件制作了一个家谱，这种方法非常简单、实用，也容易保存，成本也非常低廉，并且非常容易上手普及。”对公众而言，使用通用的办公软件来制作家谱世系，而不是选择家谱专用软件，主要是出于信息素养、时间成本、价格成本等方面的考虑。文字处理和电子表格是最为常用的办公软件，如果不考虑采用传统修谱方式进行排版，电子表格就是一个很好的选择。

2.1 谱系与电子表格

电子表格可以输入输出并显示数据，也可利用公式计算一些简单的加减法；可以帮助用户制作各种复杂的表格文档，进行烦琐的数据计算，并能对输入的数据进行各种复杂统计运算后显示为可视性极佳的表格；同时它还能形象地将大量枯燥无味的数据变为多种漂亮的彩色商业图表显示出来，极大地增强了数据的可视性；电子表格还能将各种统计报告和统计图打印出来②。简言之，电子表格具有数据输入、显示、计算、可视化、统计、打印等功能。目前，应用最为广泛的是微软（Microsoft）公司的 Excel。

1985 年，微软公司正式推出 Excel for Macintosh；1987 年，推出 Excel 2.0 for MS-DOS 3.0 和 Excel 2 for Windows（与 Windows 直接捆绑）；1993 年，推出 Excel 5（与 Microsoft Office 捆绑），开始支持 VBA（Visual Basic for Applications）；随后推出了 Excel 95、97、2000、XP、2003、2007、2010 等版本；目前最新的版本是 Excel 2013。Excel 可应用于 PC 平台的 Windows 和 Mac OS 系统，平板电脑或智能手机平台的 IOS、Android 和 Windows Phone 系统③。对于谱系数据而言，需要 Excel 的输入、修改、显示、统计、查询、打印等功能。

传统家谱谱系的记录方式已在 1.1.2 中说明，此处不再赘述。部分明代家谱世系采用了表格形式，如图 2－1 所示，每一派由若干叶（筒子页）组成，每半叶为一个六行多列的表格，第一行为支派，第二至六行为五世，每个人的名字占用一格（小字可占用多格），用行表示世代关系，用列表示血缘关系（父子关系和兄弟关系）：三十六世“永康”（生子三：社、政、宥）在第 2 行第 3 列，三十七世“宗社”（生子二：富、兴）在第 3 行第 3 列，三十七世“宗政”在第 3 行第 6 列，三十七世“宗宥”在第 3 行第 8 列，三十八世“重富”在第 4 行第 3 列，三十八世“重兴”在第 4 行第 4 列。

---

① 郭东松．使用电子表格软件制作“家谱”初探［J］．湖北经济学院学报（人文社会科学版），2013（2）：187－188.

② 百度百科．电子表格［EB/OL］．［2014－06－30］.http：//baike.baidu.com/view/2057578.htm?fr=aladdin.

③ Excel［EB/OL］．［2014－06－30］.http：//office.microsoft.com/zh-cn/excel/.

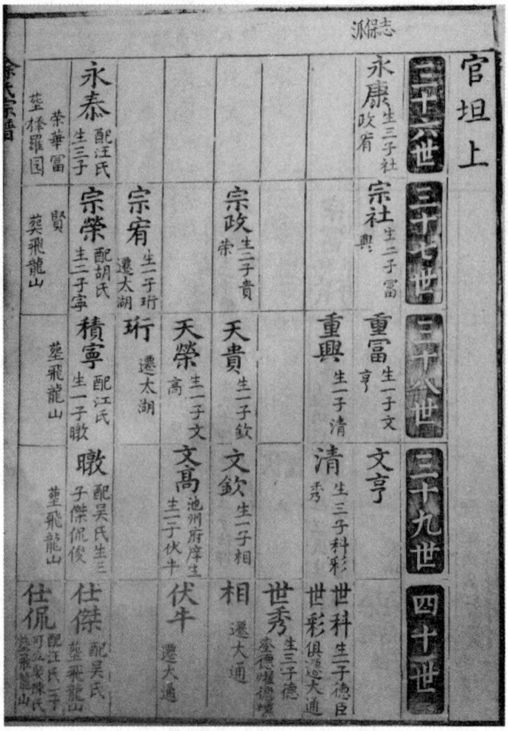

图 2－1　徐氏宗谱①（明万历间刻本）谱系

受纸本和印刷的限制，只能将世系按一定的顺序分解为多个表格。而在这方面，电子表格有一定的优势：Excel 一个工作簿中最多含有 255 个工作表，Excel 2003 及以下版本的一个工作表最多包含 65 536 行和 256 列，Excel 2007 及以上版本的一个工作表最多包含 1 048 576 行和 16 384 列。

2. 2　谱系电子表格制作

传统世系的书写顺序是由右至左竖排，如图 2－1 所示。现代世系的书写顺序是由左至右横排，为了符合现代人的书写和使用的习惯，谱系电子表格的书写顺序为由左至右横排。郭东松在《使用电子表格软件制作"家谱"初探》一文中提出基于 WPS 表格软件输入家谱世系的方法：表格采用横式；直系亲属之间用线段标明所属关系，粗横线表示上下辈关系，粗竖线表示同辈兄弟姐妹关系，在每一世派的后面根据划线需要插入几列，最好事先计算好需要插入的列数，以便编辑插入线段，原则上线段之间不要重叠，用表格的底色颜色标明不同的亲属关系；字体可以采用不同颜色；在每个名字可加入备注栏，并将每个人的信息输入到备注栏内；除总谱用一个工作表外，可以将五辈之内的成员分成多个工作表分开编辑，待总表编辑完成后，将各个分支粘接到不同的工作表中即可，然后把每个分支工作表的

① 见：徐文清，徐槐芳等纂修《徐氏宗谱》（明万历间刻本）。

名称改成相应的名字以便查询显示①。同时，也有使用 Excel 中 SmartArt 图形里的组织结构图来制作垂丝图的方法②。虽然上述两种方法在具体操作上有所不同，但是总体思路还是对传统家谱印刷版式的模拟，未能充分利用电子表格的优势。

2. 2. 1 谱系电子表格设计

谱系电子表格定位于对传统世系记录方式的模拟，这里强调的是表格记录方式，即每一世为一行，每个人名占据一格；上下相邻两格表示父子关系，若正上方为空格，则左上方非空格为“父”；左右相邻两格表示兄弟关系，若属于同一“父”，左侧非空格为“兄”，右侧非空格为“弟”；表格内每一行和每一列均不为空；空格仅用于辅助表示世系关系，无直接意义。如图 2 – 2 所示。

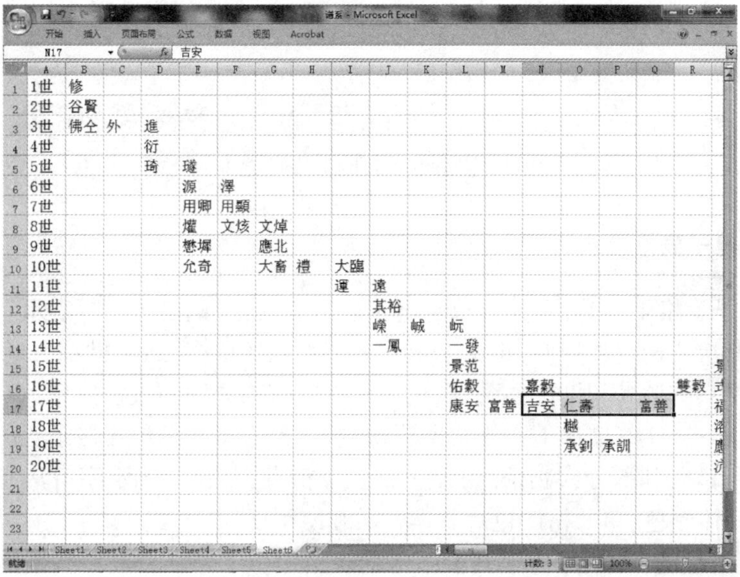

图 2 – 2 谱系电子表格（每行表示一世）

当然，也可以每一列表示一世，其他规则不变，如图 2 – 3 所示。上述两种谱系电子表格在 Excel 中可以通过“转置”功能进行相互转换，使用“transpose”函数或“选择性粘贴”中的转置选项实现。但是，Excel 2007 及其以上版本一个工作表最多包含 1048576 行和 16384 列，这就使得两种表格在容量上有较大的差异。假设家族人口按照“$y=3^x$”（$x \geq 0$）的指数曲线增长，即第一世有 1 人，第二世有 3 人，第三世有 9 人，以此类推。使用每一行表示一世的谱系电子表格，最多可以记录 9 世 9841 人；使用每一列表示一世的谱系电子表格，最多可以记录 16 世 1258682 人。因此，对于较为庞大的世系，可以按照支派放到多个工作表中，再制一个世系总表，说明各个支派间的关系。

① 郭东松 . 使用电子表格软件制作“家谱”初探［J］. 湖北经济学院学报：人文社会科学版，2013（2）：187 – 188.

② EXCEL 技巧——EXCEL 如何制作族谱［EB/OL］.［2014 – 06 – 30］.http ://jingyan.baidu.com/article/414eccf6197fc86b431f0a0c.html.

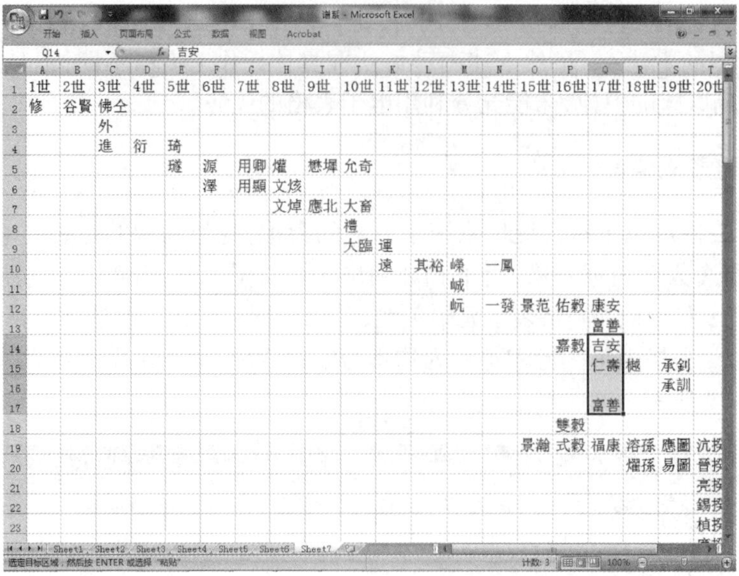

图 2－3　谱系电子表格（每列表示一世）

2. 2. 2　谱系电子表格录入

在谱系电子表格录入前，首先要选定电子表格软件，并确定每一行表示一世，还是每一列表示一世；其次要选定数据源，即谱系电子表格录入的依据，通常世系由世系图和世系表组成，世系图中只有谱名和世代关系等，世系表中有较为详细的人物信息，也有世系图与世系表相结合的形式，还有描述世系的文字等；再次要确定每一个单元格录入的内容，只录入谱名，还是录入谱名和部分人物信息，或全部人物信息；从次要确定字符集和输入法；最后要确定字体、字体颜色、单元格颜色等具体含义和使用规则。

世系中有大量的异体字，考虑到谱系电子表格定位于公众自制谱系数据，且受电子表格软件功能的制约，很难引入一套完整的异体字处理机制。为了提高谱系电子表格的数据质量，可以采用以下方法：首先，使用 Excel 2007 以上版本， Office XP 及其后续版本支持 Unicode3.1，包含 70 207 个 CJK 文字，由于字库中包含大量的异体字，可以通过支持 Unicode 扩展 B 集的输入法直接输入异体字；其次，对异体字进行认同，再输入认同后的文字，这要求用户具有一定的文字学功底或借助相关工具书，如《辞海》《辞源》《中华字海》等；最后，将异体字扫描或拍照转换成图像，图像直接插入电子表格，并调整至适当大小。

运用字体、字体颜色、单元格颜色等元素可以表示谱系中的一些信息或属性，使谱系电子表格更为直观。但是运用上述元素要遵循以下原则：首先，每一种元素只能表达一种含义，要便于用户理解和记忆；其次，使用多种元素时，每一种元素的含义要明确，各种元素表示的含义不能重叠；最后，尽量少地使用上述元素。

下面将以《福州通贤龚氏支谱》①为例，世系内容详见附录 3，说明谱系电子表格制作的全过程。

---

① 见：龚葆琛纂修《福州通贤龚氏支谱》（清光绪九年（1883）刻本）。

电子表格软件选用 Excel 2007，创建工作簿后，在工作表 Sheet1 中进行操作，确定每一行代表一世，在第一列中依次输入“1 世”至“16 世”，为了便于操作，冻结首列。以《福州通贤龚氏支谱》的世系文字为数据源，世系图作为参考，使用繁体中文进行录入，文字按原字形录入，集外字做文字认同。从第一世开始录入，只录谱名。第三世“進”有五子，“衍”“衡”“福”“衝”“衛”，在“進”的正下方录入“衍”，自左至右依次录入“衡”“福”“衝”“衛”；第四世“衍”有三子“琦”“璲”“瑄”，在“衍”的正下方录入“琦”，插入两列，自左至右依次录入“璲”“瑄”。依此类推录入“1 世”至“16 世”。如表 2－1 所示。

为了便于用户查看，使世系关系更为明显，也可以参照现代家谱世系表的编制方法。先将表 2－1 转置，每一列代表一世，将“子”正上方“父”下方的空白单元格合并，例如：“景范”子“佑穀”“嘉穀”“雙穀”，“景范”所在的单元格为 O12，“佑穀”为 P12，“嘉穀”为 P13，“雙穀”P14，将 O12 与 O13、O14 合并。从第十五世开始自上而下操作，并依此类推到第二世。再将每行最后一个人与右侧的空白单元格合并，例如“佛仝”所在的单元格为 C2，与右侧的 D2 至 P2（13 个空白单元格）合并。如表 2－2 所示。

为了明确家族中的过继关系，用单元格颜色来表示：出嗣，用橙色表示；入嗣，用绿色表示；兼嗣（也称兼祧），用蓝色表示。在表 2－2 中，“同穀”入嗣，单元格颜色为绿色。

表 2－1 和表 2－2 中只录入了谱名，也可以录入人物信息，主要方法有两种：在单元格中插入批注；在单元格中直接分行录入，第一行为谱名，第二行为人物信息，Excel 默认显示首行。

2.3　谱系电子表格特性

谱系电子表格定位于公众自制谱系数据，具有以下优势：

第一，谱系电子表格可以承载世系信息，用表格形式表示世系关系，比较直观；也可以运用字体、字体颜色、单元格颜色等元素来辅助表示世系信息。

第二，借助电子表格软件，谱系电子表格支持创建、查看、查询、统计、打印等功能，且简单易用，不需要专门的培训；Excel 等电子表格软件普及程度高，支持各种主流平台和操作系统，谱系电子表格在使用过程中基本没有障碍，便于数据分享。

第三，谱系电子表格的创建、修改和使用都是依托电子表格软件，所见即所得；不需要专用的加工、存储、发布等工具。

如果从谱系数据模型的角度来考察，谱系电子表格存在以下问题：

第一，谱系电子表格对家谱谱系的描述较为简单，谱名和人物信息以纯文本方式保存，用表格中的相对位置关系来间接描述世系关系，字体、字体颜色、单元格颜色等元素的运用非常自由；谱系电子表格制作方式多样，无法标准化和规范化，限制了数据使用、迁移、共享等。

第二，受电子表格软件的限制，谱系电子表格的行数和列数都有限制；谱系电子表格的制作是人工操作，且没有数据验证机制，若谱系规模庞大，则谱系数据的质量不可控；使用现有的电子表格软件和谱系数据制作规则，很难实现同一谱系的多人同时录入。

表 2－1　福州通贤龚氏谱系表（始祖至十六世，每行表示一世）

	A	B	C	D	E	F	G	H	I	J	K	L	M	N	O	P	Q	R	S	T	U	V	W	X	Y	Z	AA	AB	AC	AD	AE	AF	AG	AH	AI	AJ	AK	AL	AM	AN	AO	AP	AQ	AR	AS	AT	AU	AV
1	1世	修																																														
2	2世	谷賢																																														
3	3世	佛仝	外	進																																												
4	4世			衍																																							衡	福			衝	衛
5	5世			琦	璲																																					瑄		廷用	廷和	廷逵		
6	6世				源	澤																																	淵	淳	沂					澄		
7	7世				用卿	用顯																														用模	楷	極								用材		
8	8世				爟	文炫	文焯																																									
9	9世				懋墀		應北																												應垣													
10	10世				允奇		大畜	禮	大臨																									大萃														
11	11世								運	遠																							遇															
12	12世									其裕																						其久																
13	13世									嶸	峸	岏																																				
14	14世									一鳳		一發									一登																											
15	15世											景范			景瀚				景李	景淙	景淳			景濂	景潞	景沆	景湜	景準	景瀾	景淦	景泗																	
16	16世											佑穀	嘉穀	雙穀	式穀	受穀	豐穀	瑞穀	同穀	泉穀	守恪	大馨	實穀	鼎穀	祥穀	詔	杰穀	燮穀	柱穀																			

表 2－2 福州通贤龚氏谱系表（始祖至十六世，每列表示一世）

	A	B	C	D	E	F	G	H	I	J	K	L	M	N	O	P
1	1 世	2 世	3 世	4 世	5 世	6 世	7 世	8 世	9 世	10 世	11 世	12 世	13 世	14 世	15 世	16 世
2	修	谷賢	佛仝													
3			外													
4			進	衍	琦											
5					璲	源	用卿	爟	懋墀	允奇						
6						澤	用顯	文炫								
7								文焯	應北	大畜						
8										禮						
9										大臨	運					
10											遠	其裕	嶸	一鳳		
11													峸			
12													岏	一發	景范	佑穀
13																嘉穀
14																雙穀
15															景瀚	式穀
16																受穀
17																豐穀
18																瑞穀
19															景李	同穀
20															景淙	泉穀
21														一登	景淳	守恪
22																大馨
23																寶穀
24															景濂	鼎穀
25															景潞	祥穀
26															景沆	詔
27															景湜	杰穀
28															景準	燮穀
29															景瀾	柱穀
30															景淦	
31															景泗	
32												其久				
33											遇					
34										大萃						
35									應垣							
36							用模									
37							楷									
38							極									
39						淵										
40						淳										
41						沂										
42					瑄											
43				衡												
44				福	廷用											
45					廷和											
46					廷逵	澄	用材									
47				衝												
48				衛												

第三，谱系电子表格单元格的相对位置关系来描述世系关系，这就造成大量单元格为空，以表 2-1 为例，表格为 16 行 48 列（首列为第几世），记录谱名 81 个，空白单元格 671 个，占整个表格的 89.23%。

第四，谱系电子表格中谱名和人物信息为文本数据，而非结构化数据，只能支持全文检索。

第五，虽然 Excel 在数据处理时也具备了数据库的一些基本功能，但是它毕竟不是完全意义的数据库系统，在数据共享、数据冗余、数据安全性与完整性以及数据操作的灵活性等方面，都与真正的数据库系统存在着很大的差别。同时，随着 Internet 信息时代的到来和发展，信息化与信息共享变得越来越重要，而 Excel 也越来越不能满足人们对信息处理和信息共享的需要①。因此，谱系电子表格在应用过程中还存在诸多问题。

① 邱宁 .Excel 电子表格与数据库的数据转换 [J]. 计算机应用与软件，2004（10）：24–25.

3 家谱树

虽然谱系电子表格简单易用，能够满足用户自制谱系数据的需求，但是谱系电子表格数据结构比较简单，缺乏世系关系的准确描述，且无法满足世系检索、查重、连缀、截取、拼接、重构、解构等应用需求。因此，需要一个功能强大的谱系数据模型，适合数据存储、应用、共享等，且支持 Internet 环境下的跨平台应用。

3.1 家谱树与 XML

中国传统家谱的垂丝图（或吊线图）本身就可以抽象为树形结构，始祖或始迁祖为树根，谱系中每个人物为一个节点，仅用箭头表示人物间的父子关系，如图 3－1（a）所示。若将人名替换为 ID 号，如图 3－1（b）所示，箭头仍旧表示父子关系，对于同一父亲的孩子，ID 号序列表示兄弟关系。基于上述方法描述的家谱谱系数据模型称为家谱树（lineage tree）。

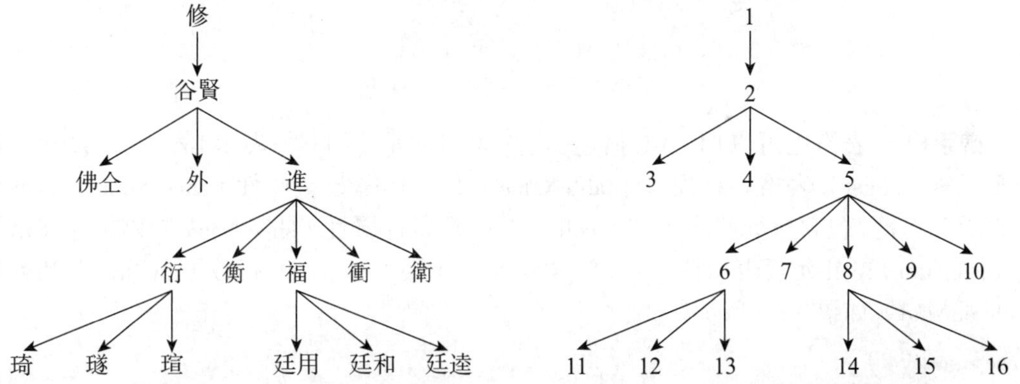

(a) (b)

图 3－1 谱系树形示意图

家谱树模型描述的信息可以分为两大类：人物信息和世系关系。中国传统家谱中的人物信息包括名、字、号、谥、生、卒、墓葬、职官、选举、著述等；世系关系除了血缘关系外，还有婚姻关系、继承关系等。图 3－1（b）所示的家谱树是较为简单的家谱树，只描述了谱名和父子、兄弟关系。

浙江图书馆家谱系统，如图 3－2 所示，左侧为父子、兄弟关系显示、中间为家谱原书图像、右侧为个人信息，包括名、姓、性别、世代、别称、承嗣、名谱、生日、卒日、墓地、支派、迁移、配偶。

家谱树要满足数据存储、数据应用、数据共享等方面的要求，可以使用 XML（eXtensible Markup Language）。XML 是 Internet 环境中跨平台的、依赖于内容的技术，是这个时代中处理分布式结构信息的选择工具。XML 是可扩展的、结构化的，比 SGML（Standard Generalized Markup Language）更容易存取。1998 年，W3C（World Wide Web Consortium）就发布了 XML1.0

规范。DTD（Document Type Definition）是XML1.0版规格的一部分，它是XML文件的验证机制，属于XML文件组成的一部分，DTD在XML文件所扮演的角色就是定义XML文件的元素架构、元素标记和属性。XML Schema负责定义和描述XML文档的结构和内容模式，它定义XML文档中存在哪些元素和元素之间的关系，并且可以定义元素和属性的数据类型。XML Schema针对DTD的缺点而设计，它基于XML，没有专门的语法，可以像其他XML文件一样解析和处理，支持一系列的数据类型，提供可扩充的数据模型，支持综合命名空间，支持属性组。

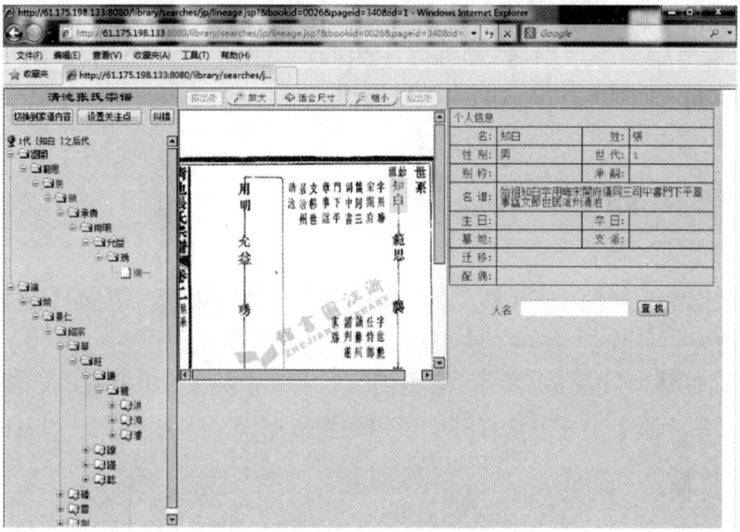

图3-2　浙江图书馆家谱系统

谱系电子表格也可以用XML描述，定义表格元素（table）表示Excel表，包含工作簿子元素（sheet）、表格名称属性（tableName）和工作簿数量属性（sheetNum）；sheet元素表示工作簿，包含单元格子元素（cell）、工作簿名称属性（sheetName）和非空表格数量（cellNum）；cell元素表示单元格，包含内容子元素（content）、行数（rowNum）和列数（columnNum），如图3-3所示。

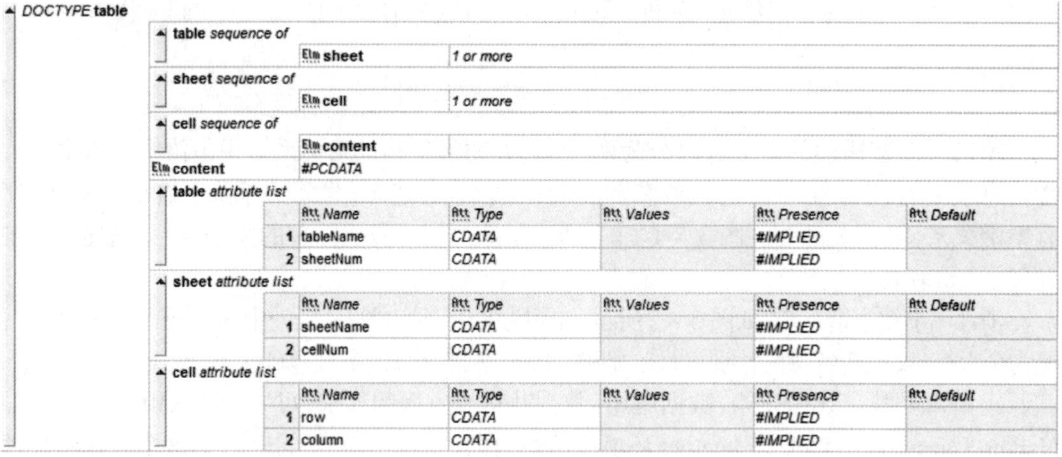

DOCTYPE table						
	table sequence of					
		Elm sheet	1 or more			
	sheet sequence of					
		Elm cell	1 or more			
	cell sequence of					
		Elm content				
	Elm content	#PCDATA				
	table attribute list					
			Att Name	Att Type	Att Values	Att Presence	Att Default
		1	tableName	CDATA		#IMPLIED	
		2	sheetNum	CDATA		#IMPLIED	
	sheet attribute list					
			Att Name	Att Type	Att Values	Att Presence	Att Default
		1	sheetName	CDATA		#IMPLIED	
		2	cellNum	CDATA		#IMPLIED	
	cell attribute list					
			Att Name	Att Type	Att Values	Att Presence	Att Default
		1	row	CDATA		#IMPLIED	
		2	column	CDATA		#IMPLIED	

图3-3　家谱表格XML DTD

以“福州通贤龚氏谱系表”为例，如表2-1所示，谱系表格16行48列，非空单元格97

个（其中16个为世代，81个为人物），用XML描述始祖至十世，非空单元格49个（其中10个为世代，39个为人物），如例3-1所示：

例3-1：

```
<?xml version="1.0" encoding="UTF-8"?>
<!DOCTYPE table [
    <!ELEMENT table (sheet+)>
    <!ELEMENT sheet (cell+)>
    <!ELEMENT cell (content)>
    <!ELEMENT content (#PCDATA)>
    <!ATTLIST table
      tableName CDATA #IMPLIED
      sheetNum CDATA #IMPLIED
    >
    <!ATTLIST sheet
      sheetName CDATA #IMPLIED
      cellNum CDATA #IMPLIED
    >
    <!ATTLIST cell
      row CDATA #IMPLIED
      column CDATA #IMPLIED
    >
 ]>
<table tableName =" 福州通賢龔氏谱系表 " sheetNum ="1">
<sheet sheetName =" 始祖至十世 " cellNum ="49"
      <cell row="1" column="A">
          <content>1 世 </content>
      </cell>
      <cell row="2" column="A">
          <content>2 世 </content>
      </cell>
      <cell row="3" column="A">
          <content>3 世 </content>
      </cell>
      <cell row="4" column="A">
          <content>4 世 </content>
      </cell>
      <cell row="5" column="A">
          <content>5 世 </content>
      </cell>
```

```
<cell row="6" column="A">
    <content>6 世 </content>
</cell>
<cell row="7" column="A">
    <content>7 世 </content>
</cell>
<cell row="8" column="A">
    <content>8 世 </content>
</cell>
<cell row="9" column="A">
    <content>9 世 </content>
</cell>
<cell row="10" column="A">
    <content>10 世 </content>
</cell>
<cell row="1" column="B">
    <content> 修 </content>
</cell>
<cell row="2" column="B ">
    <content> 谷賢 </content>
</cell>
<cell row="3" column="B">
    <content> 佛仝 </content>
</cell>
<cell row="3" column="C">
    <content> 外 </content>
</cell>
<cell row="3" column="D">
    <content> 進 </content>
</cell>
<cell row="4" column="D">
    <content> 衍 </content>
</cell>
<cell row="5" column="D">
    <content> 琦 </content>
</cell>
<cell row="5" column="E">
    <content> 璲 </content>
</cell>
```

```
<cell row="6" column="E">
    <content> 源 </content>
</cell>
<cell row="7" column="E">
    <content> 用卿 </content>
</cell>
<cell row="8" column="E">
    <content> 燿 </content>
</cell>
<cell row="9" column="E">
    <content> 懋墀 </content>
</cell>
<cell row="10" column="E">
    <content> 允奇 </content>
</cell>
<cell row="6" column="F">
    <content> 澤 </content>
</cell>
<cell row="7" column="F">
    <content> 用顯 </content>
</cell>
<cell row="8" column="F">
    <content> 文炫 </content>
</cell>
<cell row="8" column="G">
    <content> 文焯 </content>
</cell>
<cell row="9" column="G">
    <content> 應北 </content>
</cell>
<cell row="10" column="G">
    <content> 大畜 </content>
</cell>
<cell row="10" column="H">
    <content> 禮 </content>
</cell>
<cell row="10" column="I">
    <content> 大臨 </content>
</cell>
```

```
<cell row="10" column="AH">
    <content> 大萃 </content>
</cell>
<cell row="9" column="AI">
    <content> 應垣 </content>
</cell>
<cell row="7" column="AJ">
    <content> 用模 </content>
</cell>
<cell row="7" column="AK">
    <content> 楷 </content>
</cell>
<cell row="7" column="AL">
    <content> 極 </content>
</cell>
<cell row="6" column="AM">
    <content> 淵 </content>
</cell>
<cell row="6" column="AN">
    <content> 淳 </content>
</cell>
<cell row="6" column="AO">
    <content> 沂 </content>
</cell>
<cell row="5" column="AP">
    <content> 瑄 </content>
</cell>
<cell row="4" column="AQ">
    <content> 衡 </content>
</cell>
<cell row="4" column="AR">
    <content> 福 </content>
</cell>
<cell row="5" column="AR">
    <content> 廷用 </content>
</cell>
<cell row="5" column="AS">
    <content> 廷和 </content>
</cell>
```

```
    <cell row="5" column="AT">
        <content> 廷逵 </content>
    </cell>
    <cell row="6" column="AT">
        <content> 澄 </content>
    </cell>
    <cell row="7" column="AT">
        <content> 用材 </content>
    </cell>
    <cell row="4" column="AU">
        <content> 衢 </content>
    </cell>
    <cell row="4" column="AV">
        <content> 衛 </content>
    </cell>
</sheet>
</table>
```

通过程序可以将谱系表格转换成家谱树 XML，依据谱系表格的数据复杂性，定义家谱树元素（lineage）包含人物子元素（person）和家谱题名属性（name）、家谱注释属性（note）、人物数量属性（personNum）；person 元素包含人名子元素（firstname）、孩子子元素（children）和人物 ID 属性（personID）、父亲 ID 属性（fatherID）、孩子数量属性（childrenNum）、世代属性（generation）；firstname 元素包含位置行属性（locationRow）、位置列属性（locationColumn）；children 元素包含孩子排行（childrenOrder）、孩子链接（childrenLink）。如图 3－4 所示。

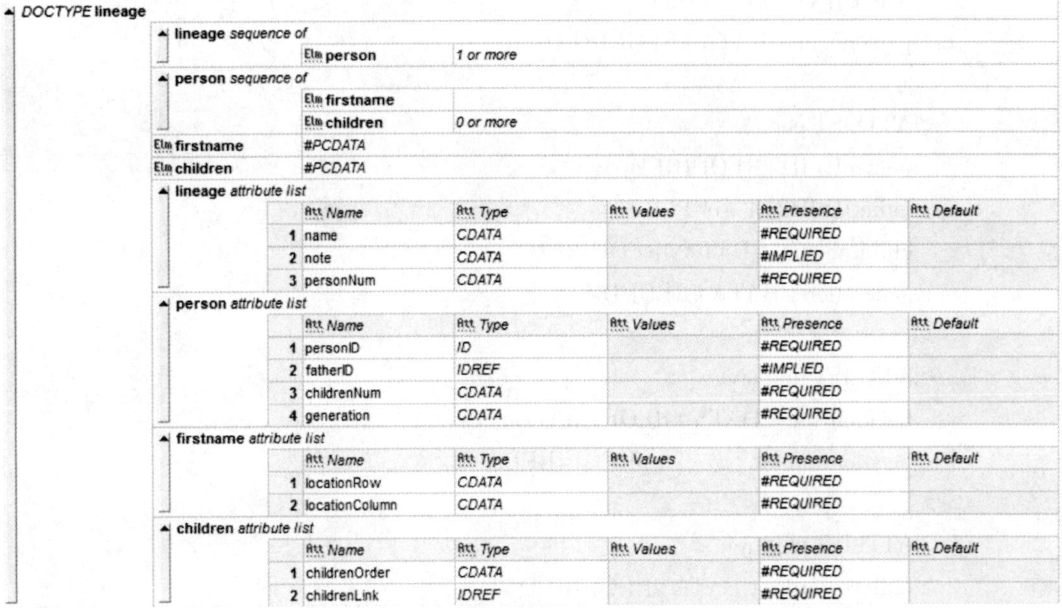

图 3－4　家谱树 XML DTD

仍以“福州通贤龚氏谱系表”为例，如表 2 – 1 所示，表格为 16 行 48 列，第 1 列为世代，谱系表格转换成家谱树 XML 的程序设计思路如下：

第一步，从第 1 行第 2 列开始扫描单元格，至第 1 行第 48 列，再从第 2 行第 2 列开始，至第 2 行第 48 列，依次类推，至第 16 行第 48 列结束，遇到非空单元格，记录单元格所在的行、列和单元格内容，并给定 personID（ personID 从 1 开始的整数，连续且不重复）。

第二步，从 personID 为 2 的单元格（假设该单元格在 m 行 n 列）开始，在 m-1 行从 n 列开始向第 2 列方向扫描单元格，找到第一个非空单元格，标记为 ID 号为 2 的单元格的 fatherID 值。fatherID 的取值与 personID 相同，用于描述父子关系。

第三步，假设非空单元格有 N 个，依据 father_id 值扫描全部非空单元格，从 1 到 N，记录每一个 fatherID 值（假设为 M ）对应的非空单元格 ID 号，作为 fatherID 值为 M 的单元格的 childrenLink 值。childrenLink 的取值与 fatherID 相同，用于描述父子关系。

第四步，第 1 列的 1 至 16 行表示世代，根据每个非空单元格所在行生成 generation 值。generation 取值为字符串，表示人物所处的世代。

第五步，用程序生成家谱树 XML，始祖至十世如例 3 – 2 所示：

例 3 – 2：

```
<?xml version="1.0" encoding="UTF-8"?>
<!DOCTYPE lineage [
    <!ELEMENT lineage (person+)>
    <!ELEMENT person (firstname, children*)>
    <!ELEMENT firstname (#PCDATA)>
    <!ELEMENT children (#PCDATA)>
    <!ATTLIST lineage
      name CDATA #REQUIRED
      note CDATA #IMPLIED
      personNum CDATA #REQUIRED
    >
    <!ATTLIST person
      personID ID #REQUIRED
      fatherID IDREF #IMPLIED
      childrenNum CDATA #REQUIRED
      generation CDATA #REQUIRED
    >
    <!ATTLIST firstname
      locationRow CDATA #REQUIRED
      locationColumn CDATA #REQUIRED
    >
    <!ATTLIST children
      childrenOrder CDATA #REQUIRED
      childrenLink IDREF #REQUIRED
```

```
    >
]>
<lineage name=" 福州通賢龔氏谱系表 " note=" 始祖至十世 " personNum="81">
    <person personID="P1" childrenNum="1" generation="1 世 ">
      <firstname locationRow="1" locationColumn="B"> 修 </firstname>
      <children childrenOrder="1" childrenLink="P2"> 谷賢 </children>
    </person>
      <person personID="P2" fatherID="P1" childrenNum="3" generation="2 世 ">
      <firstname locationRow="2" locationColumn="B"> 谷賢 </firstname>
      <children childrenOrder="1" childrenLink="P3"> 佛仝 </children>
      <children childrenOrder="2" childrenLink="P4"> 外 </children>
      <children childrenOrder="3" childrenLink="P5"> 進 </children>
    </person>
    <person personID="P3" fatherID="P2" childrenNum="0" generation="3 世 ">
      <firstname locationRow="3" locationColumn="B"> 佛仝 </firstname>
    </person>
    <person personID="P4" fatherID="P2" childrenNum="0" generation="3 世 ">
      <firstname locationRow="3" locationColumn="C"> 外 </firstname>
    </person>
    <person personID="P5" fatherID="P2" childrenNum="5" generation="3 世 ">
      <firstname locationRow="3" locationColumn="D"> 進 </firstname>
      <children childrenOrder="1" childrenLink="P6"> 衎 </children>
      <children childrenOrder="2" childrenLink="P7"> 衡 </children>
      <children childrenOrder="3" childrenLink="P8"> 福 </children>
      <children childrenOrder="4" childrenLink="P9"> 衝 </children>
      <children childrenOrder="5" childrenLink="P10"> 衛 </children>
    </person>
    <person personID="P6" fatherID="P5" childrenNum="3" generation="4 世 ">
      <firstname locationRow="4" locationColumn="D"> 衎 </firstname>
      <children childrenOrder="1" childrenLink="P11"> 琦 </children>
      <children childrenOrder="2" childrenLink="P12"> 璲 </children>
      <children childrenOrder="3" childrenLink="P13"> 瑄 </children>
    </person>
    <person personID="P7" fatherID="P5" childrenNum="0" generation="4 世 ">
      <firstname locationRow="4" locationColumn="AQ"> 衡 </firstname>
    </person>
    <person personID="P8" fatherID="P5" childrenNum="3" generation="4 世 ">
      <firstname locationRow="4" locationColumn="AR"> 福 </firstname>
      <children childrenOrder="1" childrenLink="P14"> 廷用 </children>
```

```
    <children childrenOrder="2" childrenLink="P15"> 廷和 </children>
    <children childrenOrder="3" childrenLink="P16"> 廷逵 </children>
</person>
<person personID="P9" fatherID="P5" childrenNum="0" generation="4 世 ">
    <firstname locationRow="4" locationColumn="AU"> 衝 </firstname>
</person>
<person personID="P10" fatherID="P5" childrenNum="0" generation="4 世 ">
    <firstname locationRow="4" locationColumn="AV"> 衛 </firstname>
</person>
<person personID="P11" fatherID="P6" childrenNum="0" generation="5 世 ">
    <firstname locationRow="5" locationColumn="D"> 琦 </firstname>
</person>
<person personID="P12" fatherID="P6" childrenNum="5" generation="5 世 ">
    <firstname locationRow="5" locationColumn="E"> 璲 </firstname>
    <children childrenOrder="1" childrenLink="P17"> 源 </children>
    <children childrenOrder="2" childrenLink="P18"> 澤 </children>
    <children childrenOrder="3" childrenLink="P19"> 淵 </children>
    <children childrenOrder="4" childrenLink="P20"> 淳 </children>
    <children childrenOrder="5" childrenLink="P21"> 沂 </children>
</person>
<person personID="P13" fatherID="P6" childrenNum="0" generation="5 世 ">
    <firstname locationRow="5" locationColumn="AP"> 瑄 </firstname>
</person>
<person personID="P14" fatherID="P8" childrenNum="0" generation="5 世 ">
    <firstname locationRow="5" locationColumn="AR"> 廷用 </firstname>
</person>
<person personID="P15" fatherID="P8" childrenNum="0" generation="5 世 ">
    <firstname locationRow="5" locationColumn="AS"> 廷和 </firstname>
</person>
<person personID="P16" fatherID="P8" childrenNum="1" generation="5 世 ">
    <firstname locationRow="5" locationColumn="AT"> 廷逵 </firstname>
    <children childrenOrder="1" childrenLink="P22"> 澄 </children>
</person>
<person personID="P17" fatherID="P12" childrenNum="1" generation="6 世 ">
    <firstname locationRow="6" locationColumn="E"> 源 </firstname>
    <children childrenOrder="1" childrenLink="P23"> 用卿 </children>
</person>
<person personID="P18" fatherID="P12" childrenNum="4" generation="6 世 ">
    <firstname locationRow="6" locationColumn="F"> 澤 </firstname>
```

```
    <children childrenOrder="1" childrenLink="P24"> 用顯 </children>
    <children childrenOrder="2" childrenLink="P25"> 用模 </children>
    <children childrenOrder="3" childrenLink="P26"> 楷 </children>
    <children childrenOrder="4" childrenLink="P27"> 極 </children>
</person>
<person personID="P19" fatherID="P12" childrenNum="0" generation="6 世">
    <firstname locationRow="6" locationColumn="AM"> 淵 </firstname>
</person>
<person personID="P20" fatherID="P12" childrenNum="0" generation="6 世">
    <firstname locationRow="6" locationColumn="AN"> 淳 </firstname>
</person>
<person personID="P21" fatherID="P12" childrenNum="0" generation="6 世">
    <firstname locationRow="6" locationColumn="AO"> 沂 </firstname>
</person>
<person personID="P22" fatherID="P16" childrenNum="1" generation="6 世">
    <firstname locationRow="6" locationColumn="AT"> 澄 </firstname>
    <children childrenOrder="1" childrenLink="P28"> 用材 </children>
</person>
<person personID="P23" fatherID="P17" childrenNum="1" generation="7 世">
    <firstname locationRow="7" locationColumn="E"> 用卿 </firstname>
    <children childrenOrder="1" childrenLink="P29"> 爟 </children>
</person>
<person personID="P24" fatherID="P18" childrenNum="2" generation="7 世">
    <firstname locationRow="7" locationColumn="F"> 用顯 </firstname>
    <children childrenOrder="1" childrenLink="P30"> 文烗 </children>
    <children childrenOrder="2" childrenLink="P31"> 文焯 </children>
</person>
<person personID="P25" fatherID="P18" childrenNum="0" generation="7 世">
    <firstname locationRow="7" locationColumn="AJ"> 用模 </firstname>
</person>
<person personID="P26" fatherID="P18" childrenNum="0" generation="7 世">
    <firstname locationRow="7" locationColumn="AK"> 楷 </firstname>
</person>
<person personID="P27" fatherID="P18" childrenNum="0" generation="7 世">
    <firstname locationRow="7" locationColumn="AL"> 極 </firstname>
</person>
<person personID="P28" fatherID="P22" childrenNum="0" generation="7 世">
    <firstname locationRow="7" locationColumn="AT"> 用材 </firstname>
</person>
```

```
<person personID="P29" fatherID="P23" childrenNum="1" generation="8 世 ">
  <firstname locationRow="8" locationColumn="E"> 爟 </firstname>
  <children childrenOrder="1" childrenLink="P32"> 懋墀 </children>
</person>
<person personID="P30" fatherID="P24" childrenNum="0" generation="8 世 ">
  <firstname locationRow="8" locationColumn="F"> 文烗 </firstname>
</person>
<person personID="P31" fatherID="P24" childrenNum="1" generation="8 世 ">
  <firstname locationRow="8" locationColumn="G"> 文焯 </firstname>
  <children childrenOrder="1" childrenLink="P33"> 應北 </children>
  <children childrenOrder="2" childrenLink="P34"> 應垣 </children>
</person>
<person personID="P32" fatherID="P29" childrenNum="1" generation="9 世 ">
  <firstname locationRow="9" locationColumn="E"> 懋墀 </firstname>
  <children childrenOrder="1" childrenLink="P35"> 允奇 </children>
</person>
<person personID="P33" fatherID="P31" childrenNum="4" generation="9 世 ">
  <firstname locationRow="9" locationColumn="G"> 應北 </firstname>
  <children childrenOrder="1" childrenLink="P36"> 大畜 </children>
  <children childrenOrder="2" childrenLink="P37"> 禮 </children>
  <children childrenOrder="3" childrenLink="P38"> 大臨 </children>
  <children childrenOrder="4" childrenLink="P39"> 大萃 </children>
</person>
<person personID="P34" fatherID="P31" childrenNum="0" generation="9 世 ">
  <firstname locationRow="9" locationColumn="AI"> 應垣 </firstname>
</person>
<person personID="P35" fatherID="P32" childrenNum="0" generation="10 世 ">
  <firstname locationRow="10" locationColumn="E"> 允奇 </firstname>
</person>
<person personID="P36" fatherID="P33" childrenNum="0" generation="10 世 ">
  <firstname locationRow="10" locationColumn="G"> 大畜 </firstname>
</person>
<person personID="P37" fatherID="P33" childrenNum="0" generation="10 世 ">
  <firstname locationRow="10" locationColumn="H"> 禮 </firstname>
</person>
<person personID="P38" fatherID="P33" childrenNum="3" generation="10 世 ">
  <firstname locationRow="10" locationColumn="I"> 大臨 </firstname>
</person>
<person personID="P39" fatherID="P33" childrenNum="0" generation="10 世 ">
```

<firstname locationRow="10" locationColumn="AH"> 大萃 </firstname>
</person>
</lineage>

通过例 3 - 1 和例 3 - 2 可以看出，XML 可以用于各种类型的家谱数据模型，谱系电子表格可以有条件地转换成家谱树 XML，转换程序要依据谱系电子表格的编制规则和家谱树结构设计。

3.2 家谱树标准规范

家谱树模型的首要特征是用数据显性描述世系关系，另一个重要特征是数据结构化。结构化数据可以充分体现人物信息和世系关系的内容特性，数据组织精确且高效，如例 3 - 2 所示。但是世系关系描述和数据结构化方式的方法多种多样，这就造成不同家谱树 XML 的数据结构不同、所包含数据内容不同、数据描述方式不同，阻碍数据交换与共享。因此，家谱树需要标准规范。

目前，国内还没有专门的家谱树标准规范。国家图书馆在《中文文献全文版式还原与全文输入 XML 规范》中定义了世系 XML，“世系 XML 格式是对家谱文献的一种特定的描述，指出家谱人物之间的父子关系，可构成一棵家谱树①”。世系 XML 以世系描述为核心，世系中包含人物，人物包括人物基本信息、子女信息和人物在家谱文献中记载的位置，如图 3 - 5 所示。

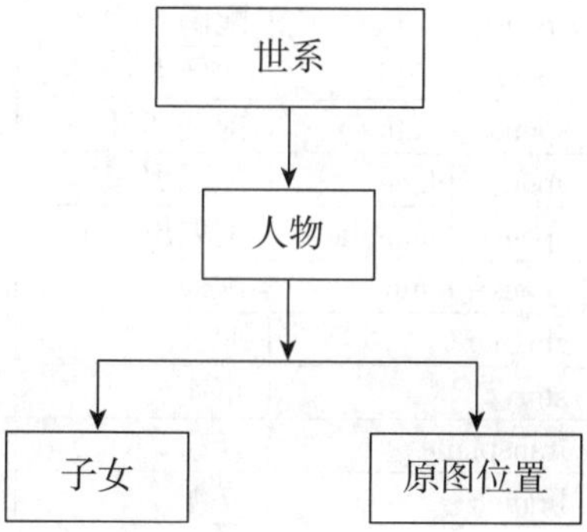

图 3 - 5 世系 XML 结构图②

世系 XML 的根元素是谱系（lineage），包含人物子元素（person）和 1 个属性；person 元素包含子女子元素（issue）、位置子元素（location）和 31 个属性；issue 元素包含 3 个属性；location 元素包含 2 个属性。如表 3 - 1 所示。

① 蒋贤春，翟喜奎．中文文献全文版式还原与全文输入 XML 规范和应用指南［M］．北京：国家图书馆出版社，2010：6.

② 蒋贤春，翟喜奎．中文文献全文版式还原与全文输入 XML 规范和应用指南［M］．北京：国家图书馆出版社，2010：8.

表 3-1 世系 XML 标签及属性表①

XML标签名	标签说明	作用	属性		
			名	说明	取值含义
lineage	世系	定义一个世系	title	文献名	指定文献的名称
person	人物	定义家谱谱系中一个人物信息	id	标识	世系中人物的唯一标识
			father_id	父标识	指出父亲标识
			generation	世代	人物是世系中的第几世
			info	名谱	世系对人物的描述信息
			surname	姓	指出人物的姓
			firstname	名	指出人物的名
			zi	字	指出人物的字
			hao	号	指出人物的号
			hui	讳	指出人物的讳
			alias	别称	指出人物的别称
			stepchild	出入嗣	指出人物的出入嗣
			heraldry	堂号	指出人物的堂号
			sex	性别	指出人物的性别
			birthday	生日	指出人物的生日
			death_date	卒日	指出人物的死亡日期
			homeplace	出生地	指出人物的出生地
			death_place	死亡地	指出人物的死亡地
			tomb_place	墓地	人物的墓地地点
			wedding_date	结婚日期	人物的结婚日期
			spouse	配偶	人物的配偶名
			spouse_birth	配偶生日	人物配偶的生日
			spouse_death	配偶卒日	人物配偶的卒日
			spouse_place	配偶出嫁地	人物配偶的出嫁地点
			spouse_homeplace	配偶出生地	人物配偶的出生地
			spouse_tomb	配偶墓地	人物配偶的墓地地点
			zhiguan	职官	指出人物的职官(敕诰、榜、科)
			story	事实	人物的事实
			transplant	迁移	人物的迁移地
			branch	支派	人物的支派
			possession	产	人物的祠、田、宅、产
			textual	考	人物的考
issue	子女	定义一个子女	sex	性别	子女的性别
			birth_order	排行	指出是第几个孩子
			given_name	子女名	指出一个子女的名字
location	原图位置标签	定义一处在原图中的位置	relate_id	对应图标识	目录在文献中对应图的文件名
			region	页中位置	人物在页中对应的矩形区

① 蒋贤春，翟喜奎. 中文文献全文版式还原与全文输入 XML 规范和应用指南［M］. 北京：国家图书馆出版社，2010：19-20.

世系 XML 的元素标签包含的属性、必备性，属性的数据类型、取值范围、默认值，如表 3－2 所示。

表 3－2　世系 XML 标签属性值表①

XML 标签名	属性	
	名	取值｛默认值｝
lineage	title	任意字符串，长度小于等于 256｛必须给值｝
person	id	非负整数 0–9999999999｛必须给值｝
	father_id	非负整数 0–9999999999｛无默认值｝
	generation	整数 1–9999｛无默认值｝
	info	任意字符串｛无默认值｝
	surname	任意字符串，长度小于等于 256｛无默认值｝
	firstname	任意字符串，长度小于等于 256｛无默认值｝
	zi	任意字符串，长度小于等于 10｛无默认值｝
	hao	任意字符串，长度小于等于 10｛无默认值｝
	hui	任意字符串，长度小于等于 10｛无默认值｝
	alias	任意字符串，长度小于等于 10｛无默认值｝
	stepchild	任意字符串，长度小于等于 4｛无默认值｝
	heraldry	任意字符串，长度小于等于 10｛无默认值｝
	sex	男｜女｛男｝
	birthday	任意字符串，长度小于等于 64｛无默认值｝
	death_date	任意字符串，长度小于等于 64｛无默认值｝
	homeplace	任意字符串，长度小于等于 64｛无默认值｝
	death_place	任意字符串，长度小于等于 64｛无默认值｝
	tomb_place	任意字符串，长度小于等于 64｛无默认值｝
	wedding_date	任意字符串，长度小于等于 64｛无默认值｝
	spouse	任意字符串，长度小于等于 64｛无默认值｝
	spouse_birth	任意字符串，长度小于等于 64｛无默认值｝
	spouse_death	任意字符串，长度小于等于 64｛无默认值｝
	spouse_place	任意字符串，长度小于等于 64｛无默认值｝
	spouse_homeplace	任意字符串，长度小于等于 64｛无默认值｝
	spouse_tomb	任意字符串，长度小于等于 64｛无默认值｝
	zhiguan	任意字符串，长度小于等于 64｛无默认值｝
	story	任意字符串｛无默认值｝
	transplant	任意字符串，长度小于等于 64｛无默认值｝
	branch	任意字符串，长度小于等于 64｛无默认值｝
	possession	任意字符串｛无默认值｝
	textual	任意字符串｛无默认值｝
issue	sex	男｜女｛男｝
	birth_order	整数 1–999｛0｝
	given_name	任意字符串，长度小于等于 256｛无默认值｝
location	relate_id	任意字符串，长度小于等于 256｛无默认值｝
	region	两对非负整数，0,0;0,0–999999,999999;999999,999999｛无默认值｝

① 蒋贤春，翟喜奎．中文文献全文版式还原与全文输入 XML 规范和应用指南［M］．北京：国家图书馆出版社，2010：70－72.

世系 XML Schema 结构示意图，如图 3－6 所示，世系 XML Schema 详见附录 4。

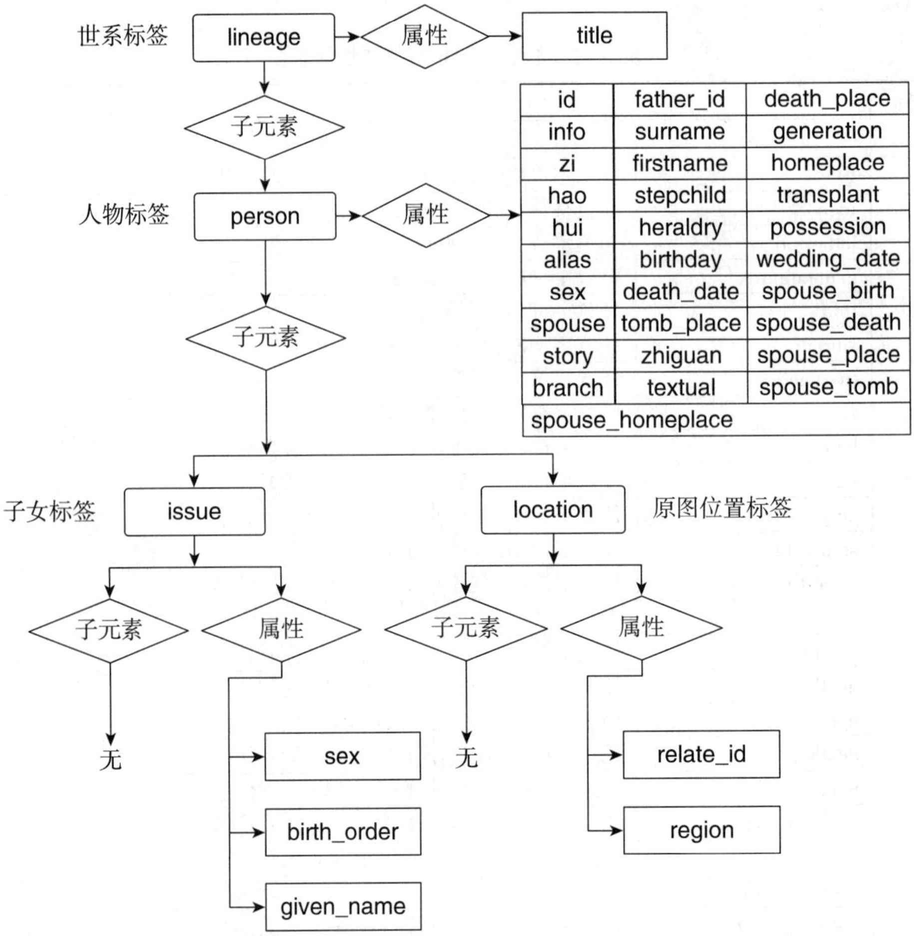

图 3－6　世系 XML Schema 结构图①

仍以《福州通贤龚氏支谱》始祖至十世为例，家谱文献内容详见附录 3，世系 XML 如例 3－3 所示。

例 3－3：

```
<?xml version="1.0" encoding="utf-8"?>
<lineage title=" 福 州 通 賢 龔 氏 支 譜 " xmlns:xsi="http://www.w3.org/2001/XMLSchema-instance" xsi:noNamespaceSchemaLocation="lineagetree.xsd">
  <person id="1" father_id="0" generation="1" surname=" 龔 " firstname=" 修 " zi=" 孟質 " spouse=" 鄧氏 " transplant=" 自莆田遷福州 ">
    <issue sex=" 男 " birth_order="1" given_name=" 谷賢 "/>
    <location relate_id="SZJP00149-10000111-00019.jpg" region=",1488,648,1581,725"/>
  </person>
```

① 蒋贤春，翟喜奎. 中文文献全文版式还原与全文输入 XML 规范和应用指南［M］. 北京：国家图书馆出版社，2010：19－20.

<person id="2" father_id="1" generation="2" surname=" 龔 " firstname=" 谷賢 " sex=" 男 " spouse=" 趙氏 ">

<issue sex=" 男 " birth_order="1" given_name=" 佛仝 "/>

<issue sex=" 男 " birth_order="2" given_name=" 外 "/>

<issue sex=" 男 " birth_order="3" given_name=" 進 "/>

<location relate_id="SZJP00149-10000111-00019.jpg" region="566,651,652,831"/>

</person>

<person id="3" father_id="2" generation="3" surname=" 龔 " firstname=" 佛仝 " sex=" 男 ">

<location relate_id="SZJP00149-10000111-00013.jpg" region="1402,949,1527,1070"/>

</person>

<person id="4" father_id="2" generation="3" surname=" 龔 " firstname=" 外 " sex=" 男 ">

<location relate_id="SZJP00149-10000111-00014.jpg" region="3173,1008,3292,1097"/>

</person>

<person id="5" father_id="2" generation="3" surname=" 龔 " firstname=" 進 " zi=" 文廸 " hao=" 約菴 " sex=" 男 " birthday=" 明洪武二十一年戊辰十二月初八日 " death_date=" 景泰六年乙亥二月初五日 ">

<issue sex=" 男 " birth_order="1" given_name=" 衍 "/>

<issue sex=" 男 " birth_order="2" given_name=" 衡 "/>

<issue sex=" 男 " birth_order="3" given_name=" 福 "/>

<issue sex=" 男 " birth_order="4" given_name=" 衝 "/>

<issue sex=" 男 " birth_order="5" given_name=" 衛 "/>

<location relate_id="SZJP00149-10000111-00020.jpg" region="3231,656,3311,733"/>

</person>

<person id="6" father_id="5" generation="4" surname=" 龔 " firstname=" 衍 " zi=" 宏彦 " sex=" 男 " birthday=" 明永樂十四年丙申三月初一日 " death_date=" 景泰三年壬申十月初六日 ">

<issue sex=" 男 " birth_order="1" given_name=" 琦 "/>

<issue sex=" 男 " birth_order="2" given_name=" 璲 "/>

<issue sex=" 男 " birth_order="3" given_name=" 瑄 "/>

<location relate_id="SZJP00149-10000111-00020.jpg" region="1902,653,1991,732"/>

</person>

<person id="7" father_id="5" generation="4" surname=" 龔 " firstname=" 衡 " sex=" 男 ">

<location relate_id="SZJP00149-10000111-00013.jpg" region="807,1129,921,1238"/>

</person>

<person id="8" father_id="5" generation="4" surname=" 龔 " firstname=" 福 " zi=" 天錫 " hao=" 坦齋 滄菴 " sex=" 男 " birthday=" 明永樂二十二年甲辰正月十五日 " death_date=" 正德三年戊辰十二月十二日 ">

<issue sex=" 男 " birth_order="1" given_name=" 廷用 "/>

<issue sex=" 男 " birth_order="2" given_name=" 廷和 "/>

```
    <issue sex=" 男 " birth_order="3" given_name=" 廷逵 "/>
    <location relate_id="SZJP00149-10000111-00020.jpg" region="974,647,1064,727"/>
  </person>
  <person id="9" father_id="5" generation="4" surname=" 龔 " firstname=" 衎 " sex=" 男 ">
    <location relate_id="SZJP00149-10000111-00014.jpg" region="2580,1145,2695,1256"/>
  </person>
  <person id="10" father_id="5" generation="4" surname=" 龔 " firstname=" 衞 " sex=" 男 ">
    <location relate_id="SZJP00149-10000111-00014.jpg" region="1974,1135,2083,1244"/>
  </person>
  <person id="11" father_id="6" generation="5" surname=" 龔 " firstname=" 琦 " sex=" 男 ">
    <location relate_id="SZJP00149-10000111-00013.jpg" region="1404,1296,1521,1390"/>
  </person>
  <person id="12" father_id="6" generation="5" surname=" 龔 " firstname=" 璲 " zi=" 廷堅 "
hao=" 木菴 " sex=" 男 " birthday=" 明正統八年癸亥 " death_date=" 嘉靖三年甲申正月初五日
">
    <issue sex=" 男 " birth_order="1" given_name=" 源 "/>
    <issue sex=" 男 " birth_order="2" given_name=" 澤 "/>
    <issue sex=" 男 " birth_order="3" given_name=" 淵 "/>
    <issue sex=" 男 " birth_order="4" given_name=" 淳 "/>
    <issue sex=" 男 " birth_order="5" given_name=" 沂 "/>
    <location relate_id="SZJP00149-10000111-00021.jpg" region="2577,666,2662,743"/>
  </person>
  <person id="13" father_id="6" generation="5" surname=" 龔 " firstname=" 瑄 " sex=" 男 ">
    <location relate_id="SZJP00149-10000111-00014.jpg" region="1966,1299,2084,1401"/>
  </person>
  <person id="14" father_id="8" generation="5" surname=" 龔 " firstname=" 廷用 " sex=" 男 ">
    <location relate_id="SZJP00149-10000111-00020.jpg" region="348,720,420,892"/>
  </person>
  <person id="15" father_id="8" generation="5" surname=" 龔 " firstname=" 廷和 " sex=" 男 ">
    <location relate_id="SZJP00149-10000111-00020.jpg" region="348,896,420,1056"/>
  </person>
  <person id="16" father_id="8" generation="5" surname=" 龔 " firstname=" 廷逵 " sex=" 男 ">
    <issue sex=" 男 " birth_order="1" given_name=" 澄 "/>
    <location relate_id="SZJP00149-10000111-00020.jpg" region="348,1064,420,1245"/>
  </person>
  <person id="17" father_id="12" generation="6" surname=" 龔 " firstname=" 源 " sex=" 男 ">
    <issue sex=" 男 " birth_order="1" given_name=" 用卿 "/>
    <location relate_id="SZJP00149-10000111-00013.jpg" region="1404,1448,1517,1541"/>
  </person>
```

<person id="18" father_id="12" generation="6" surname=" 龔 " firstname=" 澤 " zi=" 汝仁 " hao=" 東皋 " sex=" 男 " birthday=" 明成化十一年乙未五月二十五日 " death_date=" 嘉靖三十年辛亥五月初八日 " >
<issue sex=" 男 " birth_order="1" given_name=" 用顯 "/>
<issue sex=" 男 " birth_order="2" given_name=" 用模 "/>
<issue sex=" 男 " birth_order="3" given_name=" 楷 "/>
<issue sex=" 男 " birth_order="4" given_name=" 極 "/>
<location relate_id="SZJP00149-10000111-00021.jpg" region="1917,653,2001,741"/>
</person>
<person id="19" father_id="12" generation="6" surname=" 龔 " firstname=" 淵 " sex=" 男 ">
<location relate_id="SZJP00149-10000111-00014.jpg" region="3166,1476,3286,1588"/>
</person>
<person id="20" father_id="12" generation="6" surname=" 龔 " firstname=" 淳 " sex=" 男 ">
<location relate_id="SZJP00149-10000111-00014.jpg" region="2579,1463,2683,1572"/>
</person>
<person id="21" father_id="12" generation="6" surname=" 龔 " firstname=" 沂 " sex=" 男 ">
<location relate_id="SZJP00149-10000111-00014.jpg" region="1981,1458,2074,1564"/>
</person>
<person id="22" father_id="16" generation="7" surname=" 龔 " firstname=" 澄 " zi=" 清甫 " hui=" 漳 " sex=" 男 ">
<issue sex=" 男 " birth_order="1" given_name=" 用材 "/>
<location relate_id="SZJP00149-10000111-00021.jpg" region="716,636,820,720"/>
</person>
<person id="23" father_id="17" generation="7" surname=" 龔 " firstname=" 用卿 " zi=" 鳴治 " hao=" 雲岡 " sex=" 男 " birthday=" 明弘治十四年辛酉五月二十四日 " death_date=" 嘉靖四十三年甲子六月十七日 ">
<issue sex=" 男 " birth_order="1" given_name=" 爗 "/>
<location relate_id="SZJP00149-10000111-00022.jpg" region="2699,658,2789,829"/>
</person>
<person id="24" father_id="18" generation="7" surname=" 龔 " firstname=" 用顯 " zi="" hao=" 少皋 " alias=" 桂 " sex=" 男 " birthday=" 明 ">
<issue sex=" 男 " birth_order="1" given_name=" 文炫 "/>
<issue sex=" 男 " birth_order="2" given_name=" 文焯 "/>
<location relate_id="SZJP00149-10000111-00022.jpg" region="3235,659,3322,827"/>
</person>
<person id="25" father_id="18" generation="7" surname=" 龔 " firstname=" 用模 " sex=" 男 ">
<location relate_id="SZJP00149-10000111-00013.jpg" region="798,1606,914,1710"/>
</person>

<person id="26" father_id="18" generation="7" surname=" 龔 " firstname=" 楷 " sex=" 男 ">
<location relate_id="SZJP00149-10000111-00014.jpg" region="2570,1634,2673,1740"/>
</person>
<person id="27" father_id="18" generation="7" surname=" 龔 " firstname=" 極 " sex=" 男 ">
<location relate_id="SZJP00149-10000111-00014.jpg" region="1961,1622,2071,1724"/>
</person>
<person id="28" father_id="22" generation="7" surname=" 龔 " firstname=" 用材 " sex=" 男 ">
<location relate_id="SZJP00149-10000111-00021.jpg" region="620,2584,692,2760"/>
</person>
<person id="29" father_id="23" generation="8" surname=" 龔 " firstname=" 爟 " sex=" 男 ">
<issue sex=" 男 " birth_order="1" given_name=" 懋墀 "/>
<location relate_id="SZJP00149-10000111-00022.jpg" region="1676,1843,1748,1943"/>
</person>
<person id="30" father_id="24" generation="8" surname=" 龔 " firstname=" 文炫 " sex=" 男 ">
<location relate_id="SZJP00149-10000111-00022.jpg" region="3139,2611,3203,2795"/>
</person>
<person id="31" father_id="24" generation="8" surname=" 龔 " firstname=" 文焯 " sex=" 男 " birthday=" 明 ">
<issue sex=" 男 " birth_order="1" given_name=" 應北 "/>
<issue sex=" 男 " birth_order="2" given_name=" 應垣 "/>
<location relate_id="SZJP00149-10000111-00022.jpg" region="1389,659,1464,832"/>
</person>
<person id="32" father_id="29" generation="8" surname=" 龔 " firstname=" 懋 墀 " zi=" 克丹 " hao=" 玉屏 " sex=" 男 " birthday=" 明嘉靖四十一年壬戌正月初五日 " death_date=" 崇禎七年癸酉十二月二十六日 " >
<issue sex=" 男 " birth_order="1" given_name=" 允奇 "/>
<location relate_id="SZJP00149-10000111-00022.jpg" region="332,656,420,840"/>
</person>
<person id="33" father_id="31" generation="9" surname=" 龔 " firstname=" 應 北 " zi=" 熙臺 " sex=" 男 " birthday=" 明 ">
<issue sex=" 男 " birth_order="1" given_name=" 大畜 "/>
<issue sex=" 男 " birth_order="2" given_name=" 禮 "/>
<issue sex=" 男 " birth_order="3" given_name=" 大臨 "/>
<issue sex=" 男 " birth_order="4" given_name=" 大萃 "/>
<location relate_id="SZJP00149-10000111-00022.jpg" region="855,657,942,834"/>
</person>
<person id="34" father_id="31" generation="9" surname=" 龔 " firstname=" 應垣 " sex="

```
男">
        <location relate_id="SZJP00149-10000111-00014.jpg" region="1961,1929,2076,2058"/>
    </person>
    <person id="35" father_id="32" generation="9" surname="龔" firstname="允奇" sex="男">
        <location relate_id="SZJP00149-10000111-00023.jpg" region="2751,2604,2807,2764"/>
    </person>
    <person id="36" father_id="33" generation="10" surname="龔" firstname="大畜" sex="男">
        <location relate_id="SZJP00149-10000111-00013.jpg" region="1390,2083,1512,2190"/>
    </person>
    <person id="37" father_id="33" generation="10" surname="龔" firstname="禮" sex="男">
        <location relate_id="SZJP00149-10000111-00013.jpg" region="801,2076,917,2169"/>
    </person>
    <person id="38" father_id="33" generation="10" surname="龔" firstname="大臨" zi="敬輿" sex="男" birthday="明萬曆十六年戊子五月十一日丑時" death_date="清順治十四年丁酉正月初九日丑時">
        <issue sex="男" birth_order="1" given_name="運"/>
        <issue sex="男" birth_order="2" given_name="遠"/>
        <issue sex="男" birth_order="3" given_name="遇"/>
        <location relate_id="SZJP00149-10000111-00023.jpg" region="2437,642,2524,822"/>
    </person>
    <person id="39" father_id="33" generation="10" surname="龔" firstname="大萃" sex="男">
        <location relate_id="SZJP00149-10000111-00014.jpg" region="1954,2098,2066,2202"/>
    </person>
</lineage>
```


3.3 家谱树特性

家谱树模型用数据直接描述世系关系，而世系关系以宗族为基础。宗族是由父系血缘关系的各个家庭，在祖先崇拜及宗法观念的规范下组成的社会群体①。因此，家谱树模型以父系血缘关系为主体，强调父子关系，如图 3－1，在描述婚姻关系、母系血缘关系等方面存在缺陷。在国家图书馆《中文文献全文版式还原与全文输入 XML 规范》世系 XML 部分中，宗族男性成员用人物（person）标签描述，妻子则用人物标签的配偶（spouse）、配偶生日（spouse_birth）、配偶卒日（spouse_death）、配偶出嫁地（spouse_place）、配偶出生地

① 冯尔康，等．中国宗族史［M］．上海：上海人民出版社，2008：17.

（spouse_homeplace）、配偶墓地（spouse_tomb）等属性描述。

世系关系和人物信息是家谱树模型的基础，人物信息通常是结构化或部分结构化的，复杂度和结构化程度按需决定。在例 3－2 中，人物信息只包括世代（generation）和人名（firstname）。而在例 3－3 中，人物信息包括世代（generation）、姓（surname）、名（firstname）、字（zi）、号（hao）、讳（hui）、别称（alias）、性别（sex）、生日（birthday）、卒日（death_date）、出生地（homeplace）、死亡地（death_place）、墓地（tomb_place）、结婚日期（wedding_date）、配偶（spouse）、职官（zhiguan）、事实（story）、迁移（transplant）、支派（branch）、产（possession）、考（textual）等。

家谱树 XML 容纳的人物数量、人物信息、世系关系等理论上没有上限，在实际应用中，一个宗族的若干支派可以按照世系关系直接连接起来，放在一个家谱树 XML 中，也可以每个支派制作一个家谱树 XML，再将这些家谱树 XML 从外部连接起来。

家谱树 XML 的结构非常灵活，可以通过 DTD 或 Schema 定义所需的元素标签、属性和属性的取值范围。家谱树 XML 要世系关系描述和人物信息，也可以依据需要加入其他内容，实现按需自由扩展。灵活性带来了强大的描述功能和扩展空间，但是数据结构的差异会影响数据共享与交换，因此，家谱树 XML 需要标准规范，并在标准规范的基础上进行扩展。如图 3－6 和附录 4 所示。

家谱树 XML 面向专业用户，要考虑到家谱文献和相关应用的各种情况，尤其是在标准规范的制订过程中。家谱树 XML 原则上可以用任何文本编辑器手工编写，但是考虑到家谱树 XML 的专业性和复杂性，大规模的复杂谱系很难用手工输入完成，需要特定的工具。同时，家谱树工具所的具备的功能和人机交互界面完全决定于应用的需求。以汉王数字科技公司的家谱树 XML 工具为例，如图 3－7 所示。该工具的主要功能是在家谱图像的基础上

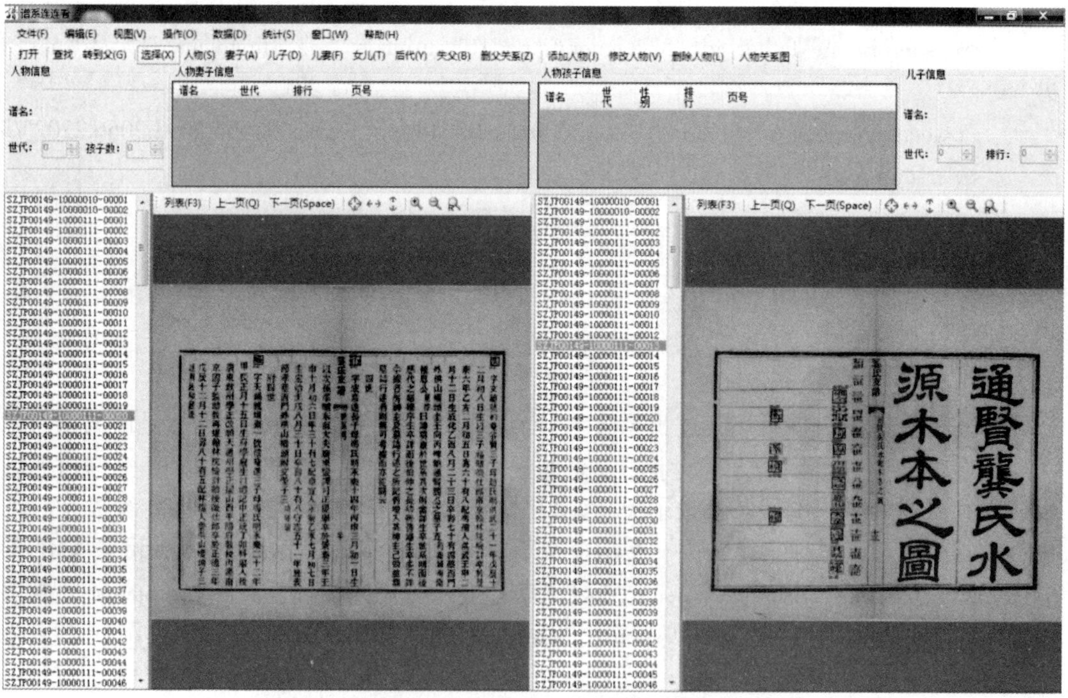

图 3－7　家谱树 XML 工具图

制作人物索引，并整理人物间的世系关系，输出家谱树 XML，遵循国家图书馆《中文文献全文版式还原与全文输入 XML 规范》。

家谱树 XML 具有较好的可读性，也可以发布显示或实现可视化。在图 3－2 左侧，家谱树 XML 按照树形结构发布，显示方式类似于文件目录树。而在图 3－8 中，家谱树 XML 按照谱系图发布，显示方式模仿家谱文献中的垂丝图，每一屏显示五世，但是世代起始可以控制，同一世代的人物可以在一屏内显示，若人物过多，可以拖动滚动条，逐一显示全部人物。

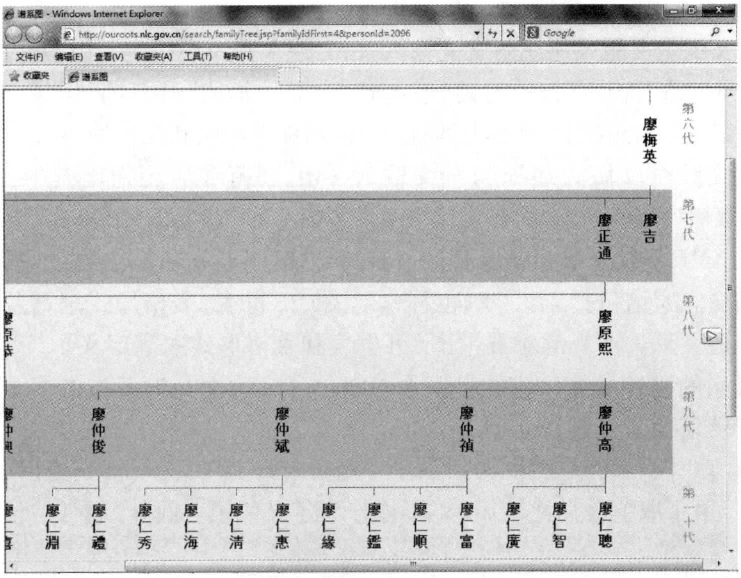

图 3－8　家谱树 XML 展示图

3.4　世系 XML 存在的问题

在国家图书馆《中文文献全文版式还原与全文输入 XML 规范》中定义了 3 种 XML，分别是版式还原 XML、纯内容 XML 和世系 XML。版式还原 XML 描述文献的内容信息和版式信息；纯内容 XML 描述文献的内容信息和语法连续；世系 XML 描述家谱人物之间的父子关系，可构成一棵家谱树[①]。《中文文献全文版式还原与全文输入 XML 规范》的核心是版式还原 XML，在版式还原 XML 的基础上派生出纯内容 XML，而世系 XML 只适用于家谱文献，重在描述人物关系，与版式还原 XML 的作用完全不同，只是非版还原 XML 的特例之一。

在《中文文献全文版式还原与全文输入 XML 规范和应用指南》中，第 6 页有世系 XML 的总体说明，第 8 页有世系 XML 的结构图，第 19 至 20 页有世系 XML 的标签及属性，第 30 至 31 页有世系 XML DTD，第 70 至 72 页有世系 XML Schema，第 70 至 72 页有世系 XML

① 蒋贤春，翟喜奎．中文文献全文版式还原与全文输入 XML 规范和应用指南［M］．北京：国家图书馆出版社，2010：6.

Schema，第 78 至 79 页有世系 XML 标签属性值，第 131 至 138 页有世系 XML 标签应用。

由于《中文文献全文版式还原与全文输入 XML 规范》不是专门的家谱树标准规范，世系 XML 只是其中的次要部分。如果从家谱树标准规范的角度考察，世系 XML 具有基本定义不准确、数据模型设计缺陷、元素属性取值错误、世系 XML Schema 与元素属性定义不一致等问题。

3. 4. 1　定义问题

在《中文文献全文版式还原与全文输入 XML 规范和应用指南》中，第 3 部分“术语和定义”未包含与世系 XML 有关的定义，第 4 部分“总体描述”中仅有“世系 XML”和“世系 XML 格式”的定义，第 5 部分“标签及属性”中包括标签说明和属性取值含义。

在《中文文献全文版式还原与全文输入 XML 规范和应用指南》中，并未给出“家谱”“世系”“家谱树”等定义，而在定义“世系 XML”和“世系 XML 格式”时直接使用了上述定义。世系 XML 格式是对家谱文献的一种特定描述，指出家谱人物之间的父子关系，可构成一棵家谱树。家谱包括五世图（也称垂丝图）、五世表、表格形式家谱及文本。文本的描述格式同普通文献。本规范对五世图、五世表和表格形式家谱定义了统一格式的 XML。对一种家谱世系的描述最终生成的是一个 XML 文件，称之为世系 XML①。两个定义含混不明，描述也不够规范。

世系 XML 使用了 4 个元素和 37 个属性，元素未给出定义，属性只给出了取值含义，如表 3 - 1 所示。由于取值含义比较简单，不能作为定义使用。此外，属性取值含义还存在以下问题：

其一，含混不清。例如，person 标签定义了 firstname 和 hui 属性，取值含义分别为“指出人物的名”和“指出人物的讳”，按照一般理解“生曰名，死曰讳”，在这里完全解释不通，但是如果按照家谱谱例，名为“谱名”，即族谱上的名字，而讳为“本名”。因此，firstname 和 hui 属性必须定义明确。

其二，难以理解。例如，person 标签定义了 story 属性，取值含义为“人物的事实”。在《中文文献全文版式还原与全文输入 XML 应用指南》中，story 取值含义为“字符串，事实（事迹、传记、行状、诗、词、赋、文、稿、说、志、遗言、杂文）”。通过括号内的说明，大致可以将 story 属性理解为传记和艺文，传记包含传主的大量信息，而艺文多为相关人物的著述，应该分成两个独立的属性。

其三，与公知定义不符。例如，person 标签定义了 zhiguan 属性，取值含义为“人物的职官（敕告、榜、科）”。职官，主持官事的人，也为文武百官的通称②。古代对文武官员之通称。设官以治事，故称职官③。“榜、科”属于选举，而非职官。

---

① 蒋贤春，翟喜奎．中文文献全文版式还原与全文输入 XML 规范和应用指南［M］．北京：国家图书馆出版社，2010：6.

② 广东广西湖南河南辞源修订组，商务印书馆编辑部，等．辞源［M］．修订本．北京：商务印书馆，1988：1378.

③ 《中国方志大辞典》编辑委员会．中国方志大辞典［M］．杭州：浙江人民出版社，1988：87.

3.4.2 数据模型问题

世系 XML 是家谱树模型的一种,以家族为描述对象,重在父系血缘关系。世系 XML 在处理婚姻关系上过于简单化,只给 person 标签定义 7 个相关属性,包括 wedding_date(结婚日期)、spouse(配偶)、spouse_birth(配偶生日)、spouse_death(配偶卒日)、spouse_place(配偶出嫁地)、spouse_homeplace(配偶出生地)、spouse_tomb(配偶墓地),使得妻子只是作为丈夫的属性出现,描述非常简单。

中国古代的婚姻关系较为复杂,以一夫一妻多妾制为例,丈夫可以有一位正室,多位侧室,正室亡故后,还有继室。在家谱中还有聘而未娶等情况。世系 XML 关于妻子的描述过于简单,无法容纳上述信息。世系 XML 将妻子作为丈夫的属性处理,完全忽略家族中的母系关系,母子或母女关系都无法描述。在家谱中还有外戚的部分信息,在世系 XML 中也无法容纳。

世系 XML 定位于描述家谱世系,通过 lineage 标签定义一个世系,再通过 title 属性描述家谱文献,最后通过人物和人物关系描述构建家谱树。当一部家谱中仅有一个完整世系,上述描述方式没有问题,但是考虑到家谱文献的复杂性和家谱文献流传过程中可能产生的问题,世系 XML 还存在以下问题:

其一,宋代以后私修家谱盛行,家谱的质量参差不齐,差异巨大,体现在家谱的世系部分:有的家谱世系清晰,从始祖至当世,细致完备;有的家谱只记远祖世系和始迁祖世系,中间有数代中断;有的家谱记录前代世系和近代世系,中间有多处中断,谱系不连续,且错漏很多。在统宗谱中,包含同宗共祖的多个支派,每个支派的世系相对完整,但是不一定能组成一棵完整的家谱树,可能有中断。而联宗谱,若干个同姓不同宗的乡村宗族通过追溯共同的祖先和建立相应的谱系关系而编修的联宗族谱(亦称“合族谱”)①,同姓的若干宗族本没有明确的血缘关系,不可能组成一棵家谱树。由于家谱谱系的复杂性,一部家谱中可能有一棵家谱树或多棵家谱树,或一棵家谱树的若干部分,或多棵家谱树的多个部分。世系 XML 数据模型较为简单,只能描述一棵家谱树,不能描述其他情况。

其二,家谱世系部分收录的人物少则几十几百,多则数千,在世系部分的编写、刻印(或排印)过程中难免出现错误,若将文献中的记载直接转换成世系 XML,可能出现家谱树或中断世代错乱等情况。为了保证家谱树的正确性,有必要对家谱文献进行整理和考证,世系 XML 数据模型无法描述上述过程。

其三,家谱文献在流传过程中,难免兵厄、水火、虫鼠之灾,造成损坏和残缺。家谱残损造成世系不完整。世系 XML 数据模型无法描述不完整谱系。

3.4.3 元素属性问题

世系 XML 在元素属性设计上较为粗糙,未能充分考虑到家谱文献的复杂性,主要存在以下问题:

其一,元素属性定义错误,已包含在 3.4.1 中,此处不再重复。

① 饶伟新.清代赣南客民的联宗谱及其意义初探[J].赣南师范学院学报,2007(4):13-17.

其二,元素属性设计不合理。例如，lineage 标签定义了 title 属性,取值含义为“文献题名”。在世系 XML 中，lineage 的 title 属性是对家谱文献的题名描述。但是家谱,尤其是古籍家谱的题名非常复杂,家谱元数据规范（CDLS-S05-015）的 title 元素包括并列题名、版心题名、内封提名、卷端题名、书衣题名、目录题名、书签题名、书根题名、谱序题名、书脊题名等属性[①]。世系 XML 只使用 title 属性描述家谱文献题名是不够的,至少要说明题名的出处,如版心、书衣、卷端、谱序等。如果再考虑一下世系 XML 只使用 title 属性的目的,应该是简要描述家谱文献,而非专门描述家谱文献题名。若要描述家谱文献,使之区别于其他家谱文献,至少要使用题名 (含卷数)、著者、版本和残缺属性。

其三,元素属性值设计不合理。例如，person 标签定义了 stepchild 属性,取值含义为“出入嗣”,数据类型为字符串,长度为“4”。中国古代继承制度以宗祧继承为核心,具体制度可以分为两类:一类包括立嫡、立嗣、立继、命继、爱继等;另一类包括兼祧、收养、归宗等[②]。世系 XML 使用 stepchild 属性描述继承关系,数据类型应为枚举,可选值包括“出嗣”“入嗣”“兼嗣”(即兼祧,一子继两房)、“归宗”(出嗣后又复归本宗)、“出继”“入继”“出赘”“入赘”等。同时，stepchild 属性的取值含义也应改为“承嗣”。

3. 4. 4 XML Schema 问题

世系 XML 的 Schema,见附录 4,除了少量语法错误外,部分描述与元素属性类型和取值范围 (如表 3 – 2 所示) 不一致。例如，person 标签的 id 和 father_id 属性,数据类型为非负整数,取值范围为“0-9999999999”,而 XML Schema 描述为整数。同时,世系 XML Schema 比较简单,缺少元素属性取值范围的描述。依据表 3 – 1、3 – 2 和图 3 – 6,重新改写世系 XML Schema,如例 3 – 4 所示。

例 3 – 4:

```
<?xml version="1.0" encoding="UTF-8"?>
<xs:schema xmlns:xs="http://www.w3.org/2001/XMLSchema" elementFormDefault="qualified"
attributeFormDefault="unqualified">
    <xs:element name="lineage" type="lineageType">
      <xs:annotation>
          <xs:documentation> 世系元素 </xs:documentation>
      </xs:annotation>
    </xs:element>
    <xs:element name="person" type="personType">
      <xs:annotation>
          <xs:documentation> 人物元素 </xs:documentation>
      </xs:annotation>
    </xs:element>
```

① 周秋芳,顾燕,陈建华,等 . 家谱元数据规范 [EB/OL]. [2014 – 06 – 30].http ://ir.las.ac.cn/handle/12502/4878?mode=full&submit _simple=Show+full+item+record.

② 程维荣 . 中国继承制度史 [M]. 上海:东方出版中心,2006:3 – 7.

```
<xs:element name="issue" type="issueType">
  <xs:annotation>
    <xs:documentation> 子女元素 </xs:documentation>
  </xs:annotation>
</xs:element>
<xs:element name="location" type="locationType">
  <xs:annotation>
    <xs:documentation> 原图位置元素 </xs:documentation>
  </xs:annotation>
</xs:element>
<xs:complexType name="lineageType">
  <xs:annotation>
    <xs:documentation> 世系类型 </xs:documentation>
  </xs:annotation>
  <xs:sequence>
    <xs:element name="person" maxOccurs="unbounded" type="personType"/>
  </xs:sequence>
  <xs:attribute name="title" type="xs:string" use="required"/>
</xs:complexType>
<xs:complexType name="personType">
  <xs:annotation>
    <xs:documentation> 人物类型 </xs:documentation>
  </xs:annotation>
  <xs:sequence>
    <xs:element name="issue" minOccurs="0" maxOccurs="unbounded" type="issueType"/>
    <xs:element name="location" type="locationType"/>
  </xs:sequence>
  <xs:attribute name="id" type="nonnegativeInteger"/>
  <xs:attribute name="father_id" type="nonnegativeInteger"/>
  <xs:attribute name="generation" type="fourBitInteger"/>
  <xs:attribute name="info" type="xs:string"/>
  <xs:attribute name="surname" type="lengthLess256" />
  <xs:attribute name="firstname" type="lengthLess256"/>
  <xs:attribute name="zi" type="lengthLess10"/>
  <xs:attribute name="hao" type="lengthLess10"/>
  <xs:attribute name="hui" type="lengthLess10"/>
  <xs:attribute name="alias" type="lengthLess10"/>
  <xs:attribute name="stepchild" type="lengthLess4"/>
  <xs:attribute name="heraldry" type="lengthLess10"/>
```

```
    <xs:attribute name="sex" type="sextype"/>
    <xs:attribute name="birthday" type="lengthLess64"/>
    <xs:attribute name="death_date" type="lengthLess64"/>
    <xs:attribute name="homeplace" type="lengthLess64"/>
    <xs:attribute name="death_place" type="lengthLess64"/>
    <xs:attribute name="tomb_place" type="lengthLess64"/>
    <xs:attribute name="wedding_date" type="lengthLess64"/>
    <xs:attribute name="spouse" type="lengthLess64"/>
    <xs:attribute name="spouse_birth" type="lengthLess64"/>
    <xs:attribute name="spouse_death" type="lengthLess64"/>
    <xs:attribute name="spouse_place" type="lengthLess64"/>
    <xs:attribute name="spouse_tomb" type="lengthLess64"/>
    <xs:attribute name="zhiguan" type="lengthLess64"/>
    <xs:attribute name="story" type="xs:string"/>
    <xs:attribute name="transplant" type="lengthLess64"/>
    <xs:attribute name="branch" type="lengthLess64"/>
    <xs:attribute name="possession" type="xs:string"/>
    <xs:attribute name="textual" type="xs:string"/>
</xs:complexType>
<xs:complexType name="issueType">
    <xs:annotation>
        <xs:documentation> 子女类型 </xs:documentation>
    </xs:annotation>
    <xs:attribute name="sex" type="sextype" default=" 男 "/>
    <xs:attribute name="birth_order" type="threeBitInteger" default="1"/>
    <xs:attribute name="given_name" type="xs:string" use="required"/>
</xs:complexType>
<xs:complexType name="locationType">
    <xs:annotation>
        <xs:documentation> 原图位置类型 </xs:documentation>
    </xs:annotation>
    <xs:attribute name="relate_id" type="xs:string"/>
    <xs:attribute name="region" type="xs:string"/>
</xs:complexType>
<xs:simpleType name="nonnegativeInteger">
    <xs:annotation>
        <xs:documentation> 非负整数类型 </xs:documentation>
    </xs:annotation>
    <xs:restriction base="xs:integer">
```

```
        <xs:minInclusive value="0"/>
    </xs:restriction>
</xs:simpleType>
<xs:simpleType name="fourBitInteger">
    <xs:annotation>
        <xs:documentation>4 位正整数类型（1-9999）</xs:documentation>
    </xs:annotation>
    <xs:restriction base="xs:integer">
        <xs:minInclusive value="1"/>
        <xs:maxInclusive value="9999"/>
    </xs:restriction>
</xs:simpleType>
<xs:simpleType name="threeBitInteger">
    <xs:annotation>
        <xs:documentation>3 位正整数（1-999）</xs:documentation>
    </xs:annotation>
    <xs:restriction base="xs:integer">
        <xs:minInclusive value="1"/>
        <xs:maxInclusive value="999"/>
    </xs:restriction>
</xs:simpleType>
<xs:simpleType name="sextype">
    <xs:annotation>
        <xs:documentation> 性别类型（男或女）</xs:documentation>
    </xs:annotation>
    <xs:restriction base="xs:string">
        <xs:pattern value=" 男 | 女 "/>
    </xs:restriction>
</xs:simpleType>
<xs:simpleType name="lengthLess256">
    <xs:annotation>
        <xs:documentation> 长度少于 256 字符串类型 </xs:documentation>
    </xs:annotation>
    <xs:restriction base="xs:string ">
        <xs:maxLength value="256"/>
    </xs:restriction>
</xs:simpleType>
<xs:simpleType name="lengthLess64">
    <xs:annotation>
```

```
            <xs:documentation> 长度少于 64 字符串类型 </xs:documentation>
        </xs:annotation>
        <xs:restriction base="xs:string ">
            <xs:maxLength value="64"/>
        </xs:restriction>
    </xs:simpleType>
    <xs:simpleType name="lengthLess10">
        <xs:annotation>
            <xs:documentation> 长度少于 10 字符串类型 </xs:documentation>
        </xs:annotation>
        <xs:restriction base="xs:string ">
            <xs:maxLength value="10"/>
        </xs:restriction>
    </xs:simpleType>
    <xs:simpleType name="lengthLess4">
        <xs:annotation>
            <xs:documentation> 长度少于 4 字符串类型 </xs:documentation>
        </xs:annotation>
        <xs:restriction base="xs:string ">
            <xs:maxLength value="4"/>
        </xs:restriction>
    </xs:simpleType>
</xs:schema>
```

4 GEDCOM 格式

GEDCOM（家谱数据交换格式）是由耶稣基督后期圣徒教会（The Church of Jesus Christ of Latter-day Saints，即 LDS Church，以下简称 LDS）家谱部门开发，旨在提供一个灵活、统一的家谱数据交换格式，推动家谱信息的共享，促进交互式软件产品的开发，服务于谱牒学者、历史学家和其他研究者。

GEDCOM1.0 版本发布于 1984 年，3.0 版本作为标准发布，5.0 版本引入了世系连接结构（Lineage-linked structures），5.5 版本是目前应用的标准。之后又推出了一系列的草案，从 5.6 版本（未公开发布草案）开始 GEDCOM 全面 XML 化。GEDCOM 的版本情况如表 4－1 所示。2011 年，LDS 家谱部门（以下简称 FamilySearch）开始支持名为“GEDCOM X”的项目，并在 RootsTech 2012 会议上正式推出该项目。

表 4－1 GEDCOM 版本情况表①

版本号	类型	发布时间	版本号	类型	发布时间
1.0	草案	1984 年	5.3	草案	1993 年
2.0	草案	1985 年	5.4	草案	1995 年
3.0	标准	1987 年	5.5	标准	1995 年
4.0	标准	1989 年	5.5ES	标准及勘误	1996 年
4.1	草案	1989 年	FD	（未来方向）草案	1998 年
4.2	草案	1990 年	5.5.1	草案	1999 年
5.0	草案	1991 年	5.6	（未公开）草案	2000 年
5.1	草案	1992 年	6.0	草案	2001 年
5.2	草案	1993 年	6.0	Beta	2002 年

4. 1 GEDCOM 5.5

GEDCOM 5.5 标准②包括简介、正文和附录三部分。简介包含五部分：GEDCOM 标准的目标和主要内容，5.X 版本的目的，回顾 5.5 版本对 5.4 版本草案的修改，在 5.4 版本草案中的改变或修改，在 5.3 版本草案中的改变。正文由四章组成：第 1 章数据表示语法（Data Representation Grammar），第 2 章世系连接语法（Lineage-Linked Grammar），第 3 章在 GEDCOM 中使用字符集，第四章 GEDCOM 产品注册。附录共五个：附录 A 世系连接 GEDCOM 标签定义，附录 B 互见参考，附录 C LDS 圣殿编码，附录 D ANSEL 字符集，附录 E 多媒体对象编解码。

① GEDCOM [EB/OL]. [2014－06－30].http://en.wikipedia.org/wiki/GEDCOM#cite_note-29.

② The GEDCOM Standard Release 5.5 [EB/OL]. [2014－06－30].http://homepages.rootsweb.ancestry.com/~pmcbride/gedcom/55gctoc.htm.

4.1.1 数据表示语法

GEDCOM 是一种数据交换格式，要将数据库转化成一个流式文件，即将数据库中的每一条记录转换成一系列带有标签的长度可变的行（line），每一行之间具有一定的层级关系，多条记录再按一定的顺序排列。因此，GEDCOM 在数据表示语法中定义了行，每一行通常包括层级号（level number）、标签（tag）和可选值（optional value）。如例 4－1 所示。第一行的层级号为 0，标签为“INDI”，表示个人信息。第二行的层级号为 1，标签为“NAME”，表示姓名，可选值为“Robert Eugene/Williams/”。第三行的层级号为 1，标签为“SEX”，表示性别，可选值为“M”。标签“SEX”的可选值只能是“M”或“F”，“M”表示男性，“F”表示女性。

例 4－1：

```
……
0  INDI
   1  NAME   Robert Eugene/Williams/
   1  SEX   M
   1  BIRT
      2  DATE   02 OCT 1822
      2  PLAC   Weston, Madison, Connecticut
      ……
```

GEDCOM 定义了层级关系和互见关系。层级关系通过层级号表示，层级越低的行层级号越大。在例 4－1 中。个人信息的层级最高，包含姓名、性别、出生等信息，因此个人信息的层级号为“0”，姓名、性别、出生等的层级号为“1”，而出生信息又包括出生日期、出生地等，出生日期、出生地等的层级号为“2”。互见关系是为了表示数据库中记录的相关性，且保证 GEDCOM 数据中的冗余信息最少。因此，GEDCOM 定义了互见标示（cross-reference identifier）和互见指针（cross-reference pointer）。互见指针（以下简称为 pointer）指向具有互见标示的相关记录，互见标示（以下简称为 xref_id）类似于关系型数据库的主键。如例 4－2 所示。第一行 xref_id 为“@1@”。第七行标签为“SOUR”，表示来源，可选值为“@6@”（pointer）。

例 4－2：

```
……
0  @1@  INDI
   1  NAME   Robert Eugene/Williams/
   1  SEX   M
   1  BIRT
      2  DATE   02 OCT 1822
      2  PLAC   Weston, Madison, Connecticut
      2  SOUR   @6@
      ……
```

综上所述，GEDCOM 数据以行为基本单位，每一行包括层级号、xref_id、标签、可选值，其中层级号和标签必备，xref_id 可选，可选值是否必备由标签确定，pointer 可以作为可选值。GEDCOM 数据表示语法并非本书的重点，详细内容参见 GEDCOM 5.5 第 1 章①。

4. 1. 2　世系连接语法

GEDCOM 数据表示语法是通用数据表示语法，不包含任何特殊的数据定义或语义内容，原则上可以用来存储各种数据，而不仅仅是家谱数据。为了满足家谱数据的需求，GEDCOM 在数据表示语法框架下定义了世系连接语法，也称为世系连接 GEDCOM 格式语法（Lineage-Linked GEDCOM Form's grammar），数据模型如图 4－1 所示。

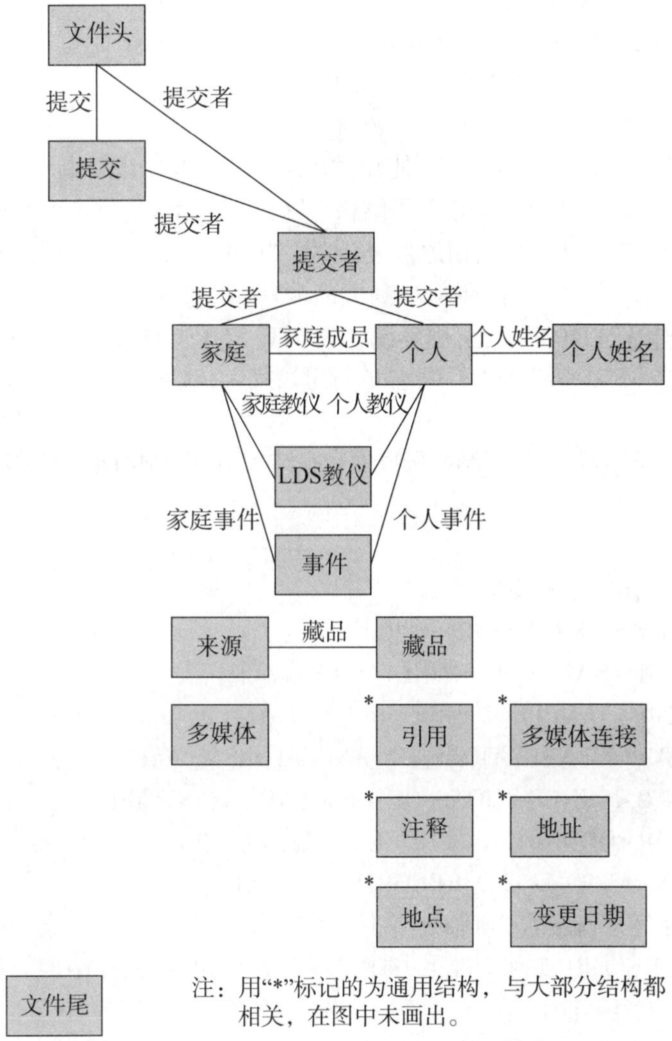

图 4－1　GEDCOM 5.5 数据模型图

为了描述谱系信息，GEDCOM 世系连接语法定义了一系列标签（详见附录 5）、可选值

① The GEDCOM Standard Release 5.5 Chapter 1 [EB/OL]. [2014－06－30].http://homepages.rootsweb.ancestry.com/~pmcbride/gedcom/55gcch1.htm.

和指针组合，并在此基础上定义了 10 个结构（Structures）和 17 个子结构（Substructures），详见附录 6。子结构由若干行组成，每一行的层级号、xref_id、标签、可选值都有明确的要求，子结构间可以嵌套。如例 4 – 3 所示。为了描述方便，沿用 GEDCOM 5.5 标准中的符号：双尖括号（<<　>>）表示结构或子结构；尖括号（<　>）表示标签对应的可选值；大括号（{　}）表示行的数量限制，｛1:1｝表示必备且唯一，｛1:M｝表示必备可选多个，｛0:1｝表示不超过一个；｛0:M｝表示无限制；中括号（[　]）表示可选项；竖线（|）用于分隔多个并列选项；“n”表示层级号，“+1”表示层级号增一，“+2”“+3”以此类推。

例 4 – 3：

n　PLAC <PLACE_VALUE>　{1:1}

　　+1　FORM <PLACE_HIERARCHY>　{0:1}

　　+1　<<SOURCE_CITATION>>　{0:M}

　　+1　<<NOTE_STRUCTURE>>　{0:M}

上述子结构用于描述地点信息，使用“PLAC”和“FORM”标签，嵌套“SOURCE_CITATION”和“NOTE_STRUCTURE”子结构。“PLAC”标签的可选值为地名，按照行政区划从小到大的顺序排序，地名之间用逗号分开，如“Idaho Falls, Bonneville, Idaho”。“FORM”标签可选值为行政区划名称，按照从小到大的顺序排序，并用逗号分开，如“city, county, state”。“SOURCE_CITATION”为引用来源，“NOTE_STRUCTURE”为注释。带有“PLAC”标签的行必备且唯一；带有“FORM”标签的行可以唯一，也可以省略；两个子结构没有数量要求。

结构的组成与子结构类似，子结构可以嵌套在结构中，但结构间不能相互嵌套，如例 4 – 4 所示。

例 4 – 4：

n　@<XREF:SUBN>@ SUBN　{1:1]

　　+1　SUBM @<XREF:SUBM>@ {0:1}

　　+1　FAMF <NAME_OF_FAMILY_FILE>　{0:1}

　　+1　TEMP <TEMPLE_CODE>　{0:1}

　　+1　ANCE <GENERATIONS_OF_ANCESTORS>　{0:1}

　　+1　DESC <GENERATIONS_OF_DESCENDANTS>　{0:1}

　　+1　ORDI <ORDINANCE_PROCESS_FLAG>　{0:1}

　　+1　RIN <AUTOMATED_RECORD_ID>　{0:1}

一个使用世系连接格式的 GEDCOM 文件由文件头（HEADER）、提交记录（SUBMISSION_RECORD）、记录（RECORD）和文件尾（TRLR）四部分组成，具体结构如下：

0　<<HEADER>>　{1:1}

0　<<SUBMISSION_RECORD>>　{0:1}

0　<<RECORD>>　{1:M}

0　TRLR　{1:1}

文件头主要保存 GEDCOM 文件的传输信息和文件基本信息，主要包含来源系统、目标系统、传输时间、提交者、提交、文件、机构、GEDCOM 版本、使用字符集、语言、地点、注释等信息，如例 4 – 5 所示。

例4－5：

n HEAD {1:1}

+1 SOUR <APPROVED_SYSTEM_ID> {1:1}

+2 VERS <VERSION_NUMBER> {0:1}

+2 NAME <NAME_OF_PRODUCT> {0:1}

+2 CORP <NAME_OF_BUSINESS> {0:1}

+3 <<ADDRESS_STRUCTURE>> {0:1}

+2 DATA <NAME_OF_SOURCE_DATA> {0:1}

+3 DATE <PUBLICATION_DATE> {0:1}

+3 COPR <COPYRIGHT_SOURCE_DATA> {0:1}

+1 DEST <RECEIVING_SYSTEM_NAME> {0:1}

+1 DATE <TRANSMISSION_DATE> {0:1}

+2 TIME <TIME_VALUE> {0:1}

+1 SUBM @<XREF:SUBM>@ {1:1}

+1 SUBN @<XREF:SUBN>@ {0:1}

+1 FILE <FILE_NAME> {0:1}

+1 COPR <COPYRIGHT_GEDCOM_FILE> {0:1}

+1 GEDC {1:1}

+2 VERS <VERSION_NUMBER> {1:1}

+2 FORM <GEDCOM_FORM> {1:1}

+1 CHAR <CHARACTER_SET> {1:1}

+2 VERS <VERSION_NUMBER> {0:1}

+1 LANG <LANGUAGE_OF_TEXT> {0:1}

+1 PLAC {0:1}

+2 FORM <PLACE_HIERARCHY> {1:1}

+1 NOTE <GEDCOM_CONTENT_DESCRIPTION> {0:1}

+2 [CONT|CONC]<GEDCOM_CONTENT_DESCRIPTION> {0:M}

提交记录主要保存与GEDCOM文件提交过程相关的信息，主要包含提交、提交者、家庭文件、神殿编码、祖先、后代、宗教仪式、ID编号等信息，如例4－6所示。

例4－6：

n @<XREF:SUBN>@ SUBN {1:1]

+1 SUBM @<XREF:SUBM>@ {0:1}

+1 FAMF <NAME_OF_FAMILY_FILE> {0:1}

+1 TEMP <TEMPLE_CODE> {0:1}

+1 ANCE <GENERATIONS_OF_ANCESTORS> {0:1}

+1 DESC <GENERATIONS_OF_DESCENDANTS> {0:1}

+1 ORDI <ORDINANCE_PROCESS_FLAG> {0:1}

+1 RIN <AUTOMATED_RECORD_ID> {0:1}

记录是GEDCOM文件的内容主体，主要包含家庭记录、个人记录、多媒体记录、注释记录、藏品记录、来源记录、提交者记录信息，如例 4－7 所示。

例 4－7：

```
[
n  <<FAM_RECORD>>  {1:1}
|
n  <<INDIVIDUAL_RECORD>>  {1:1}
|
n  <<MULTIMEDIA_RECORD>>  {1:M}
|
n  <<NOTE_RECORD>>  {1:1}
|
n  <<REPOSITORY_RECORD>>  {1:1}
|
n  <<SOURCE_RECORD>>  {1:1}
|
n  <<SUBMITTER_RECORD>>  {1:1}
]
```

记录中包含 7 种结构，除了多媒体记录结构必备可多选，其他结构都要求必备且唯一。上述每种结构都包含复杂的信息组成，以家庭记录结构为例，该结构包含家庭事件、丈夫、妻子、孩子、孩子数量、提交者、结婚仪式（LDS）、引用来源、多媒体连接、注释、参考、ID 编号、变更日期等信息，如例 4－8 所示。其他结构详见附录 6。

例 4－8：

```
n  @<XREF:FAM>@   FAM   {1:1}
    +1  <<FAMILY_EVENT_STRUCTURE>>  {0:M}
      +2  HUSB      {0:1}
        +3  AGE <AGE_AT_EVENT>  {1:1}
      +2  WIFE      {0:1}
        +3  AGE <AGE_AT_EVENT>  {1:1}
    +1  HUSB @<XREF:INDI>@  {0:1}
    +1  WIFE @<XREF:INDI>@  {0:1}
    +1  CHIL @<XREF:INDI>@  {0:M}
    +1  NCHI <COUNT_OF_CHILDREN>  {0:1}
    +1  SUBM @<XREF:SUBM>@  {0:M}
    +1  <<LDS_SPOUSE_SEALING>>  {0:M}
    +1  <<SOURCE_CITATION>>  {0:M}
      +2  <<NOTE_STRUCTURE>>  {0:M}
      +2  <<MULTIMEDIA_LINK>>  {0:M}
    +1  <<MULTIMEDIA_LINK>>  {0:M}
    +1  <<NOTE_STRUCTURE>>  {0:M}
```

```
    +1  REFN <USER_REFERENCE_NUMBER>  {0:M}
      +2  TYPE <USER_REFERENCE_TYPE>  {0:1}
    +1  RIN <AUTOMATED_RECORD_ID>  {0:1}
    +1  <<CHANGE_DATE>>  {0:1}
```

综上所述，采用世系连接格式的 GEDCOM 文件由文件头、提交记录、记录和文件尾组成，文件头存储 GEDCOM 文件传输信息和文件基本信息，提交记录存储与 GEDCOM 文件提交有关的信息，记录存储家庭记录、个人记录、多媒体记录、注释记录、藏品记录、来源记录、提交者记录等信息，文件尾是 GEDCOM 结束的标志。一个完整的 GEDCOM 文件如例 4－9①所示。

例 4－9：

```
0  HEAD
    1  SOUR PAF
        2  VERS  2.1
    1  DEST  ANSTFILE
    1  SUBM  @5@
    1  SUBN  @8@
    1  GEDC
        2  VERS  5.4
        2  FORM  Lineage-Linked
    1  CHAR  ANSEL
0  @1@ INDI
    1  NAME  Robert Eugene/Williams/
    1  SEX  M
    1  BIRT
        2  DATE  02 OCT 1822
        2  PLAC  Weston, Madison, Connecticut
        2  SOUR  @6@
            3  PAGE  Sec. 2, p. 45
            3  EVEN  BIRT
                4  ROLE  CHIL
    1  DEAT
        2  DATE  14 APR 1905
        2  PLAC  Stamford, Fairfield, CT
    1  BURI
        2  PLAC  Spring Hill Cem., Stamford, CT
    1  RESI
        2  ADDR  73 North Ashley
```

① The GEDCOM Standard Release 5.5 Chapter 2 [EB/OL]. [2014 - 06 - 30].http ://homepages.rootsweb.ancestry.com/~pmcbride/gedcom/55gcch1.htm.

```
        3  CONT  Spencer, Utah UT84991
      2  DATE  from 1900 to 1905
    1  FAMS  @4@
    1  FAMS  @9@
0  @2@ INDI
    1  NAME  Mary Ann/Wilson/
    1  SEX  F
    1  BIRT
      2  DATE  BEF 1828
      2  PLAC  Connecticut
    1  FAMS  @4@
0  @3@ INDI
    1  NAME  Joe/Williams/
    1  SEX  M
    1  BIRT
      2  DATE  11 JUN 1861
      2  PLAC  Idaho Falls, Bonneville, Idaho
    1  FAMC  @4@
    1  FAMC  @9@
      2  PEDI  Adopted
    1  ADOP
      2  FAMC  @9@
      2  Date  16 MAR 1864
    1  SLGC
      2  FAMC  @9@
      2  DATE  2 OCT 1987
      2  TEMP  SLAKE
0  @4@ FAM
    1  MARR
      2  DATE  DEC 1859
      2  PLAC  Rapid City, South Dakota
    1  SLGS
      2  DATE  14 JUN 1975
      2  TEMP  SLAKE
    1  HUSB  @1@
    1  WIFE  @2@
    1  CHIL  @3@
0  @5@ SUBM
    1  NAME  Reldon /Poulson/
```

```
        1  ADDR   1900 43rd Street West
            2  CONT   Billings, MT 68051
        1  PHON   (406) 555-1232
0  @6@ SOUR
        1  DATA
            2  EVEN   BIRT, DEAT, MARR
                3  DATE   FROM Jan 1820 TO DEC 1825
            2  PLAC   Madison, Connecticut
            2  AGNC   Madison County Court, State of Connecticut
        1  TITL   Madison County Birth, Death, and Marriage Records
        1  ABBR   VITAL RECORDS
        1  REPO   @7@
            2  CALN   13B-1234.01
            2  MEDI   Microfilm
0  @7@ REPO
        1  NAME   Family History Library
        1  ADDR   35 N West Temple Street
            2  CONT   Salt Lake City, Utah
            2  CONT   UT 84150
0  @8@ SUBN
        1  SUBM @5@
        1  FAMF   Reg Poulson Family
        1  TEMP   SLAKE
0  @9@ FAM
        1  HUSB   @1@
        1  CHIL   @3@
0  TRLR
```

例 4 – 9 包含以下内容:

GEDCOM 文件信息:来源系统为 PAF 2.1,目标系统为 ANSTFILE;提交者 Reldon Poulson,提交文件名 Reg Poulson Family;采用 GEDCOM5.4 世系连接格式,编码采用 ANSEL。

提交信息:文件名 Reg Poulson Family,犹他州盐湖城圣殿,提交者 Reldon Poulson。

个人信息:人物 1,姓名 Robert Eugene Williams,性别男,出生于 1822 年 10 月 2 日,康涅狄格州麦迪逊县韦斯顿,见于来源 6(即来源信息)的第 2 章第 45 页,死于 1905 年 4 月 14 日,费尔菲德县斯坦福,葬于斯坦福春山公墓,1900 年至 1905 年,居住地址 73 North Ashley Spencer, UT84991,属于家庭 4、家庭 9;人物 2,姓名 Mary Ann Wilson,性别女,出生于 1828 年之前,康涅狄格州,属于家庭 4;人物 3,姓名 Joe Williams,性别男,出生于 1861 年 6 月 11 日,爱达荷州邦纳维尔县爱达荷福尔斯,属于家庭 4、家庭 9,1864 年 3 月 16 日被家庭 9 领养,1987 年 10 月 2 日在犹他州盐湖城圣殿进行子女印证。

家庭信息:家庭 4,结婚于 1859 年 12 月,南达科塔州拉皮特城,丈夫 Robert Eugene

Williams，妻子 Mary Ann Wilson，孩子 Joe Williams，1975 年 6 月 14 日在犹他州盐湖城圣殿进行配偶印证；家庭 9，丈夫 Robert Eugene Williams，孩子 Joe Williams。

来源信息：1820 年 1 月至 1825 年 12 月间康涅狄格州麦迪逊市的出生、死亡和结姻信息来源于康涅狄格州麦迪逊县法院，题名为麦迪逊县出生、死亡和结姻记录，缩写为重要记录，藏品为编号 13B-1234.01 的缩微胶卷，收藏机构为家庭史图书馆，地址 35 North West Temple Salt Lake City，UT84150。

提交者信息：Reldon Poulson，地址 1900 43rd Street West Billings, MT68051，电话（406）555-1232。

4.2 GEDCOM 6.0

GEDCOM 6.0 即 GEDCOM XML，共发布两个版本：2001 年 12 月发布草案；2002 年 12 月发布测试版，用于取代之前发布的草案。GEDCOM 6.0 测试版[①]包括简介、正文和附录三部分。简介主要说明 GEDCOM XML 的目的。正文由三章组成：第 1 章解释与样例说明，第 2 章 GEDCOM XML DTD，第 3 章元素描述。附录为 GEDCOM 5.5 标签与 GEDCOM XML 对照表，如本书附录 8 所示。

XML 与传统 CEDCOM 一样都可以作为家谱数据交换格式，但是 XML 应用广泛、有大量工具支持等特点都优于传统 CEDCOM，传统 CEDCOM 的 XML 化也就成了必然趋势。CEDCOM 的 XML 化不仅仅是文件结构和语法的改变，更是对采用世系连接格式的 GEDCOM 数据模型的调整，使 CEDCOM XML 数据完全结构化，对数据进行详细的属性说明，增强易读性、易用性、规范性和灵活性。

采用世系连接格式的传统 GEDCOM 文件（以下简称传统世系 GEDCOM）由文件头、提交记录、记录和文件尾组成，而 CEDCOM XML 取消了提交记录和文件尾，简化了文件头和记录。记录作为传统世系 GEDCOM 的核心部分，由家庭记录、个人记录、多媒体记录、藏品记录、来源记录、提交者记录等部分组成，还有引用、注释、事件、LDS 教仪、地点、地址、变更日期等通用结构。而 CEDCOM XML 的数据内容由 8 个部分组成，包括家庭、个人、团体、事件、LDS 教仪、藏品、来源和联系，如图 4－2 所示。

传统世系 GEDCOM 使用了 10 个结构、17 个子结构和 129 个标签，CEDCOM XML 使用了 86 个元素，其中 9 个元素有 1 个属性，11 个元素有 2 个属性，5 个元素有 6 个属性，详见附录 7。CEDCOM XML 使用了 51 个元素及其属性表示了传统世系 GEDCOM 的 116 个标签（直接取消了 13 个标签），如附录 8 所示，同时又新增了 35 个元素。新增元素可以分为 4 类：表示版式的元素，如 b、i 等；表示状态的元素，如 DeathStatus、Living 等；表示统计数量的元素，如 ChildNbr、FamilyNbr 等；其他新增元素，如 Coordinates、ProductId 等。CEDCOM XML 的 DTD 详见附录 9。

传统世系 GEDCOM 文件例 4－9 改写为 GEDCOM XML，如例 4－10 所示。

---

① GEDCOM XML Beta Version [EB/OL]. [2014－06－30].http://heanet.dl.sourceforge.net/project/gedcomfilter/GEDCOM%20XML%20Specification/GEDCOM%20XML%206.0%20Beta/GedXML60.pdf.

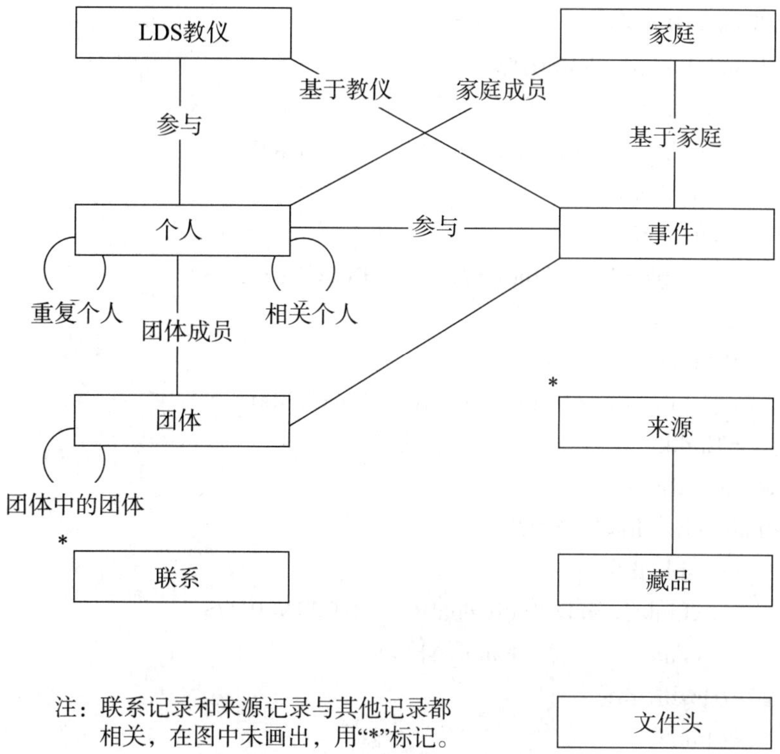

图 4－2　GEDCOM 6.0 数据模型图

例 4－10：

```
<?xml version="1.0" encoding="UTF-8"?>
<!DOCTYPE GEDCOM SYSTEM "gedcom6.dtd">
<GEDCOM>
    <HeaderRec>
        <FileCreation Date="2 OCT 1996" Time="15:20:23">
            <Product>
                <ProductId>PAF</ProductId>
                <Version>2.1</Version>
                <Name>Personal Ancestral File</Name>
                <Supplier>
                    <Link Target="ContactRec" Ref="CN001"/>
                </Supplier>
            </Product>
            <Copyright>Copyright 2013</Copyright>
        </FileCreation>
        <Submitter>
            <Link Target="ContactRec" Ref="CN002"/>
        </Submitter>
```

```xml
</HeaderRec>
<FamilyRec Id="FM001">
   <HusbFath>
      <Link Target="IndividualRec" Ref="IN001"/>
   </HusbFath>
   <WifeMoth>
      <Link Target="IndividualRec" Ref="IN002"/>
   </WifeMoth>
   <Child>
      <Link Target="IndividualRec" Ref="IN003"/>
   </Child>
</FamilyRec>
<FamilyRec Id="FM002">
   <HusbFath>
      <Link Target="IndividualRec" Ref="IN001"/>
      <FamilyNbr>2 </FamilyNbr>
   </HusbFath>
   <Child>
      <Link Target="IndividualRec" Ref="IN003"/>
   </Child>
</FamilyRec>
<IndividualRec Id="IN001">
   <IndivName>
      <NamePart Type="given name" Level="3">Robert Eugene</NamePart>
      <NamePart Type="surname" Level="1">Williams</NamePart>
      <IndNameVariation Method="standardized"> </IndNameVariation>
   </IndivName>
   <Gender>M</Gender>
   <DeathStatus>dead</DeathStatus>
   <PersInfo Type ="residence">
      <Date Calendar="Gregorian">FROM 1900 TO 1905</Date>
      <Place>
         <PlaceName>
            <PlacePart Type="address" Level="6">73 North Ashley Spencer </PlacePart>
            <PlacePart Type="postal code" Level="5">84991</PlacePart>
            <PlacePart Type="state" Level="2">UT</PlacePart>
            <PlacePart Type="country" Level="1">USA</PlacePart>
         </PlaceName>
         <PlaceNameVar Method=" standardized "></PlaceNameVar>
```

```
            </Place>
        </PersInfo>
    </IndividualRec>
    <IndividualRec Id="IN002">
        <IndivName>
            <NamePart Type="given name" Level="3">Mary Ann</NamePart>
            <NamePart Type="maiden name" Level="2">Wilson</NamePart>
            <NamePart Type="surname" Level="1">Williams</NamePart>
            <IndNameVariation Method="standardized"> </IndNameVariation>
        </IndivName>
        <Gender>F</Gender>
    </IndividualRec>
    <IndividualRec Id="IN003">
        <IndivName>
            <NamePart Type="given name" Level="3">Joe</NamePart>
            <NamePart Type="surname" Level="1">Williams</NamePart>
            <IndNameVariation Method="standardized"> </IndNameVariation>
        </IndivName>
        <Gender>M</Gender>
</IndividualRec>
    <EventRec Id="EV001" Type="birth" VitalType="birth">
        <Participant>
            <Link Target="IndividualRec" Ref="IN001"/>
            <Role>child</Role>
        </Participant>
        <Date Calendar=" Gregorian">02 OCT 1822</Date>
        <Place>
            <PlaceName>
                <PlacePart Type="town" Level="4"> Weston</PlacePart>
                <PlacePart Type="county" Level="3"> Madison</PlacePart>
                <PlacePart Type="state" Level="2"> Connecticut</PlacePart>
                <PlacePart Type="country" Level="1">USA</PlacePart>
            </PlaceName>
            <PlaceNameVar Method=" standardized "></PlaceNameVar>
        </Place>
        <Evidence>
            <Citation>
                <Link Target="SourceRec" Ref="SR001"/>
                <WhereInSource>Sec. 2,p. 45</WhereInSource>
```

```
        </Citation>
    </Evidence>
</EventRec>
<EventRec Id="EV002" Type="death" VitalType="death">
    <Participant>
        <Link Target="IndividualRec" Ref="IN001"/>
        <Role>self</Role>
    </Participant>
    <Date Calendar=" Gregorian">14 APR 1905</Date>
    <Place>
        <PlaceName>
            <PlacePart Type="town" Level="4">Stamford</PlacePart>
            <PlacePart Type="county" Level="3">Fairfield</PlacePart>
            <PlacePart Type="state" Level="2"> Connecticut</PlacePart>
            <PlacePart Type="country" Level="1">USA</PlacePart>
        </PlaceName>
        <PlaceNameVar Method="standardized"></PlaceNameVar>
    </Place>
</EventRec>
<EventRec Id="EV003" Type="burial">
    <Participant>
        <Link Target="IndividualRec" Ref="IN001"/>
        <Role>self</Role>
    </Participant>
    <Place>
        <PlaceName>
            <PlacePart Type="address" Level="6">Spring Hill Cem.</PlacePart>
            <PlacePart Type="county" Level="3">Stamford</PlacePart>
            <PlacePart Type="state" Level="2">CT</PlacePart>
            <PlacePart Type="country" Level="1">USA</PlacePart>
        </PlaceName>
        <PlaceNameVar Method="standardized"></PlaceNameVar>
    </Place>
</EventRec>
<EventRec Id="EV004" Type="birth" VitalType="birth">
    <Participant>
        <Link Target="IndividualRec" Ref="IN002"/>
        <Role>child</Role>
    </Participant>
```

```
        <Date Calendar=" Gregorian"> BEF 1828</Date>
        <Place>
            <PlaceName>
                <PlacePart Type="state" Level="2"> Connecticut</PlacePart>
                <PlacePart Type="country" Level="1">USA</PlacePart>
            </PlaceName>
            <PlaceNameVar Method=" standardized "></PlaceNameVar>
        </Place>
    </EventRec>
    <EventRec Id="EV005" Type="birth" VitalType="birth">
        <Participant>
            <Link Target="IndividualRec" Ref="IN001"/>
            <Role>father</Role>
        </Participant>
        <Participant>
            <Link Target="IndividualRec" Ref="IN002"/>
            <Role>mother</Role>
        </Participant>
        <Participant>
            <Link Target="IndividualRec" Ref="IN003"/>
            <Role>child</Role>
        </Participant>
        <Date Calendar=" Gregorian">11 JUN 1861</Date>
        <Place>
            <PlaceName>
                <PlacePart Type="town" Level="4">Idaho Falls</PlacePart>
                <PlacePart Type="county" Level="3">Bonneville</PlacePart>
                <PlacePart Type="state" Level="2">Idaho</PlacePart>
                <PlacePart Type="country" Level="1">USA</PlacePart>
            </PlaceName>
            <PlaceNameVar Method=" standardized "></PlaceNameVar>
        </Place>
    </EventRec>
    <EventRec Id="EV006" Type=" adoption">
        <Participant>
            <Link Target="IndividualRec" Ref="IN001"/>
            <Role>father</Role>
        </Participant>
        <Participant>
```

```
        <Link Target="IndividualRec" Ref="IN003"/>
        <Role>child</Role>
    </Participant>
    <Date Calendar=" Gregorian">16 MAR 1864</Date>
</EventRec>
<EventRec Id="EV007" Type="marriage" VitalType="marriage">
    <Participant>
        <Link Target="IndividualRec" Ref="IN001"/>
        <Role>husband</Role>
    </Participant>
    <Participant>
        <Link Target="IndividualRec" Ref="IN002"/>
        <Role>wife</Role>
    </Participant>
    <Date Calendar="Gregorian"> DEC 1859</Date>
    <Place>
        <PlaceName>
            <PlacePart Type="county" Level="4">Rapid City</PlacePart>
            <PlacePart Type="state" Level="2">South Dakota</PlacePart>
            <PlacePart Type="country" Level="1">USA</PlacePart>
        </PlaceName>
        <PlaceNameVar Method=" standardized "></PlaceNameVar>
    </Place>
</EventRec>
<LDSOrdRec Id="OR001" Type="SP">
    <Participant>
        <Link Target=" IndividualRec " Ref="IN001"/>
        <Role>father</Role>
        <Living>N</Living>
    </Participant>
    <Participant>
        <Link Target=" IndividualRec " Ref="IN002"/>
        <Role>mother</Role>
        <Living>N</Living>
    </Participant>
    <Participant>
        <Link Target="IndividualRec" Ref="IN003"/>
        <Role>child</Role>
        <Living>N</Living>
```

```
    </Participant>
    <OrdStat Code="completed"/>
    <TempleCode>SLAKE</TempleCode>
    <Date Calendar="Gregorian">2 OCT 1987</Date>
</LDSOrdRec>
<LDSOrdRec Id="OR002" Type="SS">
    <Participant>
        <Link Target=" IndividualRec " Ref="IN001"/>
        <Role>father</Role>
        <Living>N</Living>
    </Participant>
    <Participant>
        <Link Target=" IndividualRec " Ref="IN002"/>
        <Role>mother</Role>
        <Living>N</Living>
    </Participant>
    <OrdStat Code="completed"/>
    <TempleCode>SLAKE</TempleCode>
    <Date Calendar="Gregorian">14 JUN 1975</Date>
</LDSOrdRec>
<ContactRec Id="CN001" Type="organization">
    <Name> Family Search</Name>
    <MailAddress>
        <AddrLine>Licensing Intellectual Property Office</AddrLine>
        <AddrLine>50 East North Temple Street</AddrLine>
        <AddrLine>
            <PlacePart Level="4" Type="city">Salt Lake City</PlacePart>
            <PlacePart Level="2" Type="state">UT</PlacePart>
            <PlacePart Level="1" Type="country">USA</PlacePart>
        </AddrLine>
        <AddrLine>
            <PlacePart Level="5" Type="postal code"> 84150-0018</PlacePart>
        </AddrLine>
    </MailAddress>
</ContactRec>
<ContactRec Id="CN002" Type="person">
    <Name> Reldon Poulson</Name>
    <MailAddress>
        <AddrLine>1900 43rd Street West</AddrLine>
```

```
        <AddrLine>
            <PlacePart Level="4" Type="city">Billings</PlacePart>
            <PlacePart Level="2" Type="state">MT</PlacePart>
            <PlacePart Level="1" Type="country">USA</PlacePart>
        </AddrLine>
        <AddrLine>
            <PlacePart Level="5" Type="postal code">68051</PlacePart>
        </AddrLine>
    </MailAddress>
    <Phone Type="home">(406) 555-1232</Phone>
    <Public>N</Public>
</ContactRec>
<SourceRec Id="SR001" Type="vital records">
    <Repository>
        <Link Target="RepositoryRec" Ref="RP001"/>
        <CallNbr>13B-1234.01</CallNbr>
    </Repository>
    <Title>Madison County Birth, Death, and Marriage Records</Title>
    <Note> Madison County Court, State of Connecticut</Note>
</SourceRec>
<RepositoryRec Id="RP001" Type="library">
    <Name>Family History Library</Name>
    <MailAddress>
        <AddrLine>35 N West Temple Street</AddrLine>
        <AddrLine>
            <PlacePart Level="4" Type="city">Salt Lake City</PlacePart>
            <PlacePart Level="2" Type="state">UT</PlacePart>
            <PlacePart Level="1" Type="country">USA</PlacePart>
        </AddrLine>
        <AddrLine>
            <PlacePart Level="5" Type="postal code">84150</PlacePart>
        </AddrLine>
    </MailAddress>
</RepositoryRec>
</GEDCOM>
```

4. 3 GEDCOM X

传统的 GEDCOM 缺乏一个定义完善的来源模型，对谱系证明标准（The Genealogical Proof Standard）[①]支持不够，未能提供将文本谱系数据与多媒体文件捆绑在一起的方法。多年以来，专有扩展在实现过程中产生不兼容性，从而导致不可接受的数据损失。从 GEDCOM5.5 之后，GEDCOM 规范还没有过重大更新，也没有从网络技术进步或数字媒体创新中获益。GEDCOM 规范更新应包括：支持传统 GEDCOM 所支持的核心数据；为传统 GEDCOM 不支持的数据提供定义完善的地点（数据类型）；通过为来源数据提供定义完善的地点（数据类型）来支持来源（数据类型）处理；支持在资源压缩包中的数字组件（digital artifacts）；提供可扩展性；定义如何通过 Web 应用程序移动、存储和交换谱系数据[②]。

GEDCOM X 是关于一个开放数据模型和一个序列化数据格式的一系列规范，用于谱系研究过程所必需的数据交换。FamilySearch 的 API（Application Programming Interface，应用程序编程接口）基于这些规范建立。GEDCOM X 使用标准协议，追踪在谱系领域的最佳实践。规范详细说明了在离线或在线系统之间交换谱系数据的结构，包括推论（conclusions）、来源元数据（source metadata）、贡献者元数据（contributor metadata）、地点时间格式（place and date formats）等模型。GEDCOM X 提供捆绑媒体（bundling media），可以将照片、故事、文档、电影、音频文件等与基于文本的谱系数据捆绑在一起。GEDCOM X 也可以处理用于支持谱系推论的来源描述（source descriptions）、来源参考（source references）、引用（citations）、证据参考（evidence references）等[③]。

FamilySearch 支持 GEDCOM X 项目作为对家谱社区的支持，提供托管、工具、论坛和专业开发者，致力于开发相关技术，以支持表示、交换和存储谱系数据。除了 FamilySearch 的开发者，家谱社区的技术专家始终积极参与了一系列网上公开讨论，处理如何更好地建模谱系数据、处理来源和引用、标准化限制词表、定义地点时间格式、支持包含数字文物、着眼于支持谱系研究过程和"谱系证明标准"要素的交换数据等问题[④]。

GEDCOM X 规范集包含 9 个规范，可分为三类：

（1）概念模型规范，即 GEDCOM X 概念模型（The GEDCOM X Conceptual Model）；

（2）格式实现规范，包括 GEDCOM X XML 序列化格式（The GEDCOM X XML Serialization Format）、GEDCOM X JSON 序列化格式（The GEDCOM X JSON Serialization Format）、GEDCOM X

---

① The Genealogical Proof Standard [EB/OL]. [2014－06－30].http ://www.bcgcertification.org/resources/standard.html.

② Why a New Specification [EB/OL]. [2014－06－30].http :// familysearch.org/developers/docs/guides/gedcom-x.

③ What is GEDCOM X [EB/OL]. [2014－06－30].http :// familysearch.org/developers/docs/guides/gedcom-x.

④ The GEDCOM X Project [EB/OL]. [2014－06－30].http :// familysearch.org/developers/docs/guides/gedcom-x.

标准头文件集（The GEDCOM X Standard Header Set）和 GEDCOM X 文件格式（The GEDCOM X File Format）；

（3）数据类型定义，包括 GEDCOM X 事件类型（GEDCOM X Event Types）、GEDCOM X 事实类型（GEDCOM X Fact Types）、GEDCOM X 姓名部分限定（GEDCOM X Name Part Qualifiers）和 GEDCOM X 日期格式（The GEDCOM X Date Format）。

GEDCOM X 概念模型①定义了 27 个数据类型（Data Type），其中顶级数据类型（Top-Level Data Type）7 个，组件级数据类型（Component-Level Data Type）20 个，每个数据类型都有相应的属性（properties），如表 4－2 所示。

表 4－2　GEDCOM X 数据模型表

No	数据类型（中）	数据类型（英）	属性	层级
1	个人	Person	private gender names facts	顶级
2	关系	Relationship	type person1 person2 facts	顶级
3	来源描述	SourceDescription	id resourceType citations mediaType about mediator sources analysis componentOf titles notes attribution	顶级
4	代理	Agent	id names homepage opened accounts emails phones addresses person	顶级

① The GEDCOM X Conceptual Model [EB/OL]. [2014－06－30].https://github.com/FamilySearch/gedcomx/blob/master/specifications/conceptual-model-specification.md.

续表

No	数据类型（中）	数据类型（英）	属性	层级
5	事件	Event	type date place roles	顶级
6	文件	Document	type extracted textType text attribution	顶级
7	地点描述	PlaceDescription	names type place latitude longitude temporalDescription spatialDescription	顶级
8	标识	identifier	value type	组件级
9	属性	Attribution	contributor modified changeMessage	组件级
10	注释	Note	lang subject text attribution	组件级
11	文本	TextValue	lang value	组件级
12	来源引用	SourceCitation	lang value	组件级
13	来源参考	SourceReference	description attribution	组件级
14	证据参考	EvidenceReference	resource attribution	组件级
15	在线账号	OnlineAccount	serviceHomepage accountName	组件级

续表

No	数据类型（中）	数据类型（英）	属性	层级
16	地址	Address	value city country postalCode stateOrProvince street street2 street3 street4 street5 street6	组件级
17	推论	Conclusion	id lang sources analysis notes confidence	组件级
18	主题	Subject	extracted evidence media identifiers attribution	组件级
19	性别	Gender	type	组件级
20	姓名	Name	type nameForms date	组件级
21	事实	Fact	type date place value qualifiers	组件级
22	角色	EventRole	person type details	组件级
23	日期	Date	original formal	组件级
24	地点参考	PlaceReference	original descriptionRef	组件级
25	姓名部分	NamePart	type value qualifiers	组件级

续表

No	数据类型（中）	数据类型（英）	属性	层级
26	姓名形式	NameForm	lang fullText parts	组件级
27	限定	Qualifier	name value	组件级

传统世系 GEDCOM 文件例 4－9 改写为 GEDCOM X XML，如例 4－11 所示。

例 4－11：

```
<?xml version="1.0" encoding="UTF-8" standalone="yes"?>
<gedcomx xmlns="http://gedcomx.org/v1/">
    <attribution>
        <contributor resource="#RP-002"/>
    </attribution>
    <person id="IN-001">
        <source description="#SD-001"/>
        <gender type="http://gedcomx.org/Male"/>
        <name id="1">
            <nameForm>
                <fullText>Robert Eugene Williams</fullText>
                <part type="http://gedcomx.org/Given" value="Robert Eugene"/>
                <part type="http://gedcomx.org/Surname" value="Williams"/>
            </nameForm>
        </name>
        <fact type="http://gedcomx.org/ Birth" id="1">
            <date>
                <original>October 2,1822 CE</original>
                <formal>+1822-10-2</formal>
            </date>
            <place description="#1">
                <original> Weston, Madison, Connecticut</original>
            </place>
        </fact>
        <fact type="http://gedcomx.org/ Death" id="2">
            <date>
                <original>April 14,1905 CE</original>
                <formal>+1905-4-14</formal>
            </date>
```

```
            <place description="#2">
                <original>Stamford, Fairfield, Connecticut</original>
            </place>
        </fact>
        <fact type="http://gedcomx.org/ Burial" id="3">
            <place description="#3">
                <original> Spring Hill Cem., Stamford, Connecticut</original>
            </place>
        </fact>
        <fact type="http://gedcomx.org/ Residence" id="4">
            <date>
                <original>FROM 1900 to 1905</original>
                <formal> +1900/+1905</formal>
            </date>
            <place description="#4">
                <original>73 North Ashley, Spencer, Utah UT84991</original>
            </place>
        </fact>
    </person>
    <person id="IN-002">
        <source description="#SD-001"/>
        <gender type="http://gedcomx.org/Female"/>
        <name id="2">
            <nameForm>
                <fullText>Mary Ann Williams</fullText>
                <part type="http://gedcomx.org/Given" value="Mary Ann"/>
                <part type="http://gedcomx.org/Surname" value="Williams"/>
            </nameForm>
        </name>
        <fact type="http://gedcomx.org/ Birth" id="5">
            <date>
                <original>Before 1828 CE</original>
                <formal>A/+1828</formal>
            </date>
            <place description="#5">
                <original>Connecticut</original>
            </place>
        </fact>
    </person>
```

```
<person id="IN-003">
    <source description="#SD-001"/>
    <gender type="http://gedcomx.org/Male"/>
    <name id="3">
        <nameForm>
            <fullText>Joe Williams</fullText>
            <part type="http://gedcomx.org/Given" value="Joe"/>
            <part type="http://gedcomx.org/Surname" value="Williams"/>
        </nameForm>
    </name>
    <fact type="http://gedcomx.org/ Birth" id="6">
        <date>
            <original>June 11,1861 CE</original>
            <formal>+1861-6-11</formal>
        </date>
        <place description="#6">
            <original>Idaho Falls, Bonneville, Idaho</original>
        </place>
    </fact>
</person>
<relationship id="FR-001" type="http://gedcomx.org/Couple" extracted="false">
    <source description="#SD-001"/>
    <person1 resource="IN-001"/>
    <person2 resource="IN-002"/>
</relationship>
<relationship id="FR-002" type="http://gedcomx.org/ParentChild" extracted="false">
    <source description="#SD-001"/>
    <person1 resource="IN-001"/>
    <person2 resource="IN-003"/>
</relationship>
<relationship id="FR-003" type="http://gedcomx.org/ParentChild" extracted="false">
    <source description="#SD-001"/>
    <person1 resource="IN-002"/>
    <person2 resource="IN-003"/>
</relationship>
<relationship id="FR-004" type="http://gedcomx.org/ParentChild" extracted="false">
    <source description="#SD-001"/>
    <person1 resource="IN-001"/>
    <person2 resource="IN-003"/>
```

```xml
</relationship>
<event id="EV-001" type="http://gedcomx.org/Marriage">
    <date>
        <original>December 1859 CE</original>
        <formal>+1859-12</formal>
    </date>
    <place description="#7">
        <original>Rapid City, South Dakota</original>
    </place>
    <eventRole id="1" type="http://gedcomx.org/ Participant">
        <person resource="IN-001"/>
        <details>husband</details>
    </eventRole>
    <eventRole id="2" type="http://gedcomx.org/ Participant">
        <person resource="IN-002"/>
        <details>wife</details>
    </eventRole>
</event>
<event id="EV-002" type="http://gedcomx.org/Adoption">
    <date>
        <original>March 16,1864</original>
        <formal>+1864-3-16</formal>
    </date>
    <eventRole id="3" type="http://gedcomx.org/ Participant">
        <person resource="IN-001"/>
        <details>adoptive father</details>
    </eventRole>
    <eventRole id="4" type="http://gedcomx.org/ Participant">
        <person resource="IN-003"/>
        <details>child</details>
    </eventRole>
</event>
<sourceDescription id="SD-001" resourceType="http://gedcomx.org/ Record">
    <titles>Madison County Birth, Death, and Marriage Records</titles>
    <note>Madison County Court, State of Connecticut</note>
</sourceDescription>
<agent id="RP-001">
    <name> Family History Library</name>
    <address>
```

```
            <value>35 N West Temple Street Salt Lake City, Utah UT 84150</value>
            <city>Salt Lake City</city>
            <country>USA</country>
            <postalCode>UT 84150</postalCode>
            <stateOrProvince> Utah</stateOrProvince>
            <street> West Temple Street</street>
        </address>
    </agent>
    <agent id="RP-002">
        <name> Reldon Poulson</name>
        <address>
            <value>1900 43rd Street West Billings, MT 68051</value>
            <city>Billings</city>
            <country>USA</country>
            <postalCode>MT 68051</postalCode>
            <stateOrProvince>Montana</stateOrProvince>
            <street>43rd Street</street>
        </address>
        <phones>(406) 555-1232</phones>
    </agent>
    <placeDescription id="1">
        <name>Weston, Madison, Connecticut</name>
        <latitude>41.225556</latitude>
        <longitude>-73.370556</longitude>
    </placeDescription>
    <placeDescription id="2">
        <name>Stamford, Fairfield, Connecticut</name>
        <latitude>41.383333</latitude>
        <longitude>-73.616667</longitude>
    </placeDescription>
    <placeDescription id="3">
        <name>Spring Hill Cem., Stamford, Connecticut</name>
        <latitude>41.096667</latitude>
        <longitude>-73.552222</longitude>
    </placeDescription>
    <placeDescription id="4">
        <name>73 North Ashley, Spencer, Utah</name>
        <latitude>39.375556</latitude>
        <longitude>-111.010667</longitude>
```

```
    </placeDescription>
    <placeDescription id="5">
        <name>Connecticut</name>
        <latitude>41.1</latitude>
        <longitude>-72.116667</longitude>
    </placeDescription>
    <placeDescription id="6">
        <name>Idaho Falls, Bonneville, Idaho</name>
        <latitude>43.5</latitude>
        <longitude>-112.033333</longitude>
    </placeDescription>
    <placeDescription id="7">
        <name>Rapid City, South Dakota</name>
        <latitude>44.076</latitude>
        <longitude>-103.228</longitude>
    </placeDescription>
</gedcomx>
```

4.4 GEDCOM 数据模型分析

GEDCOM 诞生于 20 世纪 80 年代，最初用于存储和处理教堂记录，在 GEDCOM 数据记录中，更重视个人信息而非人物关系，如附录 5 所示。在描述人物关系上，GEDCOM 以核心家庭为基础。核心家庭，由一对夫妻及其未婚子女组成的家庭结构形式，也包括夫妻缺一方或无子女的家庭，具备最本质、最基本的家庭结构要素，由其派生出其他类型的家庭，是现代社会较为普遍、典型的家庭形式①。在 GEDCOM 数据模型的记录部分中包含家庭记录结构，如例 4-8 所示，包含丈夫、妻子、孩子、孩子数量、提交者、来源、注释、多媒体链接等，其中丈夫、妻子、孩子的数据类型为互见指针，指向相应的个人记录。

4.4.1 GEDCOM 5.5 应用

GEDCOM 在描述家庭关系时，采用了互见指针方式，即在家庭记录结构中只描述与家庭关系相关的内容，个人信息直接指向个人记录，这样就实现了个人信息与家庭关系的分离。当一个人属于多个家庭时，人物信息只描述一次。提交者、来源、注释等信息的加入，提高了家庭记录的可信度，多媒体链接的加入丰富了家庭记录的数据类型。

GEDCOM 在网络家庭树（family tree）平台上得到了广泛的应用，如表 4-3 所示：

① 《中国百科大辞典》编委会．中国百科大辞典：社会学［M］．北京：中国大百科全书出版社，2005：22.

表 4－3 支持 GEDCOM 的主要网络家庭树平台

No	名称	网址	中文支持
1	About.com Genealogy	http://www.genealogy.about.com/	否
2	American Ancestors	http:// www.americanancestors.org	否
3	Ancestry.com	http:// www.ancestry.com	是
4	Ancestor Tree	http:// www.ancestortree.net	否
5	Archives	http:// www.archives.com	否
6	Dazupu.com	http:// www.dazupu.com	是
7	Family Echo	http:// www.familyecho.com	否
8	Family Pedia	http://www. familyPedia.cn	是
9	FamilySearch.org	http:// www.familysearch.org	是
10	Family Tree DNA	http:// www.familytreedna.com	否
11	Family Tree Magazine	http:// www.familytreemagazine.com	否
12	Family Tree University	http:// www.familytreeuniversity.com/	否
13	Genealogy Bank	http:// www.genealogybank.com	否
14	My Heritage	http:// www.myheritage.com	是
15	My Trees	http:// www.mytrees.com	否

庭树不同于家谱树，家庭树的基本单位是核心家庭，通过相同人物以相同或不同的身份出现在不同家庭中，将若干家庭通过血缘关系联系在一起。图 3－1 中的家谱树转换成家庭树，如图 4－3 所示。谷贤在家庭 1（由修、邓氏、谷贤组成）中是孩子，而在家庭 2（由谷贤、赵氏、佛仝、外、进组成）和家庭 3（由谷贤、卓氏组成）中是丈夫。此外，在家庭树中可以同时描述父系和母系亲属关系。

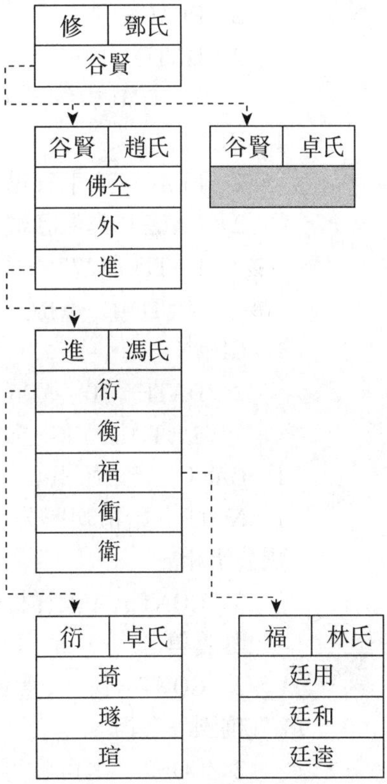

图 4－3 家庭树示意图

中华大族谱协会（http ://dazupu.com/dazupu/）的 PGV 平台就是基于 GEDCOM5.5.1，用家庭树模型来数字化中国传统家谱，以《南海学正黄氏家谱》①为例，GEDCOM 数据如例 4－12 所示：

例 4－12：

```
0 HEAD
  1 SOUR PhpGedView
    2 NAME PhpGedView
    2 VERS 4.2.4 stable
  1 DEST DISKETTE
  1 DATE 03 MAY 2014
    2 TIME 23:00:52
```

① 见：黃任恒纂修《南海學正黃氏家譜十二卷卷首一卷卷末一卷》（清宣统三年（1911 年）刻本）。

```
    1 GEDC
      2 VERS 5.5.1
      2 FORM Lineage-Linked
    1 CHAR UTF-8
    1 FILE huang.gd.nh.xz_rm0.ged
    1 PLAC
      2 FORM 村, 區/鄉, 市/縣, 省/州, 國家/地區
    1 SUBM @SUBM@
0 @I1@ INDI
    1 NAME 世雄(朝興) /黃/廣東始遷祖
      2 GIVN 世雄(朝興)
      2 SURN 黃
      2 NSFX 廣東始遷祖
      2 NICK 字朝興
      2 ROMN Shixiong /Huang/
    1 SEX M
    1 BIRT
      2 PLAC 無考
      2 DATE 1237
        3 TIME 約於十三世紀南宋端宗景炎朝代
    1 DEAT
      2 PLAC 廣東省惠州
      2 CAUS 為保護端宗被元軍俘虜殺害
      2 DATE 1277
        3 TIME 約於十三世紀南宋端宗景炎二年
    1 CHAN
      2 DATE 30 APR 2014
        3 TIME 17:15:42
    1 CAST 廣東始祖, 南宋南京(杭州)九門提督
    1 NOTE 始祖朝興公,諱世雄,南雄珠璣巷人,宋朝官至南京六提領。宋末隨信國公丞相
      2 CONT 文天祥抗戰元軍,險阻艱難,鞠躬盡瘁,雖勢窮力單,但屢敗屢戰,招募義勇
      2 CONT 民兵,背城借一死而後已,與城共存亡。後戰死於博羅五坡岭,以身殉國。我祖
      2 CONT 之可歌可泣犧牲精神,誠然忠烈也。提領有殉節事略見家傳譜,葬沙涌鄉峡口羅
      2 CONT 蒙岡又名燕窩穴。
    1 NOTE 始祖殉節事略
```

2 CONT 始祖姓黄氏諱世雄字朝興南雄珠璣巷人宋末官至南京六提領時元兵深入我祖從文
2 CONT 天祥拒戰署於劉子俊部曲自兵始起崎嶇轉徙皆奔走相從景炎二年八月至空坑兵潰
2 CONT 子俊收保洞源祥興元年正月元軍夷廣州城子俊自江西來與遇戰潰復招集散亡趨潮
2 CONT 州閏十一月甲子天祥屯潮陽港子俊會之遂討劇盜陳懿劉興興死而懿遁以海舟導元
2 CONT 兵濟潮陽十二月壬午天祥走海豐方飯於五坡嶺元先鋒張宏正突至子俊被執自詭為
2 CONT 天祥意使元兵不窮追天祥可間走壬寅別隊執天祥至各爭真膺得實乃烹子俊我祖遂
2 CONT 殉焉 據宋史二王紀文天祥傳忠義傳元史世祖紀家乘參修
2 CONT --- 錄自【南海學正黃氏家譜】十一卷 <家傳譜>
2 CONT 清光緒三十一年八月十八世任恒編
1 NOTE 十八世孫任恒曰南宋之季忠義首推文信國而實則自信國外熱心恢復銳志勤王如劉
2 CONT 子俊及我祖等倫無人不如信國也我祖當空坑敗時已幾不免自洞源入廣又幾不免及
2 CONT 奔五坡嶺力盡勢窮而卒不免豈男兒當以馬革裹屍不能卧床上在兒女子手中耶抑一
2 CONT 息尚存必留一息之忠義耶我祖於此不可與信國同不朽哉雖然官有大小事有詳略則
2 CONT 名亦不無顯晦之殊國史既沒其名家譜即當詳其績後世子孫其無忘我祖之忠義哉
2 CONT 學服齋文稿
2 CONT --- 錄自【南海學正黃氏家譜】十一卷 <家傳譜>
2 CONT 清光緒三十一年八月十八世任恒編
1 NOTE 引證詳細資料： 題名： 南海學正黃氏家譜節本
2 CONT 文本： 上海圖書館 - 家譜數據庫
2 CONT http://search.library.sh.cn/jiapu/
2 CONT 作者 (清)黃任恒編
2 CONT 版本 清宣統三年(1911), 刻本
2 CONT 居地 廣東南海
2 CONT 堂號 保粹堂
2 CONT 先祖/名人 始祖:[宋]黃世雄; 始遷祖:[宋]黃應科
2 CONT 索取號 907402-03;907404-05;924968
1 FAMS @F668@
1 OBJE @M58@

```
    1  OBJE  @M64@
    1  OBJE  @M65@
    1  OBJE  @M84@
……
0  @I218@  INDI
    1  NAME  佚名  /黃/  四世,仰峰公次子,不傳
        2  GIVN  佚名
        2  SURN  黃
        2  NSFX  四世,仰峰公次子,不傳
        2  ROMN  Yiming  /Huang/
    1  SEX  M
    1  BIRT
        2  PLAC  無考
        2  DATE  無考
    1  DEAT
        2  PLAC  無考
        2  DATE  無考
    1  CHAN
        2  DATE  28  APR  2014
            3  TIME  17:33:32
    1  FAMC  @F673@
        2  PEDI  birth
    1  OBJE  @M67@
……
0  @I276@  INDI
    1  NAME  應科(鶴峰)  /黃/  二世,朝興公之子,學正始遷祖
        2  GIVN  應科(鶴峰)
        2  SURN  黃
        2  NSFX  二世,朝興公之子,學正始遷祖
        2  NICK  字獻伯  號鶴峰  尊稱學正公
        2  ROMN  Yingke  /Huang/
    1  SEX  M
    1  BIRT
        2  PLAC  無考
        2  DATE  無考
    1  DEAT
        2  PLAC  無考  葬沙涌鄉峽口羅蒙崗又名燕窩穴
        2  DATE  無考
    1  CHAN
```

2 DATE 30 APR 2014
3 TIME 17:16:22
1 CAST 學正始祖
1 NOTE 學正公小傳 二世
2 CONT 公諱應科字獻伯號鶴峰官廣西鬱林州學正迎母駱氏太宜人就養任所景炎元年任滿
2 CONT 將遷府教授會廣西亂遂不果即棄職歸南雄二年元兵度嶺乃走廣州及提領公殉難諸
2 CONT 子皆分散惟公與母獨存時州城已殘破計聚族當在鄉落因遷南海之平地居焉宋亡公
2 CONT 杜門不出色養慈幃獨以講學為事邑人執經請業者爭造於門咸稱之曰學正先生數傳
2 CONT 卜居既定遂以學正名其鄉公學問淵博踐履篤實粹然為有宋儒宗蓋世德作求其所以
2 CONT 開後人之統緒者固非無自也 據宋史家乘参修
2 CONT --- 錄自【南海學正黃氏家譜】十一卷 < 家傳譜 >
2 CONT 清光緒三十一年八月十八世任恒編
1 FAMC @F668@
2 PEDI birth
1 FAMS @F672@
1 OBJE @M59@
1 OBJE @M60@
1 OBJE @M66@
1 OBJE @M85@
0 @I277@ INDI
1 NAME 斐然(仰峰) /黃/ 三世,鶴峰公之子
2 GIVN 斐然(仰峰)
2 SURN 黃
2 NSFX 三世,鶴峰公之子
2 NICK 字文顯 號仰峰
2 ROMN Feiran /Huang/
1 SEX M
1 BIRT
2 PLAC 無考
2 DATE 無考
1 DEAT
2 PLAC 無考 葬沙涌鄉峽口羅蒙崗又名燕窩穴
2 DATE 無考
1 CHAN

2 DATE 30 APR 2014
3 TIME 17:17:23
1 NOTE 仰峰公小傳 三世
2 CONT 公諱斐然字文顯鶴峰公子也少有大志時值元季盜賊蜂起雞犬不寧公募壯士屯防
2 CONT 一方皆賴其保障然散財甚巨家業因以蕭條而公安之若素也 據家乘修
2 CONT ---錄自【南海學正黃氏家譜】十一卷 <家傳譜>
2 CONT 清光緒三十一年八月十八世任恒編
1 FAMC @F672@
2 PEDI birth
1 FAMS @F673@
1 FAMS @F681@
1 OBJE @M65@
1 OBJE @M61@
1 OBJE @M62@
0 @I278@ INDI
1 NAME 武烈(懷顯) /黃/ 四世,仰峰公長子
2 GIVN 武烈(懷顯)
2 SURN 黃
2 NSFX 四世,仰峰公長子
2 NICK 字丕承 號懷顯
2 ROMN Wulie /Huang/
1 SEX M
1 BIRT
2 PLAC 無考
2 DATE 無考
1 DEAT
2 PLAC 無考
2 DATE 無考
1 CHAN
2 DATE 30 APR 2014
3 TIME 17:17:58
1 NOTE 懷顯公小傳 四世
2 CONT 公諱武烈字丕承仰峰公子幼年失怙刻志創垂早作夜思兢兢業業其後家聲大振皆
2 CONT 公艱難之所致也
2 CONT ---錄自【南海學正黃氏家譜】十一卷 <家傳譜>
2 CONT 清光緒三十一年八月十八世任恒編

```
    1  FAMC  @F673@
       2  PEDI  birth
    1  FAMS  @F675@
    1  OBJE  @M67@
    1  OBJE  @M63@
    1  OBJE  @M85@
0  @I279@  INDI
    1  NAME  志常(懿端) /黄/  五世,懷顯公長子(長房始祖)
       2  GIVN  志常(懿端)
       2  SURN  黄
       2  NSFX  五世, 懷顯公長子-長房始祖
       2  NICK  字美之  號懿端
       2  ROMN  Zhichang  /Huang/
    1  SEX  M
    1  BIRT
       2  PLAC  無考
       2  DATE  1399 年
          3  TIME  明建文元年(己卯)六月三十日
    1  DEAT
       2  PLAC  無考
       2  DATE  1448 年
          3  TIME  明正統十三年(戊辰)八月初四日
    1  CHAN
       2  DATE  27  APR  2014
          3  TIME  13:33:05
    1  FAMC  @F675@
       2  PEDI  birth
    1  FAMS  @F674@
    1  OBJE  @M68@
    1  OBJE  @M67@
0  @I280@  INDI
    1  NAME  貴琛(東圃) /黄/  五世,懷顯公次子(二房始祖)
       2  GIVN  貴琛(東圃)
       2  SURN  黄
       2  NICK  字玉之,號東圃
       2  NSFX  五世,懷顯公次子(二房始祖)
       2  ROMN  Guichen  /Huang/
    1  SEX  M
    1  BIRT
```

```
        2  PLAC  中國廣東省南海
        2  DATE  20  NOV
            3  TIME  XX年十一月二十日申時
    1  DEAT
        2  PLAC  中國廣東省南海
        2  DATE  11  SEP
            3  TIME  XX年九月十一日寅時
    1  CHAN
        2  DATE  27  APR  2014
            3  TIME  13:34:10
    1  FAMC  @F675@
        2  PEDI  birth
    1  FAMS  @F676@
    1  OBJE  @M69@
0  @I281@  INDI
    1  NAME  志慧(南曙) /黄/  五世,懷顯公三子(三房始祖)
        2  GIVN  志慧(南曙)
        2  SURN  黄
        2  NSFX  五世,懷顯公三子(三房始祖)
        2  NICK  字曉之,號南曙
        2  ROMN  Zhihui  /Huang/
    1  SEX  M
    1  BIRT
        2  PLAC  中國廣東省南海
        2  DATE  無考
    1  DEAT
        2  PLAC  無考
        2  DATE  無考
    1  CHAN
        2  DATE  27  APR  2014
            3  TIME  13:43:04
    1  FAMC  @F675@
        2  PEDI  birth
    1  FAMS  @F677@
    1  OBJE  @M70@
0  @I282@  INDI
    1  NAME  志聰(月樓)/黄/  五世,懷顯公四子(四房始祖)
        2  GIVN  志聰(月樓)
        2  SURN  黄
```

```
        2  NSFX  五世,懷顯公四子  四房始祖
        2  NICK  字開之,號月樓
        2  ROMN  Zhicong  /Huang/
    1  SEX  M
    1  BIRT
        2  PLAC  無考
        2  DATE  1421年
            3  TIME  明永樂十九年(辛丑)九月十二日
    1  DEAT
        2  PLAC  無考
        2  DATE  1503年
            3  TIME  明弘治十六年(癸亥)八月十九日
    1  CHAN
        2  DATE  27  APR  2014
            3  TIME  13:44:26
    1  FAMC  @F675@
        2  PEDI  birth
    1  FAMS  @F678@
    1  FAMS  @F679@
    1  OBJE  @M71@
    1  OBJE  @M83@
……
0  @I334@  INDI
    1  NAME  /何氏/  五世月樓公繼室,省城人
        2  SURN  何氏
        2  NSFX  五世月樓公繼室,省城人
    1  SEX  F
    1  BIRT
        2  PLAC  無考
        2  DATE  1434年
            3  TIME  明宣德十年(甲寅)九月初八日
    1  DEAT
        2  PLAC  無考
        2  DATE  1503年
            3  TIME  明弘治十六年(癸亥)正月十五日
    1  CHAN
        2  DATE  14  APR  2014
            3  TIME  10:52:02
    1  FAMS  @F679@
```

```
……
0  @I465@  INDI
   1  NAME  /何氏/  二世鶴峰公元配
      2  SURN  何氏
      2  NSFX  二世鶴峰公元配
   1  SEX  F
   1  BIRT
      2  PLAC  無考
      2  DATE  無考
   1  DEAT
      2  PLAC  無考
      2  DATE  無考
   1  CHAN
      2  DATE  14  APR  2014
         3  TIME  23:36:54
   1  FAMS  @F672@
……
0  @I484@  INDI
   1  NAME  /劉氏/  五世月樓公元配,南井人
      2  SURN  劉氏
      2  NSFX  五世月樓公元配,南井人
   1  SEX  F
   1  BIRT
      2  PLAC  無考
      2  DATE  1419 年
         3  TIME  明永樂十七年(己亥)九月十九日
   1  DEAT
      2  PLAC  無考
      2  DATE  1457 年
         3  TIME  明景泰七年(丙子 1457 年初)十二月廿七日
   1  NATI  籍貫:南海南井人
   1  CHAN
      2  DATE  14  APR  2014
         3  TIME  04:21:29
   1  FAMS  @F678@
……
0  @I660@  INDI
   1  NAME  /譚氏/  懿端公元配,平洲人
      2  SURN  譚氏
```

```
    2  NSFX  懿端公元配，平洲人
  1  SEX  F
  1  BIRT
    2  PLAC  無考
    2  DATE  1401 年
      3  TIME  明建文三年(辛巳)四月十一日
  1  DEAT
    2  PLAC  無考
    2  DATE  1463 年
      3  TIME  明天順七年(癸未)正月十七日
  1  CHAN
    2  DATE  14  APR  2014
      3  TIME  04:02:46
  1  FAMS  @F674@
……
0  @I702@  INDI
  1  NAME  /梁氏/  五世南曙公元配
    2  SURN  梁氏
    2  NSFX  五世南曙公元配
  1  SEX  F
  1  BIRT
    2  PLAC  無考
    2  DATE  無考
  1  DEAT
    2  PLAC  無考
    2  DATE  無考
  1  CHAN
    2  DATE  14  APR  2014
      3  TIME  04:12:34
  1  FAMS  @F677@
……
0  @I738@  INDI
  1  NAME  /吳氏/  四世懷顯公元配，番禺大水圳人
    2  SURN  吳氏
    2  NSFX  四世懷顯公元配，番禺大水圳人
  1  SEX  F
  1  BIRT
    2  PLAC  無考
    2  DATE  無考
```

```
    1  DEAT
        2  PLAC   無考
        2  DATE   無考
    1  CHAN
        2  DATE   15   APR   2014
            3  TIME   04:16:24
    1  NATI   籍貫:番禺大水圳人
    1  FAMS   @F675@
……
0  @I750@   INDI
    1  NAME   /羅氏/   東圃公元配,石潭人
        2  SURN   羅氏
        2  NSFX   東圃公元配,石潭人
    1  SEX   F
    1  BIRT
        2  PLAC   無考
        2  DATE   1403 年
            3  TIME   明永樂元年(癸未)七月十七日
    1  DEAT
        2  PLAC   無考
        2  DATE   1480 年
            3  TIME   明成化十五年(己亥 1480 初)十二月廿九日
    1  CHAN
        2  DATE   15   APR   2014
            3  TIME   04:20:55
    1  FAMS   @F676@
……
0  @I774@   INDI
    1  NAME   /羅氏/   三世仰峰公元配
        2  SURN   羅氏
        2  NSFX   三世仰峰公元配
    1  SEX   F
    1  BIRT
        2  PLAC   無考
        2  DATE   無考
    1  DEAT
        2  PLAC   無考
        2  DATE   無考
    1  CHAN
```

```
    2 DATE 15 APR 2014
      3 TIME 04:00:04
  1 FAMS @F673@
……
0 @I921@ INDI
  1 NAME /駱氏/ 始祖朝興公元配
    2 SURN 駱氏
    2 NSFX 始祖朝興公元配
  1 SEX F
  1 BIRT
    2 PLAC 無考
    2 DATE 無考
  1 DEAT
    2 PLAC 無考
    2 DATE 無考
  1 CHAN
    2 DATE 14 APR 2014
      3 TIME 23:38:01
  1 FAMS @F668@
……
0 @I1355@ INDI
  1 NAME /蘇氏/ 仰峰公庶室
    2 SURN 蘇氏
    2 NSFX 仰峰公庶室
  1 SEX F
  1 BIRT
    2 PLAC 無考
    2 DATE 無考
  1 DEAT
    2 PLAC 無考
    2 DATE 無考
  1 CHAN
    2 DATE 14 APR 2014
      3 TIME 07:17:49
  1 FAMS @F681@
……
0 @F668@ FAM
  1 HUSB @I1@
  1 WIFE @I921@
```

```
    1  MARR  Y
    1  CHIL  @I276@
    1  CHAN
       2  DATE  13  APR  2014
          3  TIME  23:48:45
……
0  @F672@  FAM
    1  HUSB  @I276@
    1  WIFE  @I465@
    1  MARR  Y
    1  CHIL  @I277@
    1  CHAN
       2  DATE  14  APR  2014
          3  TIME  02:09:54
0  @F673@  FAM
    1  HUSB  @I277@
    1  WIFE  @I774@
    1  MARR  Y
    1  CHIL  @I278@
    1  CHIL  @I218@
    1  CHAN
       2  DATE  14  APR  2014
          3  TIME  03:44:11
0  @F674@  FAM
    1  HUSB  @I279@
    1  WIFE  @I660@
    1  MARR  Y
    1  CHIL  @I283@
    1  CHAN
       2  DATE  14  APR  2014
          3  TIME  07:28:37
0  @F675@  FAM
    1  HUSB  @I278@
    1  WIFE  @I738@
    1  MARR  Y
    1  CHIL  @I279@
    1  CHIL  @I280@
    1  CHIL  @I281@
    1  CHIL  @I282@
```

```
  1 CHAN
    2 DATE 14 APR 2014
      3 TIME 04:13:48
0 @F676@ FAM
  1 HUSB @I280@
  1 WIFE @I750@
  1 MARR Y
  1 CHIL @I284@
  1 CHIL @I285@
  1 CHIL @I286@
  1 CHIL @I287@
  1 CHIL @I288@
  1 CHAN
    2 DATE 15 APR 2014
      3 TIME 18:27:44
0 @F677@ FAM
  1 HUSB @I281@
  1 WIFE @I702@
  1 MARR Y
  1 CHIL @I289@
  1 CHIL @I290@
  1 CHAN
    2 DATE 15 APR 2014
      3 TIME 18:33:53
0 @F678@ FAM
  1 HUSB @I282@
  1 WIFE @I484@
  1 MARR Y
  1 CHIL @I291@
  1 CHAN
    2 DATE 14 APR 2014
      3 TIME 08:14:01
0 @F679@ FAM
  1 HUSB @I282@
  1 WIFE @I334@
  1 MARR Y
  1 CHIL @I229@
  1 CHAN
    2 DATE 14 APR 2014
```

```
        3  TIME  08:01:17
……
0  @F681@  FAM
  1  HUSB  @I277@
  1  WIFE  @I1355@
  1  MARR  Y
  1  CHAN
    2  DATE  14  APR  2014
 3  TIME  07:15:58
……
0  @SUBM@  SUBM
  1  NAME  huang.peter
……
0  @M58@  OBJE
  1  FILE  media/div0_huang.shixiong/xuezheng_heritage.jpg
    2  FORM
      3  TYPE  photo
    2  TITL  南海學正黃氏遷始祖自粵北南遷
  1  CHAN
    2  DATE  26  APR  2014
      3  TIME  01:18:07
0  @M59@  OBJE
  1  FILE  media/div0_huang.shixiong/xuezheng-village.jpg
    2  FORM
      3  TYPE  photo
    2  TITL  學正門樓重建於 1986 年
  1  _PRIM  Y
  1  CHAN
    2  DATE  26  APR  2014
      3  TIME  12:38:37
0  @M60@  OBJE
  1  FILE  media/div0_huang.shixiong/xuezheng_history.jpg
    2  FORM
      3  TYPE  photo
    2  TITL  南海學正村史
  1  CHAN
    2  DATE  26  APR  2014
      3  TIME  01:19:08
0  @M61@  OBJE
```

```
    1  FILE  media/div0_huang.shixiong/xuezheng_model1.jpg
      2  FORM
        3  TYPE  photo
      2  TITL  學正村建築模型之一
    1  CHAN
      2  DATE  26  APR  2014
        3  TIME  01:28:36
0  @M62@  OBJE
    1  FILE  media/div0_huang.shixiong/xuezheng_model2.jpg
      2  FORM
        3  TYPE  photo
      2  TITL  學正村建築模型之二
    1  CHAN
      2  DATE  26  APR  2014
        3  TIME  01:27:07
……
0  @M61@  OBJE
    1  FILE  media/div0_huang.shixiong/xuezheng_model1.jpg
      2  FORM
        3  TYPE  photo
      2  TITL  學正村建築模型之一
    1  CHAN
      2  DATE  26  APR  2014
        3  TIME  01:28:36
0  @M62@  OBJE
    1  FILE  media/div0_huang.shixiong/xuezheng_model2.jpg
      2  FORM
        3  TYPE  photo
      2  TITL  學正村建築模型之二
    1  CHAN
      2  DATE  26  APR  2014
        3  TIME  01:27:07
0  @M63@  OBJE
    1  FILE  media/div0_huang.shixiong/xuezheng_4th-generation.jpg
      2  FORM
        3  TYPE  photo
      2  TITL  南海學正黃氏家譜吊線圖實例
    1  CHAN
      2  DATE  26  APR  2014
```

```
        3  TIME  00:41:48
……
0  @M65@  OBJE
    1  FILE  media/div0_huang.shixiong/xuezheng_ancestor-temple3.jpg
        2  FORM
            3  TYPE  photo
        2  TITL  黃氏大宗祠三進之後廳
    1  CHAN
        2  DATE  27  APR  2014
            3  TIME  13:06:44
0  @M66@  OBJE
    1  FILE  media/div0_huang.shixiong/xuezheng_proverb.jpg
        2  FORM
            3  TYPE  photo
        2  TITL  黃氏大宗祠內懸掛之楹聯 （松莊支十九世浩川公送贈）
    1  CHAN
        2  DATE  26  APR  2014
            3  TIME  01:45:22
0  @M67@  OBJE
    1  FILE  media/div0_huang.shixiong/xuezheng_tablets.jpg
        2  FORM
            3  TYPE  photo
        2  TITL  黃氏大宗祠後廳供奉之始遷祖至六世祖靈牌
    1  CHAN
        2  DATE  26  APR  2014
            3  TIME  01:41:47
0  @M68@  OBJE
    1  FILE  media/div0_huang.shixiong/xuezheng_song.jpg
        2  FORM
            3  TYPE  photo
        2  TITL  黃氏祖訓歌
    1  CHAN
        2  DATE  26  APR  2014
            3  TIME  01:38:39
0  @M69@  OBJE
    1  FILE  media/div0_huang.shixiong/xuezheng_genealogy1.jpg
        2  FORM
            3  TYPE  photo
        2  TITL  上輯【南海學正黃氏家譜】於宣統三年由廣州保粹堂刊
```

```
    1 CHAN
      2 DATE 26 APR 2014
        3 TIME 01:12:17
0 @M70@ OBJE
  1 FILE media/div0_huang.shixiong/xuezheng_genealogy2.jpg
    2 FORM
      3 TYPE photo
    2 TITL 上輯【南海學正黃氏家譜】共八冊
  1 CHAN
    2 DATE 26 APR 2014
      3 TIME 01:13:40
0 @M71@ OBJE
  1 FILE media/div0_huang.shixiong/xuezheng_genealogy3.jpg
    2 FORM
      3 TYPE photo
    2 TITL 續修【南海學正黃氏家譜】於 2009 年出版
  1 CHAN
    2 DATE 26 APR 2014
      3 TIME 01:15:30
……
0 @M83@ OBJE
  1 FILE media/div0_huang.shixiong/nlc-cert_xuezheng-genealogy.jpg
    2 FORM
      3 TYPE photo
    2 TITL 中國國家圖書館捐贈証書 -2013 年 10 月 30 日
  1 CHAN
    2 DATE 26 APR 2014
      3 TIME 00:56:42
……
0 @M85@ OBJE
  1 FILE media/div0_huang.shixiong/4.ancenstors_tombstone.jpg
    2 FORM jpeg
      3 TYPE photo
    2 TITL 廣東三水祖先墓碑
  1 _PRIM Y
  1 CHAN
    2 DATE 01 MAY 2014
      3 TIME 13:29:58
    2 _PGVU zhang.bin
```

……

0　TRLR

在例 4 – 12 中，包含文件头、个人记录 19 条（男性 9 人，女性 10 人）、家庭记录 10 条、多媒体链接 17 个、提交者记录和文件尾。

文件头包括以下内容：GEDCOM 文件来源于 PhpGedView（4.2.4 稳定版）系统，由系统导出生成磁盘文件，文件名为 huang.gd.nh.xz_rm0.ged，文件生成时间为 2014 年 5 月 3 日 23 时 0 分 52 秒，使用 GEDCOM 5.5.1 的世系链接格式，字符编码使用 UTF-8。地点的描述顺序为“村，区 / 乡，市 / 县，省 / 州，国家 / 地区”。

GEDCOM 5.5.1 是在 GEDCOM 5.5 基础上做了如下调整：在文件头 COPR（COPYRIGHT，版权）标签下添加 CONC（CONCATENATION，连接符）标签，用于描述来源数据版权（COPYRIGHT_SOURCE_DATA）；在地址子结构（ADDRESS_STRUCTURE）中添加 EMAI（EMAIL，电子邮件地址）、FAX（FACIMILIE，传真地址）和 WWW（WEB，互联网主页）标签；在家庭孩子连接子结构（CHILD_TO_FAMILY_LINK）中添加 STAT（CHILD_LINKAGE_STATUS，孩子连接状态）标签；在家庭记录结构（FAMILY_RECORD）和事件描述子结构（EVENT_DETAIL）中添加 RESN（RESTRICTION_NOTICE，限制声明）标签；调整人名结构（PERSONAL_NAME_STRUCTURE），添加人名部件子结构（PERSONAL_NAME_PIECES），添加 FONE（NAME_PHONETIC_VARIATION，音译姓名）和 ROMN（NAME_ROMANIZED_VARIATION，罗马化姓名）标签；调整地点子结构（PLACE_STRUCTURE），添加 FONE、ROMN 和 MAP（MAP，地图）标签，在 MAP 标签下添加 LATI（LATITUDE，纬度）和 LONG（LONGITUDE，经度）标签；在事件描述子结构（EVENT_DETAIL）中添加 RELI（RELIGIOUS_AFFILIATION，宗教信仰）标签；在个人属性子结构（INDIVIDUAL_ATTRIBUTE_STRUCTURE）中添加 FACT（FACT，事实）标签；调整多媒体记录结构（MULTIMEDIA_RECORD）和多媒体连接子结构（MULTIMEDIA_LINK），去掉 BLOB（BINARY_OBJECT，二进制对象）标签①。

例 4 – 12 的数据格式遵循 GEDCOM 5.5.1 标准，但是为了将 GEDCOM 应用于中国家谱谱系，调整了部分标签的含义，如 NAME 包含名、字号、姓和世系信息等，字号用圆括号表示，名、姓、世系信息之间用“/”分开，世系信息内可以使用逗号，女性的世系信息后面可能有籍贯等信息；GIVN 包含名和字号，字号用圆括号表示；SURN 含义仍未姓，女性著录为“某氏”；NSFX 包含世系信息等，可以使用逗号分隔，女性的世系信息后面可能有籍贯等信息；NICK 包含字号等，著录为“字某某 号某某”；在 BIRT 和 DEAT 标签下，DATE 格式为公元纪年，著录“XXXX 年”，TIME 格式为年号纪年，按文献内容筑路，DATE 和 PLAC 为空时，统一著录为“無考”；在多媒体记录结构中，FILE 标签采用相对路径指向，著录格式为“media/ 子目录 / 文件名”等。如例 4 – 13 所示。

例 4 – 13：

……

0　@I278@　INDI

① THE GEDCOM STANDARD DRAFT Release 5.5.1 [EB/OL]. [2014 – 06 – 30].http ://www.phpgedview.net/ged551-5.pdf

```
    1 NAME  武烈(懷顯) /黃/  四世,仰峰公長子
      2 GIVN  武烈(懷顯)
      2 SURN  黃
      2 NSFX  四世,仰峰公長子
      2 NICK  字丕承  號懷顯
      2 ROMN  Wulie  /Huang/
    1 SEX  M
    1 BIRT
      2 PLAC  無考
      2 DATE  無考
    1 DEAT
      2 PLAC  無考
      2 DATE  無考
……
0 @I484@  INDI
    1 NAME  /劉氏/  五世月樓公元配,南井人
      2 SURN  劉氏
      2 NSFX  五世月樓公元配,南井人
    1 SEX  F
    1 BIRT
      2 PLAC  無考
      2 DATE  1419 年
        3 TIME  明永樂十七年(己亥)九月十九日
    1 DEAT
      2 PLAC  無考
      2 DATE  1457 年
        3 TIME  明景泰七年(丙子 1457 年初)十二月廿七日
……
0 @M85@  OBJE
    1 FILE  media/div0_huang.shixiong/4.ancenstors_tombstone.jpg
……
```

PGV 平台支持多种谱系数据图形化显示方式,如 Pedigree Map、世系图表、互动世系、人物年表、分类统计、吊线图表、寿命图表、家庭图册、家谱图表、后裔图表、祖先列表、简易图表、关系图表等。基于例 4 - 12 数据中前五世的信息,如图 4 - 4 所示,吊线图表如图 4 - 5 (显示配偶) 和图 4 - 7 (不显示配偶) 所示,世系图表如图 4 - 6 (显示配偶) 所示。

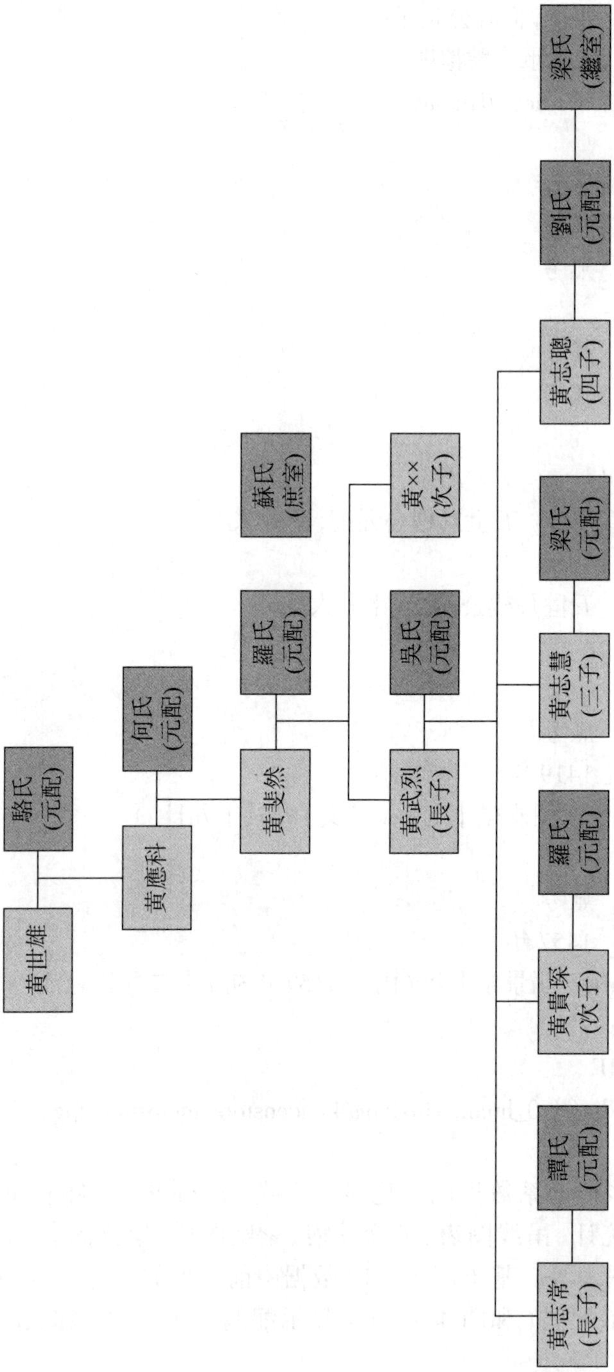
黄世雄
駱氏
(元配)
黄應科
何氏
(元配)
黄斐然
羅氏
(元配)
蘇氏
(庶室)
黄武烈
(長子)
吳氏
(元配)
黄××
(次子)
黄志常
(長子)
譚氏
(元配)
黄貫琛
(次子)
羅氏
(元配)
黄志慧
(三子)
梁氏
(元配)
黄志聰
(四子)
劉氏
(元配)
梁氏
(繼室)

图 4－4　家庭树示意图

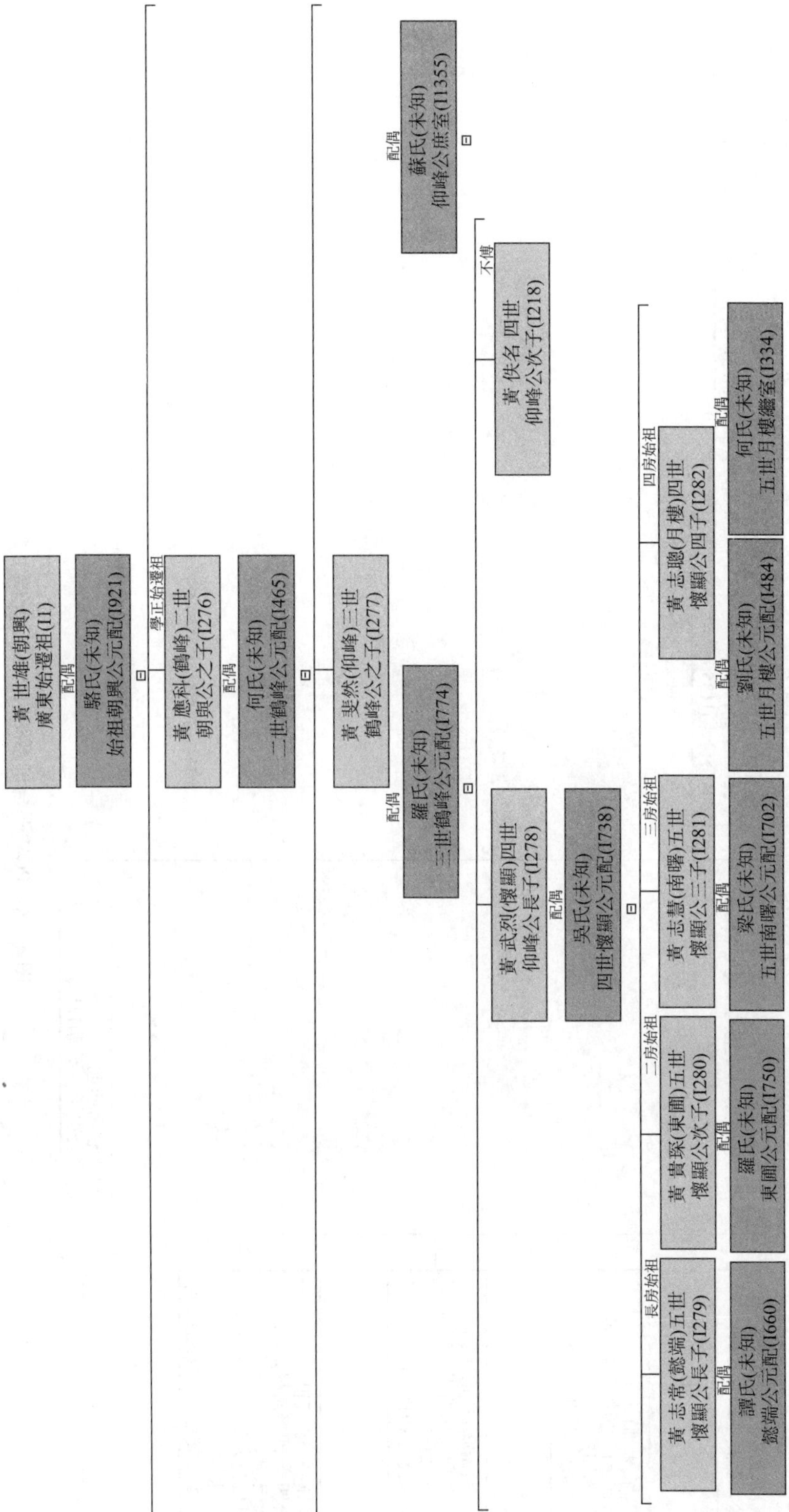

图 4－5　PGV 平台吊线图表（显示配偶）

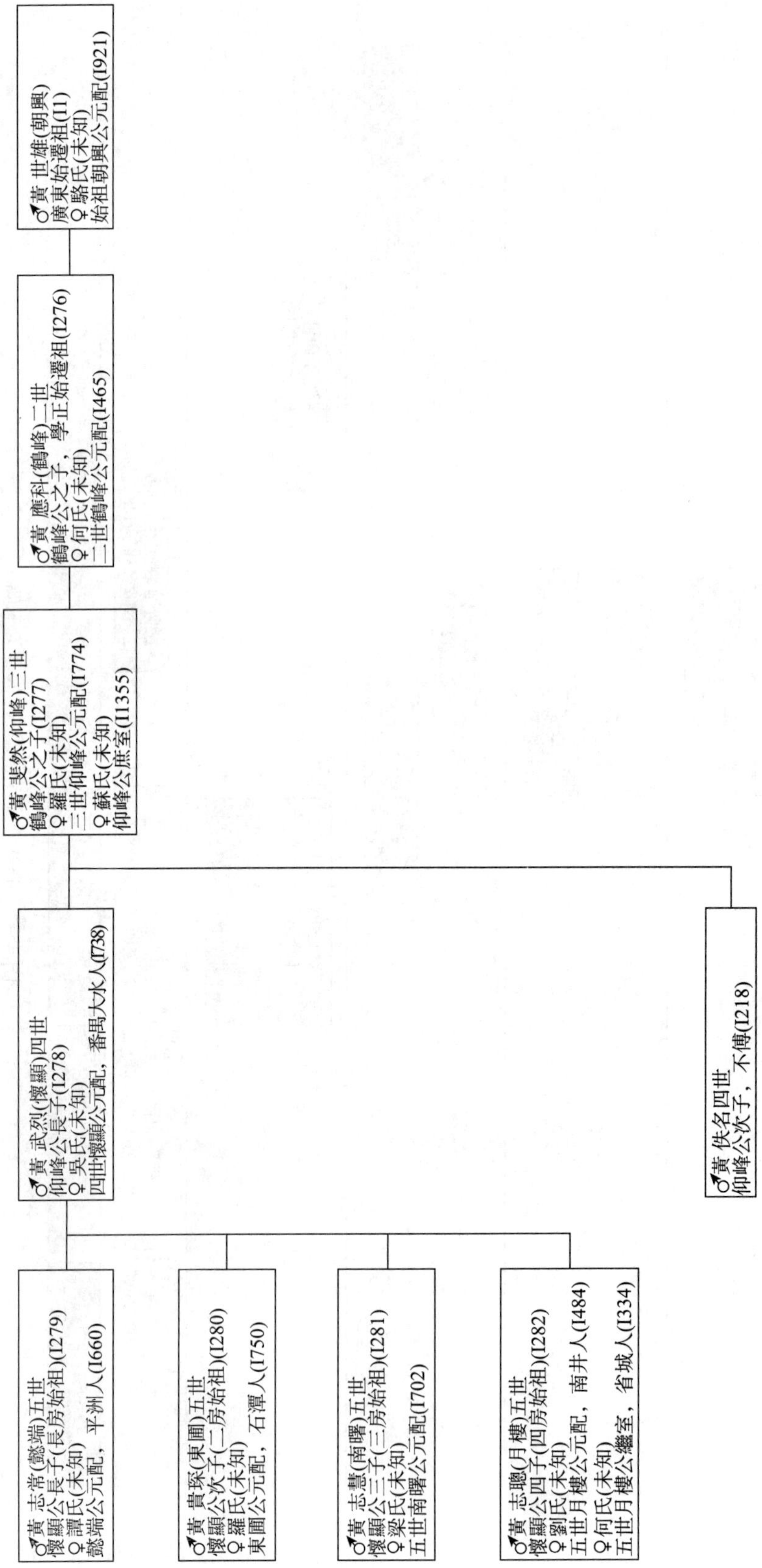

图 4－6 PGV 平台世系图表（显示配偶）

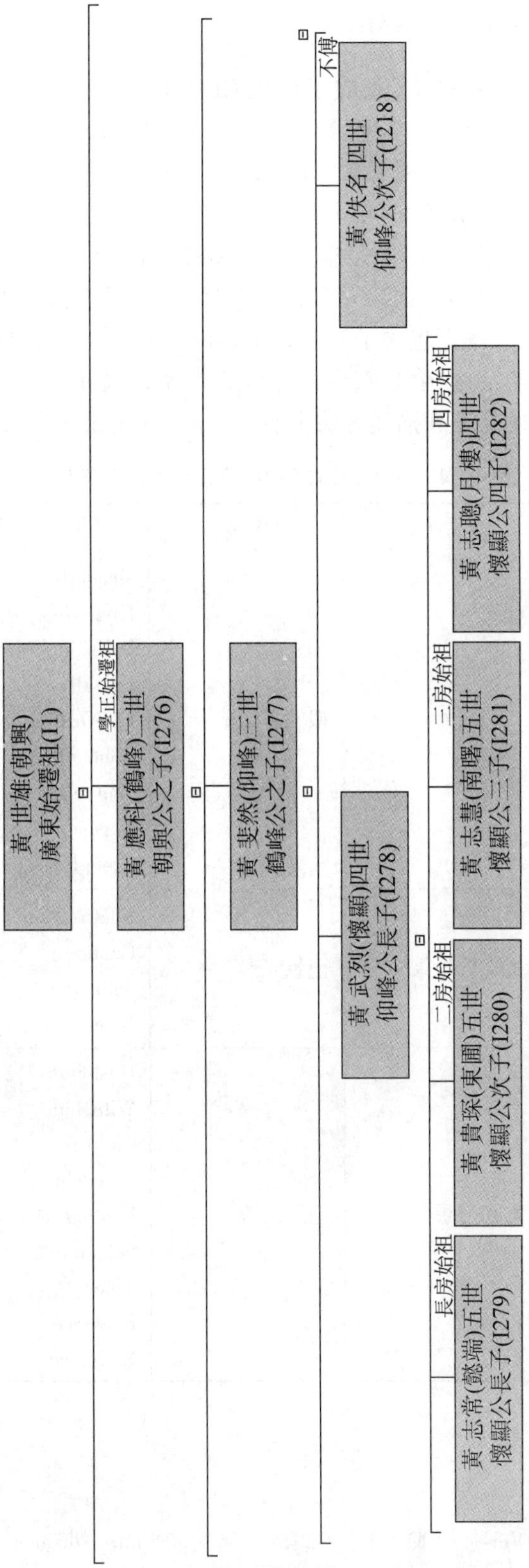

图 4－7　PGV 平台吊线图表（不显示配偶）

4. 4. 2 GEDCOM 到 GEDCOM XML

从 GEDCOM 到 GEDCOM XML，完成了传统 GEDCOM 格式的 XML 化，也对 GEDCOM 数据模型进行了调整，如图 4－1 和 4－2 所示。GEDCOM XML 用元素代替了传统 GEDCOM 的标签，如附录 8 所示，用元素、子元素和元素属性代替的传统 GEDCOM 的结构和子结构。GEDCOM XML 定义了 86 个元素，可分为 3 类：根元素（root element）1 个、记录元素（record element）9 个、子记录元素（subrecord element）76 个。根元素的子元素为记录元素，记录元素的子元素为子记录元素，子记录元素也可以包含子元素，其子元素仍为子记录元素，有 24 个子记录元素包含子元素，如表 4－4 所示。从数据模型的层次上讲，记录元素与传统 GEDCOM 的结构相对应，包含子元素的子记录元素与传统 GEDCOM 的子结构相对应，但是两者在描述范围和描述方法上有所不同，如附录 6 和表 4－4 所示。

表 4－4 GEDCOM XML 元素与子元素表①

No	元素（英）	元素（中）	类型	子元素（英）	子元素（中）
1	GEDCOM		根元素	HeaderRec FamilyRec IndividualRec EventRec LDSOrdRec ContactRec SourceRec RepositoryRec GroupRec	头文件记录 家庭记录 个人记录 事件记录 LDS 教仪记录 联系记录 来源记录 藏品记录 团体记录
2	HeaderRec	头文件记录	记录元素	FileCreation Citation Submitter Note	文件创建 引用 提交者 注释
3	FamilyRec	家庭记录	记录元素	HusbFath WifeMoth Child BasedOn ExternalID Submitter Note Evidence Enrichment	丈夫父亲 妻子母亲 孩子 基于 外部连接 提交者 注释 证据 扩展资料

① GEDCOM XML Beta Version [EB/OL]. [2014－06－30].http ://heanet.dl.sourceforge.net/project/gedcomfilter/GEDCOM%20XML%20Specification/GEDCOM%20XML%206.0%20Beta/GedXML60.pdf.

续表

No	元素（英）	元素（中）	类型	子元素（英）	子元素（中）
4	IndividualRec	个人记录	记录元素	IndivName Gender DeathStatus PersInfo AssocIndiv DupIndiv ExternalID Submitter Note Evidence Enrichment	个人姓名 性别 死亡状态 个人信息 联系描述 重复个人描述 外部连接 提交者 注释 证据 扩展资料
5	EventRec	事件记录	记录元素	Participant Date Place Religion ExternalID Submitter Note Evidence Enrichment	参与者 日期 地点 宗教 外部连接 提交者 注释 证据 扩展资料
6	LDSOrdRec	LDS 教仪记录	记录元素	Participant OrdStat TempleCode Date Place BasedOn ExternalID Submitter Note Evidence Enrichment	参与者 LDS 教仪状态 神殿编码 日期 地点 基于 外部连接 提交者 注释 证据 扩展资料
7	ContactRec	联系记录	记录元素	Name MailAddress Phone Email URI Public Note Changed SameIndiv	姓名 邮寄地址 电话号码 电子邮件地址 公开 注释 变更 重复个人连接

续表

No	元素（英）	元素（中）	类型	子元素（英）	子元素（中）
8	SourceRec	来源记录	记录元素	Repository Title Article Author URI Publishing Note Changed	藏品信息 题名 文章 作者 出版 注释 变更
9	RepositoryRec	藏品记录	记录元素	Name MailAddress Phone Email URI Note Changed	姓名 邮寄地址 电话号码 电子邮件地址 注释 变更
10	GroupRec	团体记录	记录元素	Name Contact Member ParentGroup MailAddress Phone Email URI ExternalID Submitter Note Evidence Enrichment	姓名 联系 成员 父组 邮寄地址 电话号码 电子邮件地址 外部连接 提交者 注释 证据 扩展资料
11	AssocIndiv		子记录元素	Link Association Note Citation	连接 联系 注释 引用
12	BasedOn		子记录元素	Link Note	连接 注释
13	Changed		子记录元素	Contact Note	联系 注释
14	Child		子记录元素	Link ChildNbr RelToFath RelToMoth	连接 孩子数量 父子关系 母子关系

续表

No	元素（英）	元素（中）	类型	子元素（英）	子元素（中）
15	Citation		子记录元素	Link Caption WhereInSource WhenRecorded Extract Note	连接 图片说明 记录地点 记录时间 摘要 注释
16	Contact		子记录元素	Link	连接
17	DupIndiv		子记录元素	Link Note Citation	连接 注释 引用
18	Enrichment		子记录元素	Citation	引用
19	Evidence		子记录元素	Citation	引用
20	FileCreation		子记录元素	Product Copyright	软件产品 版权
21	HusbFath		子记录元素	Link FamilyNbr	连接 家庭数量
22	MailAddress		子记录元素	AddrLine	邮寄地址行
23	Member		子记录元素	Link Role	连接 作用
24	OrdStat		子记录元素	Date	日期
25	ParentGroup		子记录元素	Link	连接
26	Participant		子记录元素	Link Role Living Age	连接 作用 在世 年龄
27	PersInfo		子记录元素	Information Date Place	个人信息 日期 地点
28	Place		子记录元素	PlaceName Coordinates PlaceNameVar	地点名称 坐标 地点名称变化
29	Product		子记录元素	ProductId Version Name Supplier	软件产品缩写 版本 姓名 供应商
30	Repository		子记录元素	Link CallNbr	连接 索取号
31	SameIndiv		子记录元素	Link Note	连接 注释

续表

No	元素（英）	元素（中）	类型	子元素（英）	子元素（中）
32	Submitter		子记录元素	Link	连接
33	Supplier		子记录元素	Link	连接
34	WifeMoth		子记录元素	Link FamilyNbr	连接 家庭数量

与传统 GEDCOM 相比，GEDCOM XML 以元素为基础，每个元素可以包含若干子元素和属性，每个元素定义清晰，使用范围明确。GEDCOM XML 用元素代替了传统 GEDCOM 标签、结构、子结构的复杂体系，去除不必要的标签，并依据实际需求加入新的标签，详见本书 4.2，此处不再赘述。

4. 4. 3 GEDCOM X 的启示

从 GEDCOM 到 GEDCOM XML，是一个 GEDCOM 格式 XML 化的过程，即 GEDCOM 数据模型的描述语言和描述方式调整，两者的设计思想几乎完全相同。而 GEDCOM X 的出现，带来了 GEDCOM 数据模型设计思路的调整，开放式数据模型带来了巨大的发展空间，强化对谱系研究的支持，引入新的时间、空间描述方式，支持新媒体与新技术等。

GEDCOM X 定义了 7 个顶级数据类型和 20 个组件级数据类型，每种数据类型定义明确，同时又具备良好的扩展性。以关系（Relationship）数据类型为例，它包含类型（type）、人物 1（person1）、人物 2（person2）和事实（facts）属性，并定义了婚姻（Couple）和亲子（ParentChild）两种已知类型。通过自定义“类型”属性，可以描述人与人之间的任何关系。

“谱系证明标准”包含 5 个要素：进行合理的完整研究；事实的每个陈述都有一个准确完整的来源引用；证据是可靠的，且被精确地关联和解释；任何矛盾的证据都被解决；严谨推理得到结论①。GEDCOM X 通过定义来源描述（source descriptions）、来源参考（source references）、引用（citations）、证据参考（evidence references）等数据类型，可以描述一个符合“谱系证明标准”的谱系引证过程。

GEDCOM X 强化了日期（Date）、地点描述（PlaceDescription）、地址（Address）等数据类型的描述。以日期为例，定义了简单日期（a simple date）、日期范围（a date range）、重复日期（a recurring date）、近似日期（an approximate date）、近似日期范围（an approximate date range）等时间类型，并给出了相应的描述方式。

GEDCOM X 采用了概念模型与描述模型相分离的设计思路，强调数据模型的开放性和功能性。同时，GEDCOM X 保持了与 GEDCOM 的数据兼容性。

① Genealogical Proof Standard [EB/OL]. [2014 - 06 - 30].https://familysearch.org/learn/wiki/en/Genealogical_Proof_Standard.

5　世系树

本书第 2 部分谱系电子表格，代表用户自建的谱系数据模型；第 3 部分家谱树，代表文献收藏机构使用的谱系数据模型；第 4 部分 GEDCOM 代表专门领域使用的谱系数据模型。虽然上述三类数据模型各具特点，能够满足一定用户群体或应用领域的需求，但是还存在一些无法解决的问题。

5.1　待解决的问题

已有谱系数据模型都能够描述谱系的部分特征，支持某些或某类应用，但是这些数据模型都存在一定的缺陷，缺乏通用性、灵活性和包容性。究其原因，主要有以下三方面：谱系数据的来源多种多样，获取、使用、规范、重构谱系信息都有诸多困难；谱系（或世系）本身内容丰富、体例多样、表现形式各异，且多为私修，规范性差、错误多、特例多，缺乏专门研究；谱系数据有多种应用环境和应用方式，各种应用对谱系数据有不同的需求。

5.1.1　谱系数据来源的多样性

谱系数据是谱系信息的一种载体，除了原生的谱系数据外，谱系数据都要来源于其他的谱系信息载体，既可以来源于家谱、家传、家史、墓志等文献，又可以来源于家族档案、田野调查记录、口述材料等。不同类型的谱系信息载体的谱系信息含量不同、描述方式不同、转换成谱系数据的复杂度不同。

以家谱为例，欧阳宗书在《中国家谱》中根据传承、记载的方式不同将家谱分为：结绳家谱、口述家谱、甲骨谱、青铜家谱、碑谱、塔谱、纸谱、布谱；根据记录内容的侧重点不同将家谱分为：玉牒、普通家谱、祠谱、坟谱、云和神轴①。

冯尔康在《中国古代的宗族和祠堂》中指出，在体例方面，不论哪一类型的谱书，均有宗族得姓渊源、世系、地望及代表人物小传，且以世系为主体，若无世系就不成其为宗族谱了；到了私修的后期——明清时代，谱例大发展，类目增多，祠堂、坟茔、族规、祠产、画像、文书等，各以专类进入谱书，而传记类又加详，分出若干小类，使得谱牒拥有表、传、志，与官修国史靠近，这就使谱书体例由简单到复杂，到完整，从而可以容纳更多的宗族史资料；在具体表达方式上，也即书例上，也是由简约到繁杂，官修时代已讲求谱主名讳、爵秩、官职、妻妾、子女、年寿、生卒、除名、外家写法，宋以后的私修谱增加葬地、山向、合葬、迁葬、义子、赘婿、继嗣、兼祧等内容的写法，又创造了五世一图的谱系法②。欧阳宗书在《中国家谱》中将家谱（指宋元以后私修家谱）的基本格式归纳为：谱名、谱序、凡例、谱论、遗像、像

① 欧阳宗书 . 中国家谱[M]. 北京：新华出版社，1993:4－20.

② 冯尔康 . 中国古代的宗族和祠堂[M]. 北京：商务印书馆，1996:167.

赞、恩荣录、先世考、族规、家法、祠堂、五服图、世系、传记、族产、契据文约、坟茔、年谱、凶吉礼、艺文、名绩录、仕宦记、字辈谱、续后篇、领谱字号①。徐建华在《中国的家谱》中认为,明清两代家谱的格式大致排列如下:谱序、题辞、凡例、谱论、恩荣、图、节孝、像赞、考、宗规家训、祠堂、祠产、坊墓、派语、世系、世系录、传记、仕宦录、志、杂记、文献、修谱姓氏、五服图、余庆录、领谱字号等②。

冯一茹在《家谱元数据规范设计与XML实现》中将家谱体例概括为以下22项:谱序、目录、谱例、修谱名目、谱论、姓氏源流、像赞、恩荣录、世系(图、录)、字辈、传记、仕宦录、风俗礼仪、祠堂、墓茔、族规家训、契约、族产、艺文著述、领谱字号、余庆录、其他(名迹录、科第表、杂载、古迹、坊表等),并在此基础上设计了家谱元数据规范,包括4个核心实体集(头信息实体集、书目管理信息实体集、内容结构信息实体集、宗族信息实体集)和3个辅助实体集(时间信息实体集、空间信息实体集、个人/单位信息实体集):头信息定义了家谱元数据信息化过程中家谱元数据文件的相关描述,包含:标题、版本、语言和备注4个元素,创建信息、修改信息、发布信息、联系信息、存储信息、访问信息6个子集;书目管理信息包含:题名信息、责任信息、出版信息、印刷信息、相关资源、版本信息、载体形态、收藏信息8个子集,附注、语种2个元素;内容结构信息包含:谱序、谱例、谱论、像赞、世系、传记、艺文著述、其他8个子集,目录、修谱名目、姓氏源流、恩荣录、字辈、仕宦录、礼仪、祠堂、墓茔、族规家训、契约、族产、领谱字号、余庆录14个元素;宗族信息是对家谱内容中区别家族或族人的关键,是家谱元数据的核心内容,包含:姓氏、郡望、堂号、房系、支系、备注6个元素,世代范围、时间范围、修谱历史、谱籍、始祖、名人6个子集③,详见附录10。上述元数据方案的描述对象为家谱,头信息实体集描述元数据本身及元数据创建、修改、存储等过程,书目管理信息实体集描述家谱的外部特征,内容结构信息实体集和宗族信息实体集描述家谱的内容特征。宗族信息实体集和内容结构信息实体集中的世系子集描述谱系信息,像赞、传记等子集以及仕宦录、墓茔、余庆录等元素与谱系信息相关,其他子集或元素与谱系信息关系不大。不难看出,即便是以世系信息为主体的家谱文献中,仍包含部分与世系信息相关的资料和部分与世系信息无关的资料。且家谱多为私修,内容千差万别,一部家谱中的世系资料、与世系相关资料和与世系无关资料没有严格的比例约束。

刘军丹在《家庭谱系关系的搜索算法及其元图表示》中基于全员人口数据库,使用宽度优先与深度限界宽度优先相结合的BFIDS(Bread-First Iterative Deepening Search,宽度优先反复加深搜索)搜索算法和谱系关系知识树,以元图的结构对人口数据的家谱组织形式进行可视化展示④。人口数据通常包括姓名、性别、出生日期、身份证号、户编码、地址(如户籍地、居住地)等个人信息,以及"配偶""父母""子女"等亲属关系信息。与世系XML的人物信息和世系关系描述(如表3-1所示)相比,人口数据只包含最基本的个人信息和直系亲属关系信息,必须依赖特定的算法才能重构谱系信息。

---

① 欧阳宗书.中国家谱[M].北京:新华出版社,1993:101-103.

② 徐建华.中国的家谱[M].天津:百花文艺出版社,2002:35-39.

③ 冯一茹.家谱元数据规范设计与XML实现[D].南京:南京师范大学,2011:12-40.

④ 刘军丹.家庭谱系关系的搜索算法及其元图表示[D].石家庄:河北师范大学,2012:10-28.

刘坚强在《百姓通谱网运营管理平台的设计与实现》中定义的族谱树模型包含姓、名、家中排行、字辈、名族、性别、出生日期、是否在世、证件地址、婚姻状况、毕业院校、学历、爱好、血型、职业、电话、星座、手机、父亲、母亲、妻子、儿子、女儿、女婿等字段①。寻根SNS的数据主要来源于用户，多为用户个人信息、家庭信息及用户掌握的家族信息。

综上所述，谱系数据的来源多种多样，不同来源的谱系信息含量、描述方式不同、转换成谱系数据的复杂度各不相同，这就要求谱系数据模型具有良好专指性、容纳性和可扩展性。

5.1.2 谱系的复杂性

编制谱系有多种体例，材料取舍、内容详略、重修续修等方面都各不相同。仍以家谱为例，欧阳宗书在《中国家谱》中根据记载对象范围的大小不同将家谱分为：房谱，记载一房（在中国古代宗族社会中，房是族的分支，族是由同一始祖下所有成员组成，房是同宗下的血脉分支，以五服亲属为主）人物世系及事迹的谱牒；支谱，记载宗族某一分支的人物世系和事迹的家谱；家谱、族谱、宗谱，本族内各支、房家谱的集成；统谱，即统宗世谱，亦称会通宗谱、通谱、统宗正脉、大成谱等，是把分布于各地的同族各宗支统贯于一的宗谱；异性统谱，亦称汇总统谱，不仅要打破地域界限，而且还要打破姓氏界限，将许多姓氏宗族统贯于一谱②。徐建华在《中国的家谱》中指出："唐代以前大多是官修，因而，修成的多是合谱、群谱，以姓氏谱、氏族志的形式出现，将所有姓氏分出等级，依次记录世系。由于需要记载的氏族太多，导致记录的内容较为简略，一般以世系为主。宋代以后，家谱由各家族自己纂修，仅记载本家族的历史和现状，因而，就有余力来丰富家谱的内容，家谱的构成也日渐复杂。宋代以后的家谱，由于记述范围不一样，又可分为仅记载一个大家族支派房系世系的支谱、房谱；记载一个大家族世系的宗谱、世谱；以及将分散于各地的同族各支派统编于一谱或多个虽不是同一家族，却因是同一姓氏而联合修谱的家族所修的大成谱、宗世谱、统谱、总谱；也有一些记载两个同姓但不同宗的家族的合谱存在。其中专门记录皇帝世系的称帝系、玉牒，记载诸侯家世的称世本，记录普通家族的称家谱或宗谱、族谱。此外，还有专门以记载宗族祠堂各种内容为主的祠谱和记载本家族历代祖先坟茔位置、坐向、守坟、规约、墓祭仪式等内容的坟谱等特殊家谱。"③

谱系有多种载体，通常使用纸，在手工条件下，编制、刻印过程中都可能出现错误，流传过程中因兵、火、水、虫等原因造成谱系纸本残缺不全或不可识读。以中华寻根网项目④为

---

① 刘坚强．百姓通谱网运营管理平台的设计与实现［D］．广州：暨南大学，2013：14－16.

② 欧阳宗书．中国家谱［M］．北京：新华出版社，1993：21－25.

③ 徐建华．中国的家谱［M］．天津：百花文艺出版社，2002：12－13.

④ "中华寻根网"项目是建立在广泛合作基础上的全球家谱数字化服务、教育和研究项目，以保存人类文明的共同记忆为最终目标。项目策划始于2008年，经过项目设计、资源规划、软件平台设计、总体设计论证、专家论证等，2009年年底完成原型系统，通过专家评审后，开始系统内测和大规模数字资源建设。2010年10月，开始线上测试，并于2011年3月5日正式开通上线，提供服务。目前，该项目已完成姓氏数据约500条、家谱书目数据约33 000条，家谱图像数据约2300种250万拍，家谱索引数据约2100万条，谱系数据约100种6万拍。

例，在家谱人物索引数据（如附录 2 所示）的基础上，整理谱系文本 100 种 60 836 叶（筒子页），包含人物索引数据 546 358 条，依据《中文文献全文版式还原与全文输入 XML 规范和应用指南》中的世系树 XML 加工成谱系数据，连接到世系树的人物索引数据 383 705 条，去掉重复数据 55 274 条，无法连接到世系树的人物索引数据 107 379 条，占全部人物索引数据的 19.65%；能够生成一棵世系树的谱系文本有 42 种，占全部谱系文本的 42%。

人物索引数据无法连接到世系树，主要有以下几类原因：人物没有谱名，即在谱系文本中人物没有谱名、谱名不详或谱名用“□”“■”等符号代替；人物有两个或两个以上谱名，即在谱系文本中一个人物有多个谱名；人物没有世代，即在谱系文本中人物没有世代信息；人物有两个或两个以上世代，即在谱系文本中一个人物有多个世代信息；人物无法确定父子关系，即在谱系文本中父亲部分与儿子有关的描述和儿子部分与父亲有关的描述不对应；人物无世系信息，即在谱系文本中人物无任何世系信息，通常是一个或多个人名附于世系表后，世系无考。

谱系文本不能生成一棵世系树，主要有以下几类原因：谱系文本分成远祖世系、近世世系等部分，各部分之间不连续；谱系文本缺失，仅包含部分支派的信息，无法重构谱系；谱系文本中有一代或多代信息缺失，造成谱系不连续；谱系文本中有一个或多个人物缺失，造成谱系中断；谱系文本描述混乱，错误过多，不能按树形结构描述。

综上所述，谱系内容丰富，结构复杂，且在编撰、刻印、流传等环节中都可能出现问题。谱系数据加工就是谱系整理过程，因此，谱系数据必须要容纳、描述、修正谱系文本中的问题，这就要求谱系数据模型具有良好专指性、容纳性和可扩展性。

5.1.3 谱系数据应用的差异性

谱系数据广泛应用于家谱编撰、文献整理、历史研究、寻根 SNS 等多个领域，各种应用对谱系数据的要求也各有不同。家谱编撰应用强调家族信息的全面收集、整理和保存，而历史研究应用强调谱系数据准确性、来源和引证。上述应用仍然限于历史领域，当谱系作为基础数据，再加入其他领域的专门数据，同时引入新的领域知识、方法与技术，谱系数据的应用范围、应用方式和应用效果将发生极大的变化。

家谱图（genogram）是理解家庭模式的实用工具之一，记录至少三代家庭成员的信息和他们之间的关系，可以将家庭信息直观生动地展示出来，把复杂家庭模式的完整形态快速地展现于眼前。标准化家谱图画法是 20 世纪 80 年代初由“家庭治疗和家庭医疗临床家谱图倡导者委员会”创立，默里・鲍恩（Murray Bowen）、杰克・弗鲁姆（Jack Froom）和杰克・梅达利（Jack Medalie）一直致力于倡导家谱图的应用和实践。家谱图自 1985 年问世以来，在世界各地不同团体的建议下已做了多次修订①。

家谱图的主干是一个描述多代家庭成员间血缘、法律和情感关系的图谱②。家谱图符号及使用方法如图 5－1 所示，家谱图样例如图 5－2 所示。

---

① 麦戈德里克，等．家谱图：评估与干预［M］．北京：当代中国出版社，2015：1－2.

② 麦戈德里克，等．家谱图：评估与干预［M］．北京：当代中国出版社，2015：17.

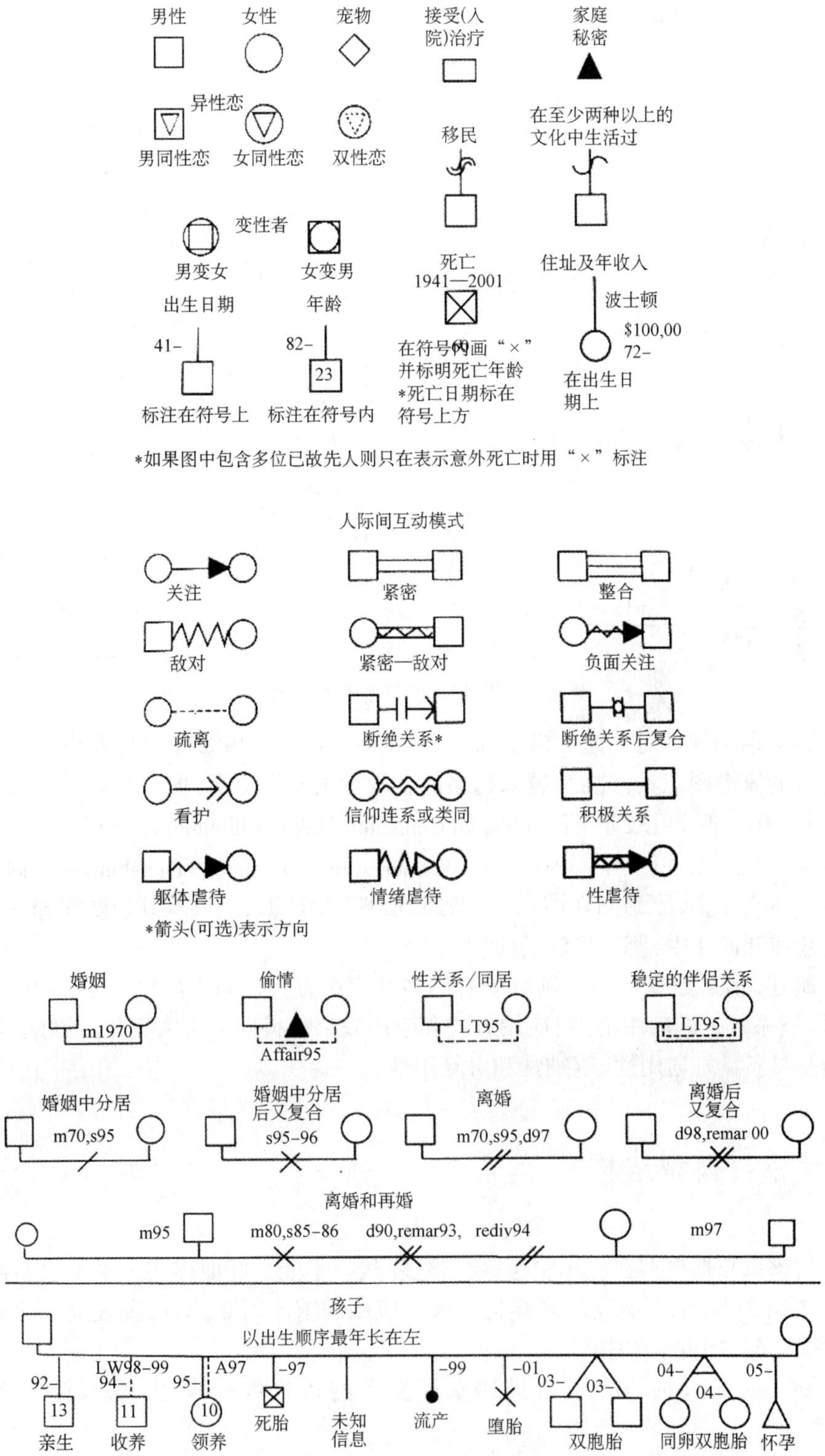

图 5-1 家谱图符号及使用方法示意图①

① 麦戈德里克，等．家谱图：评估与干预[M]．北京：当代中国出版社，2015：插图．

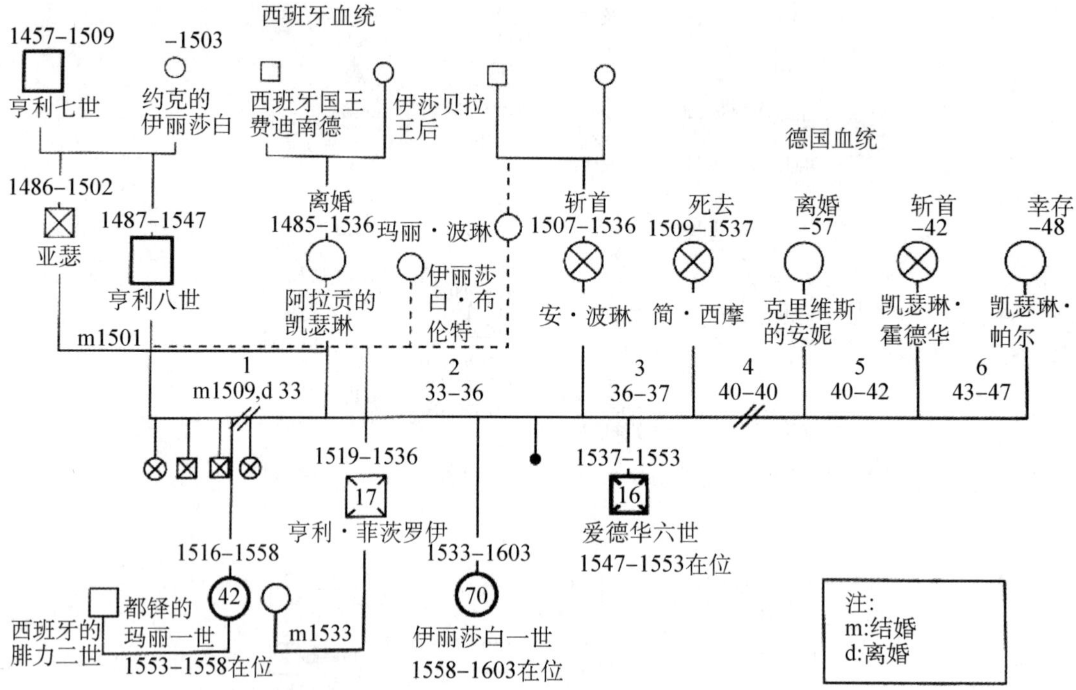

图 5－2　亨利八世与妻子关系图谱①

第一款家谱图软件是兰迪·格尔森（Randy Gerson）在 1982 年设计及设计的可在苹果电脑上运行的家谱图工具，此后，越来越多的新软件被开发出来，但大多数是为家谱学者设计的，其中也有一部分可服务于治疗师，如 Genogram-Maker Millennium（2007，www.genogram.org）、Genopro（2007，www.GenoPro.org）、Wonder-ware（www.interpersonaluniverse.net）等②。

在过去六十年中，家谱图在谱系学、医药、心理学、社工、护理及其他医疗和人文服务领域甚至在法律和商业中，都有广泛的应用③。

综上所述，谱系数据在历史领域中有诸多的应用方式，当谱系作为基础数据应用于其他领域时，谱系数据的应用范围、应用方式和应用效果都将发生重大变化。因此，谱系数据模型必须要具备良好通用性、容纳性和可复用性。

5. 2　世系树模型结构

现有的谱系数据模型在应用中还存在很多问题，不能很好地描述多来源、内容繁复、结构复杂的谱系文本，也不能满足多样化的谱系应用需求。因此，有必要建立一个更加完备的谱系数据模型，即世系树模型。

世系树（genealogical tree）是描述家族世系的树状数据模型，以家族人物数据为

① 麦戈德里克，等．家谱图：评估与干预［M］．北京：当代中国出版社，2015：23.

② 麦戈德里克，等．家谱图：评估与干预［M］．北京：当代中国出版社，2015：224－225.

③ 麦戈德里克，等．家谱图：评估与干预［M］．北京：当代中国出版社，2015：前言．

基础，重在描述家族内部及家族之间的关系。世系树模型的核心部分称为世系树核心集（genealogical tree core），而该模型的扩展部分称为世系树扩展集（genealogical tree extension），辅助部分称为世系树辅助集（genealogical tree supplement），如图 5－3 所示。

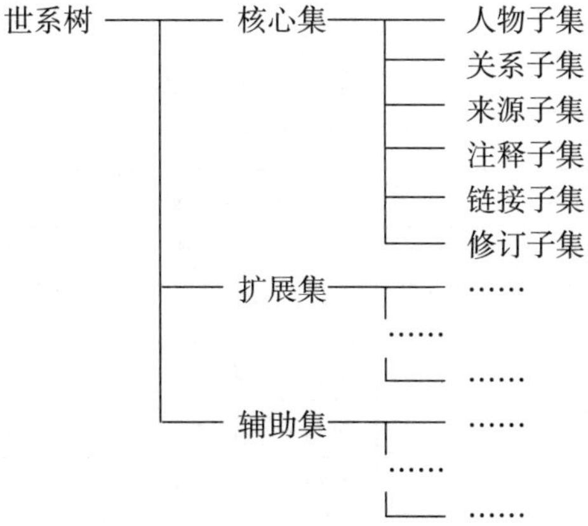

图 5－3　世系树模型结构图

世系树既不同于第 3 部分中的家谱树（lineage tree），也不同于第 4 部分中的家庭树（family tree）。家谱树强调以家谱文献中包含的信息为基础，以宗族（或家族）为基础描述宗族（或家族）内部的关系，更强调血缘关系；家庭树强调以核心家庭为基础描述家族内部及家族之间的关系。家谱树和家庭树都可以视作世系树的特例。

5. 2. 1　世系树核心集

世系树核心集以人物为基础，重在描述家族内部及家族之间的关系，人物和关系需要来源说明、注释说明和修订说明，同时可以链接不同类型的相关资源。因此，世系树核心集由人物子集、关系子集、来源子集、注释子集、链接子集和修订子集组成。

5. 2. 1. 1　人物子集

人物子集（person subset）是描述人物信息的结构化数据集，是世系树的基础。以古代人物为例，人物数据通常包括姓、名、字、别号、他号、谥号、谱名、又名、性别、民族、国别、籍贯、生年、出生地、卒年、葬地、职官、选举、封赠、著述、描述、世代、支派、像、赞、传等。通过与数字方志人物库数据（如表 5－1 所示）比较，不难看出，世系树人物数据包含的人物信息更为丰富，强化了与世系相关的世代、支派等，突出了家谱文献中与人物密切相关的像、赞、传等；去掉了分类和关键词标引，用链接数据和来源数据替换链接块、附注块，提高数据的结构化程度。

表 5－1　数字方志人物库库结构①

模块	字段	数据要求	说明
人物信息块	人物名称	单行，不可重复	规范名称
	又名	单行，可重复	别名、室名、笔名等

① 王荟，肖禹．地方志数字化模式与案例分析［M］．北京：国家图书馆出版社，2012：344－345.

续表

模块	字段	数据要求	说明
人物信息块	参见名称	单行,可重复	
	字号	单行,可重复	
	国别	单行,不可重复	
	性别	下拉选择	
	民族	单行,不可重复	
	生卒年	单行,不可重复	年号纪年
	主要活动年代	单行,不可重复,	年号纪年
	籍贯 / 出生地	单行,不可重复	
	主要活动地	单行,可重复	
附注块	人物附注	多行,文字描述	
	事件附注	多行,文字描述	
	作品附注	多行,文字描述	
	景观附注	多行,文字描述	
	地名附注	多行,文字描述	
标引块	分类号	单行,可重复	
	关键词	单行,可重复	
链接块	人物图像	单行,可重复	
	原文	单行,可重复	
	原图	单行,可重复	
	相关人物	单行,可重复	
	相关事件	单行,可重复	
	相关作品	单行,可重复	
	相关景观	单行,可重复	
	相关插图	单行,可重复	
	相关志书	单行,可重复	
	相关地名	单行,可重复	
	研究文献	单行,可重复	
管理信息块	数据制作人	单行,不可重复	
	制作时间	单行,不可重复	记录生成时间
	加工历史	多行,可重复	
	数据统计	数据条目,非空字段	

与世系 XML 相比,如表 3 - 1 所示,世系树人物子集同时适用于家族的男性成员和女性成员,而不将女性成员作为男性成员的属性,保证了人物数据的一致性;世系树人物子集与关系子集分开描述,人物子集不包含配偶、父子、母子等关系,婚姻关系、血缘关系等用关

系子集描述，降低了人物子集与关系子集的耦合度，便于数据维护和数据复用；世系树人物子集描述人物信息更加完备，通过链接数据进行扩展。

5. 2. 1. 2　关系子集

世系树的核心是描述家族内部及家族之间的关系，即关系子集（relationship subset）。关系子集是血缘关系、婚姻关系、收养关系等描述数据集，有两种基本模式：

（1）宗族模式（lineage mode）以宗族成员为基础描述宗族成员间的关系。如图 5 – 4 所示，其中“○”表示宗族男性成员，ID 为“Mij”，i 表示世代，j 表示第 i 世中的第 j 个成员；“●”表示宗族女性成员，ID 为“Fij”；“______”表示父子关系，“--------”表示母子关系，“=:=:=”表示婚姻关系。

（2）家庭模式（family mode）以家庭为基础描述宗族成员间的关系，在家庭内部描述血缘关系、婚姻关系、和收养关系，通过同一关系描述家庭间的关系。如图 5 – 5 所示，其中“□”表示家庭，ID 为“Faij”，i 表示世代，j 表示第 i 世中的第 j 个家庭；“■”表示宗族男性成员，ID 为“Mij”；“●”表示宗族女性成员，ID 为“Fij”；“______”表示同一关系。例如，家庭 Fa11 由丈夫 M11、正室 F11、继室 F12、儿子 M21、M22、M23 组成，F11 是 M21、M22 的生母，F12 是 M23 的生母；家庭 Fa23 由丈夫 M23、正室 F24、侧室 F25、儿子 M36、M37、M38、M39 组成，F25 是 M36、M37、M38、M39 的生母；M23 出现在家庭 Fa11 和 Fa23 中，在 Fa11 中的身份是儿子，在 Fa23 中的身份是丈夫。

宗族式世系树直接描述宗族成员间的关系，世代清晰，血缘关系明确；家庭式世系树先将宗族划分为家庭，再描述家庭内部宗族成员间的关系。世系树的两种模式可容纳的信息量相同，信息组织形式不同。两种模式可以相互转换，而不损失任何信息。

世系树呈现完整的树形结构，如图 5 – 4 所示，源于世系信息的完整性。但是，在现实中，世系信息通常是不完整的或在一定条件下是完整的。以家谱为例，谱系的不完整通常有两类情况：其一，谱系中一个或多个人物缺失，以图 5 – 4 为例，若男性宗族成员 M21、M22、M34、M35、M38、M39 缺失，与之相关的女性宗族成员 F21、F22、F23、F34 也缺失，世系树如图 5 – 6 所示；其二，谱系中一代或多代人物缺失，以图 5 – 4 为例，若第 2 代和第 3 代宗族成员缺失，世系树如图 5 – 7 所示。谱系不完整造成世系树的断裂，以图 5 – 6 为例，世系树断裂为 4 个世系片段和 1 个孤立节点；以图 5 – 7 为例，世系树断裂为 6 个世系片段和 3 个孤立节点。

为了描述上述两类情况，将若干相关的世系片段和孤立节点重新连缀起来，世系树定义了虚拟人物节点和虚拟世代节点。

虚拟人物节点（virtual person node）是世系树中替代同一世代中一个或多个缺失人物的数据。与一般的人物数据相比，虚拟人物节点仅含有世代信息和虚拟关系信息。以图 5 – 6 为例，创建虚拟人物节点 VP21、VP31 和 VP32，VP21 与 M11、M31、M32、M33 建立虚拟关系，VP31 与 VP21、M46 建立虚拟关系，VP32 与 M23 建立虚拟关系，如图 5 – 8 所示，其中“◌”表示虚拟人物节点，ID 为“VPij”，i 表示世代，j 表示第 i 世中的第 j 个虚拟人物节点；“--------”表示虚拟关系。通过对照图 5 – 1 不难发现，VP21 替代了 M21、M22、F21、F22、F23 及与之相关的关系，VP31 替代了 M34、M35、F34 及与之相关的关系，VP32 替代了 M38、M39 及与之相关的关系，即 VP21 替代了第 2 世中的 2 位男性成员和 3 位女性成员及与之相关的关系，VP31 替代了第 3 世中的 2 位男性成员和 1 位女性成员及与之相关的关系，VP32 替代了第 3 世中的 2 位男性成员。

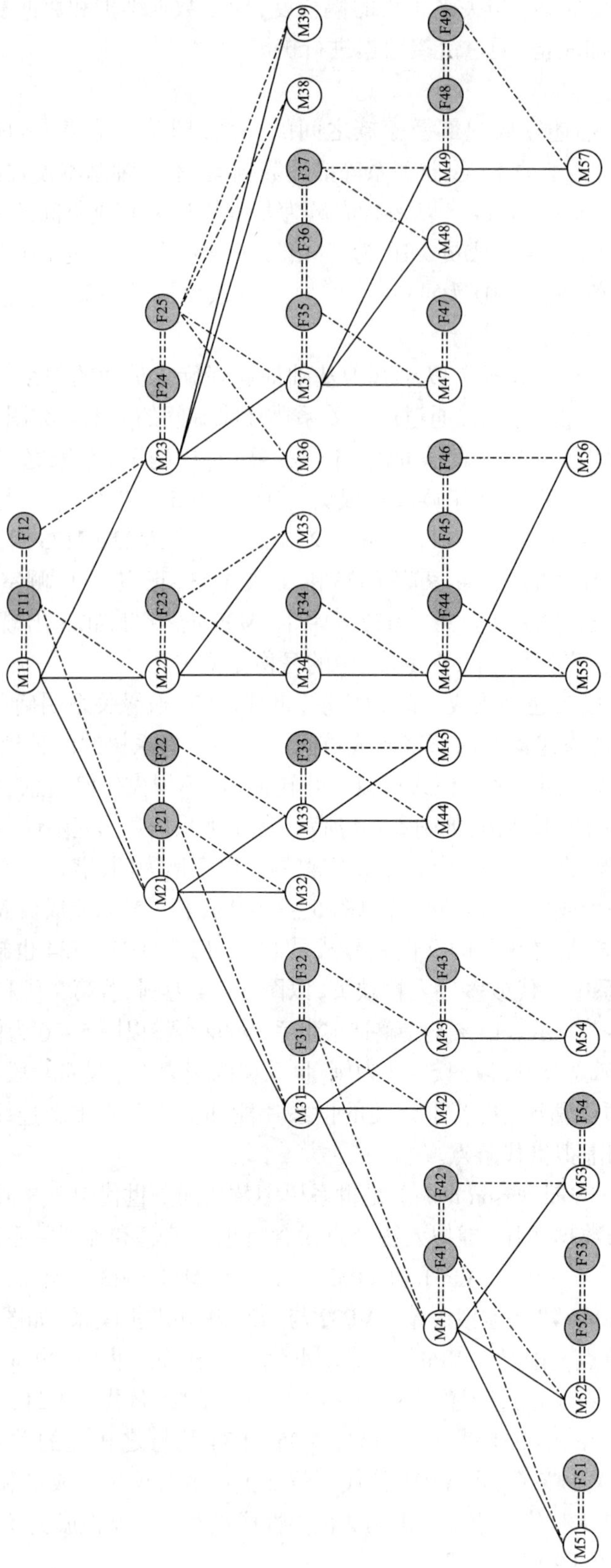

图 5－4　世系树关系描述示意图一

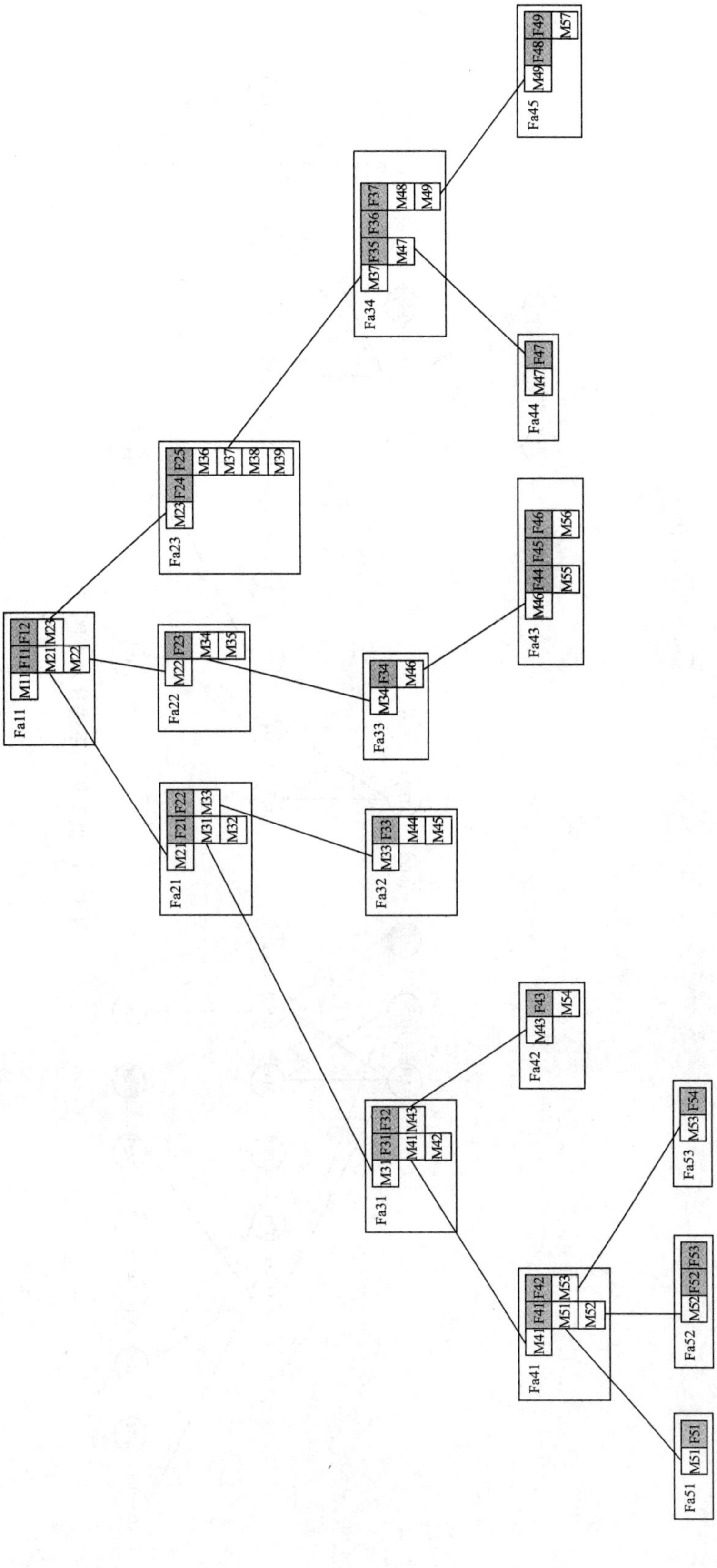

图 5－5　世系树关系描述示意图二

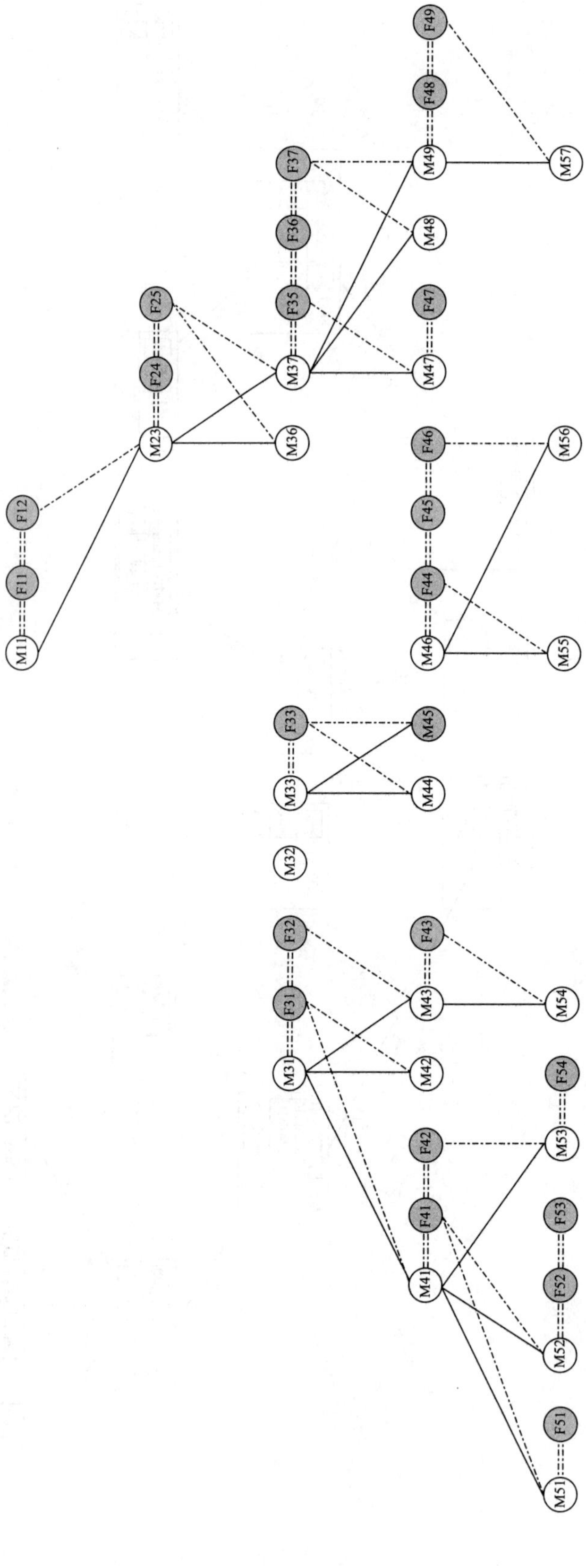

图 5－6　世系树关系描述示意图三

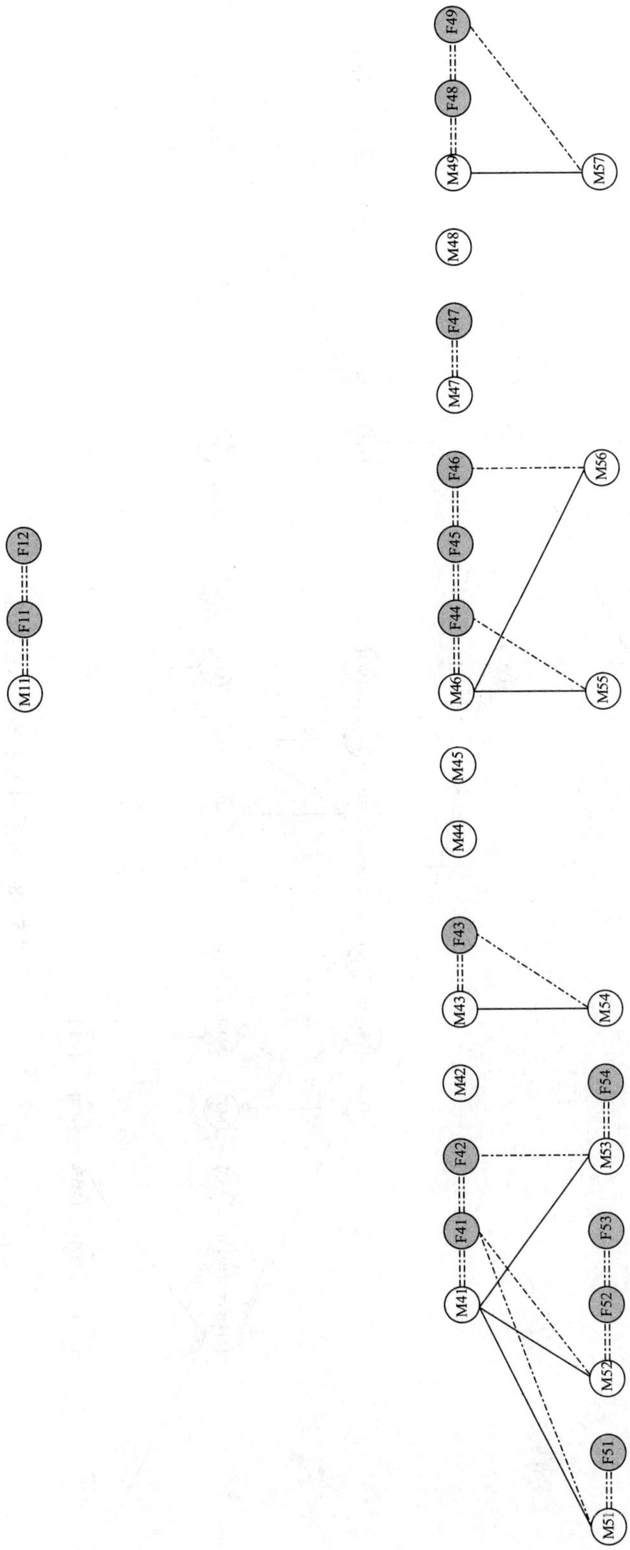

图 5－7 世系树关系描述示意图四

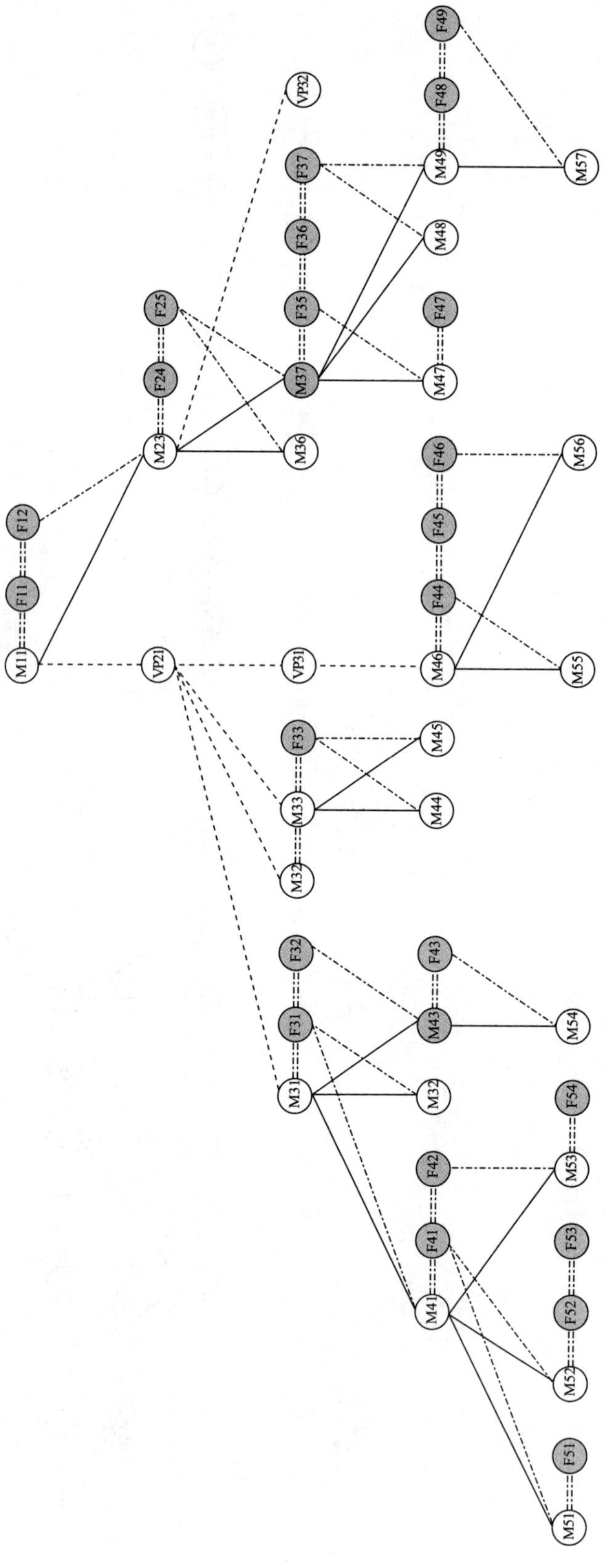

图 5-8　世系树关系描述示意图五

虚拟世代节点（virtual generation node）是世系树中替代一个世代的全部缺失人物的数据。与一般的人物数据相比，虚拟世代节点仅含有世代信息和虚拟关系信息。以图5－7为例，创建虚拟人物节点VG2和VG3，VG2与M11、VG3建立虚拟关系，VG3与M41、M42、M43、M44、M45、M46、M47、M48、M49建立虚拟关系，如图5－9所示，其中“◌”表示虚拟世代节点，ID为“VGi”，i表示世代；“-------”表示虚拟关系。通过对照图5－1不难发现，VG2替代了M21、M22、M23、F21、F22、F23、F24、F25及与之相关的关系，VG3替代了M31、M32、M33、M34、M35、M36、M37、M38、M39、F31、F32、F33、F34、F35、F36、F37及与之相关的关系，即VG2替代了第2世中的3位男性成员和5位女性成员及与之相关的关系，VG3替代了第3世中的9位男性成员和7位女性成员及与之相关的关系。

在世代明确的前提下，不完整的谱系，即家谱缺叶（筒子页）或缺卷，可用具有虚拟人物节点或虚拟世代节点的世系树描述。但谱系的复杂性远不止于此，家谱根据记载对象范围可分为房谱、支谱、宗谱、通谱、联宗谱（含同姓联宗谱和异姓联宗谱）等。从姓氏的角度考察，除异姓联宗谱外，其他类型家谱记录的宗族成员都属于同一姓氏；从血缘关系的角度考察，房谱、支谱记录的宗族成员具有较近的血缘关系，宗谱、通谱、联宗谱记录的一部分宗族成员具有较近的血缘关系，另一部分宗族成员具有较近的血缘关系或血缘关系。为了描述上述情况，世系树定义了3个等级：

①宗族树（clan tree），由一棵完整的世系树及若干与宗族相关的孤立节点组成，可用于描述房谱、支谱和世代连续的宗谱；

②统宗树（general clan tree），由多棵世系树或宗族树及若干与宗族相关的孤立节点组成，可用于描述宗谱和通谱；

③联宗树（combined clan tree），由多棵世系树、宗族树或统宗树及若干与宗族相关的孤立节点组成，可用于描述联宗谱（含同姓联宗谱和异姓联宗谱）。

5.2.1.3　链接子集

链接子集（link subset）是描述世系树内部数据链接和外部链接的数据集，是世系树扩展的方式之一。链接数据可分为两类：内部链接（internal links），指世系树内部数据之间的链接；外部链接（external links），指世系树内部数据与外部数字对象之间的链接。

5.2.1.4　来源子集

来源子集（source subset）是描述世系树各类数据来源的数据集，表示世系树的可信度。来源数据有两种基本类型：文本型，指用文本描述数据来源，描述方式类似于参考文献；链接型，指向数据来源的链接，格式同外部链接数据。

5.2.1.5　注释子集

注释子集（note subset）是解释、说明、备注世系树各类数据的数据集，即关于世系树数据来源以外的全部数据说明。注释数据有两种基本类型：文本型，指用文本描述数据说明，格式为纯文本；链接型，指向数据说明对象的链接，格式同外部链接数据。

5.2.1.6　修订子集

修订子集（revise subset）是记录世系树各类数据修订过程的数据集，即关于世系树的全部修订过程、修订结果及修订说明。修订子集由修订者、修订时间、修订内容等数据构成。

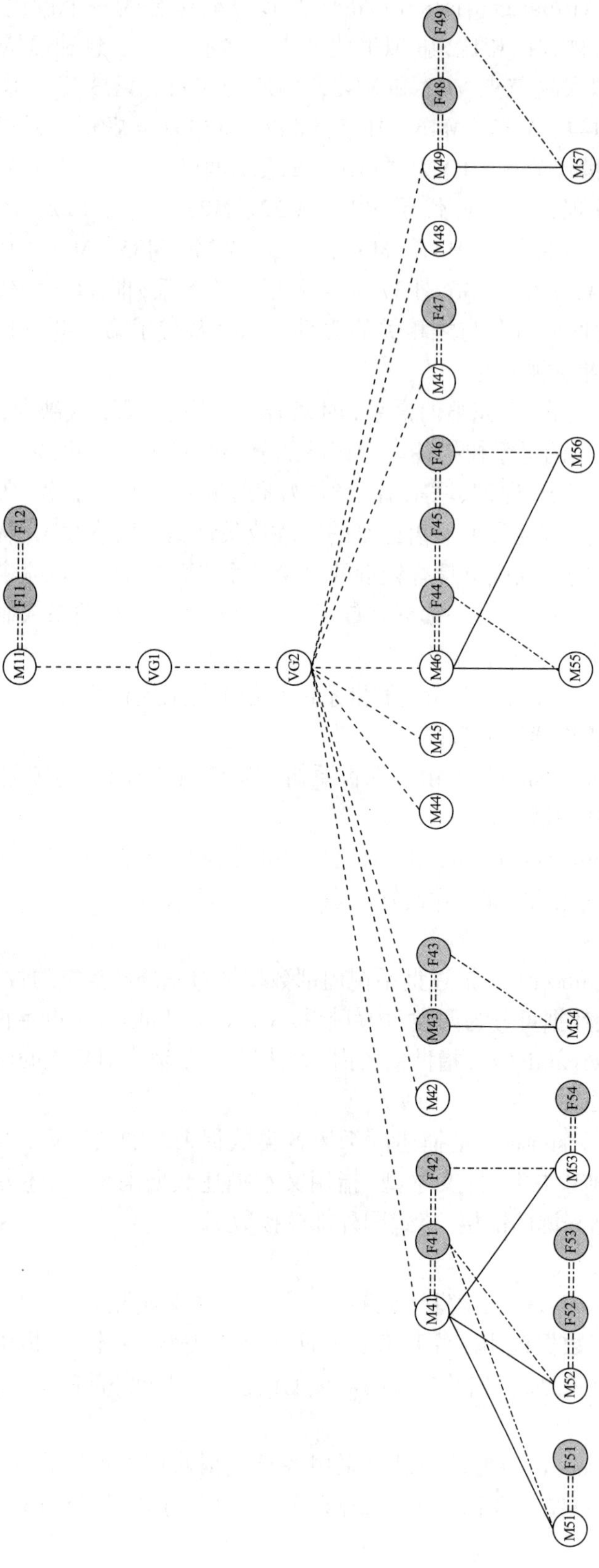

图 5－9 世系树关系描述示意图六

5.2.2 世系树扩展集

世系树扩展集既可以在核心集基础上进行扩展，也可以依据应用需求进行其他扩展。

5.2.3 世系树辅助集

世系树辅助集既可以直接引入相关的资料库、知识库或资源系统，也可以依据应用需求进行单独设计。

5.3 世系树模型的 XML 描述

世系树模型由核心集、扩展集和辅助集组成，核心集包含人物子集、关系子集、链接子集、来源子集和修订子集，如图 5－3 所示。本书中仅对人物子集和关系子集进行扩展，辅助集选择了最常用的时间子集、空间子集和外字子集。

5.3.1 描述说明

为了加强世系树模型描述的针对性，将依据世系树模型定义一个谱系数据保存文件，简称为世系树文件（genealogical tree file）。该文件由文件头（file header）、关系（relation）、人物列表（person list）、事件列表（event list）、来源列表（source list）和外字列表（gaiji list）组成，如图 5－10 所示。文件头描述世系树文件属性与相关信息，必备；关系保存全部人物关系数据及相关信息，必备；人物列表保存全部人物数据及相关信息，必备；事件列表保存全部事件数据及相关信息，可选；来源列保存全部来源数据及相关信息，必备；外字列表保存全部集外字数据及相关信息，有则必备。

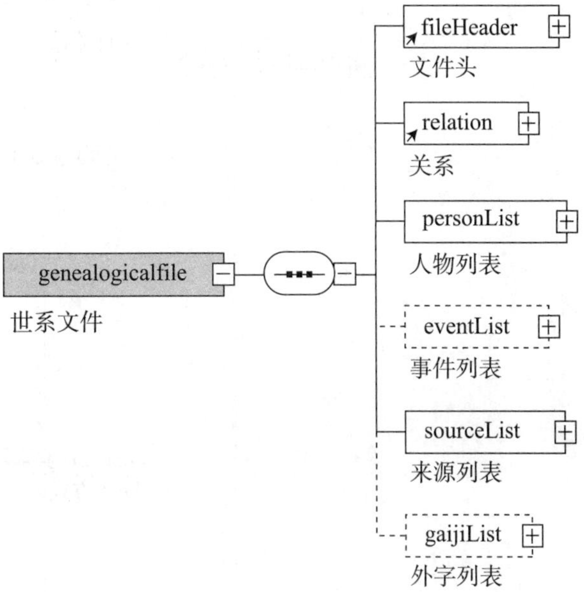

图 5－10 世系树文件结构图

文件头由文件名（title）、版本（version）、语言（language）、字符集（characterSet）、文件大小（size）、内容摘要（abstract）、文件创建信息（fileCreate）、文件修改信息（fileModify）、文件发布信息（fileRelease）、联系方式（contact）、版权信息（copyrightInfo）、文件备注（fileNote）等组成，如图 5－11 所示。其中文件创建信息、文件修改信息和文件发布信息具有类似的结构，以文件创建信息为例，由创建者（creator）、创建时间（createdTime）、创建工具（createdTool）和备注（createdNote）组成。

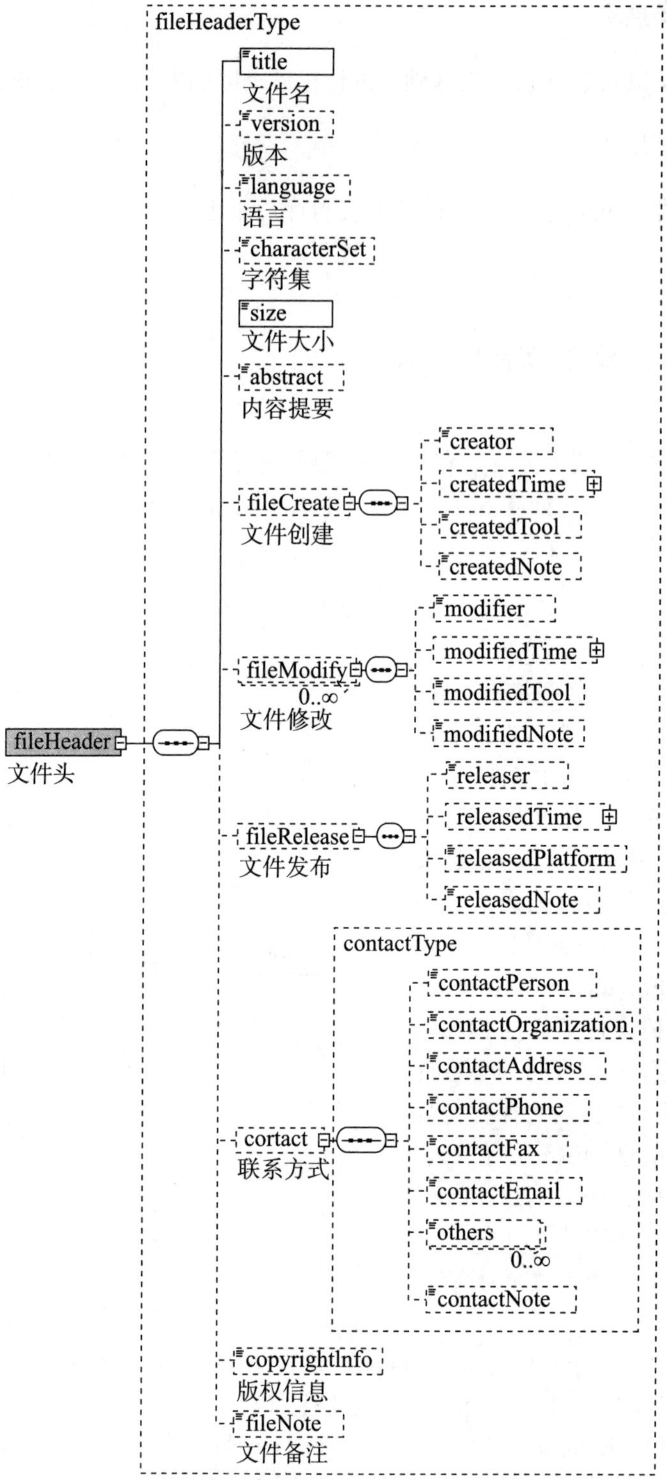

图 5－11　文件头结构图

世系树文件的文件头部分强化了对整个文件生命周期的描述，包含文件创建、修改、发布等，仍以文件创建信息为例，除了记录创建者、创建时间，还要记录创建工具，其他与创建相关的信息记录在备注中，也可以依据项目需求，对文件创建信息进行扩展。

5. 3. 1. 1 世系树核心集

世系树文件的核心集由人物子集、关系子集、链接子集、来源子集和修订子集组成，可以使用或部分使用，不能修改。人物子集描述谱系中的人物信息，关系子集描述谱系中的人物关系，链接子集描述谱系数据的内部链接或外部链接，来源子集描述谱系数据的来源信息，修订子集描述谱系数据的修订信息。

（1）人物子集

人物子集包含人物列表（personList）和人物（person）。人物列表由人物数量（personNum）和人物组成。人物由人物 ID（PID）、谱名（nameInGenealogy）、人物核心数据（personCore）、来源（personSource）、修订（revision）、注释（note）等组成。如图 5 - 12 所示。

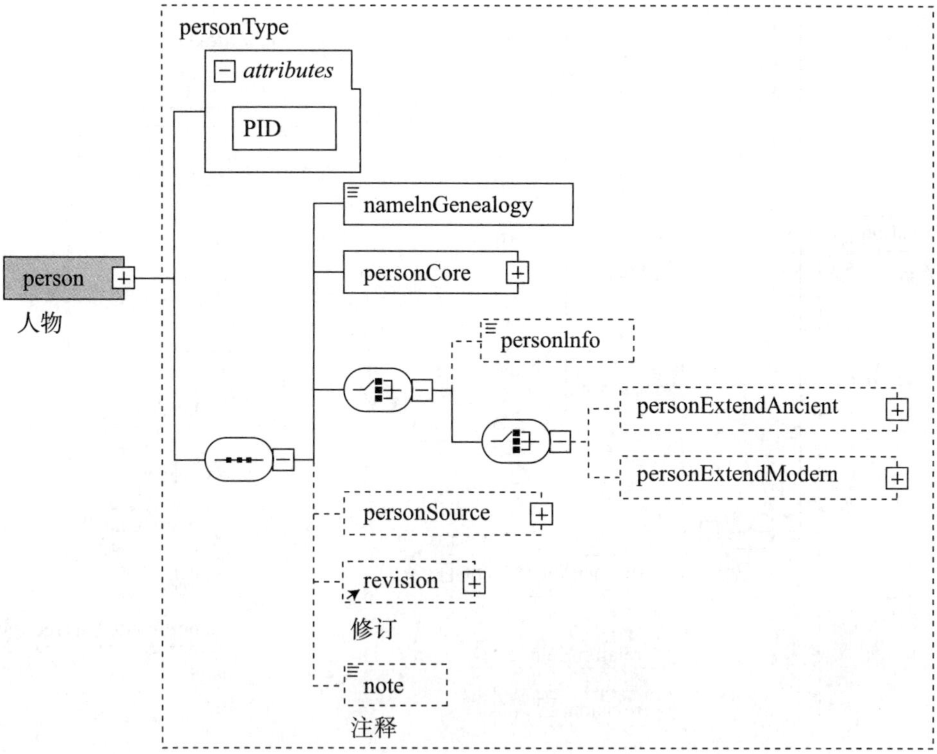

图 5 - 12 人物列表结构图

人物 ID 是人物的唯一标识，在关系子集中可直接引用。谱名是人物在谱系中的名字或代号，在家谱中，由于重名、编辑错误等原因，同一个人物的谱名可能不同，而同一谱名可能对应多个人物，因此，谱名未包含在人物核心数据中。人物核心数据描述人物的基本信息，由姓（surname）、名（firstname）、性别（gender）、国籍（nationality）、民族（citizenship）、出生日期（birthday）、死亡日期（deathDate）等组成，可将某一人物与其他人物区分开来。

（2）关系子集

关系子集包含关系（relation）、家庭关系（relationFamily）和家族关系（relationClan）。关系由关系 ID（RID）、家庭数量（familyNum）、宗族数量（clanNum）、统宗数量（generalClanNum）、联宗数量（combinedClanNum）、家庭关系、家族关系、关系来源（relationSource）、修订（revision）、注

释（note）等组成。家庭关系由人物数量（personNum）和家庭（family）组成。家族关系由人物数量（personNum）、宗族树（clanTree）、统宗树（generalClanTree）、联宗树（combinedClanTree）等组成。如图 5－13 所示。

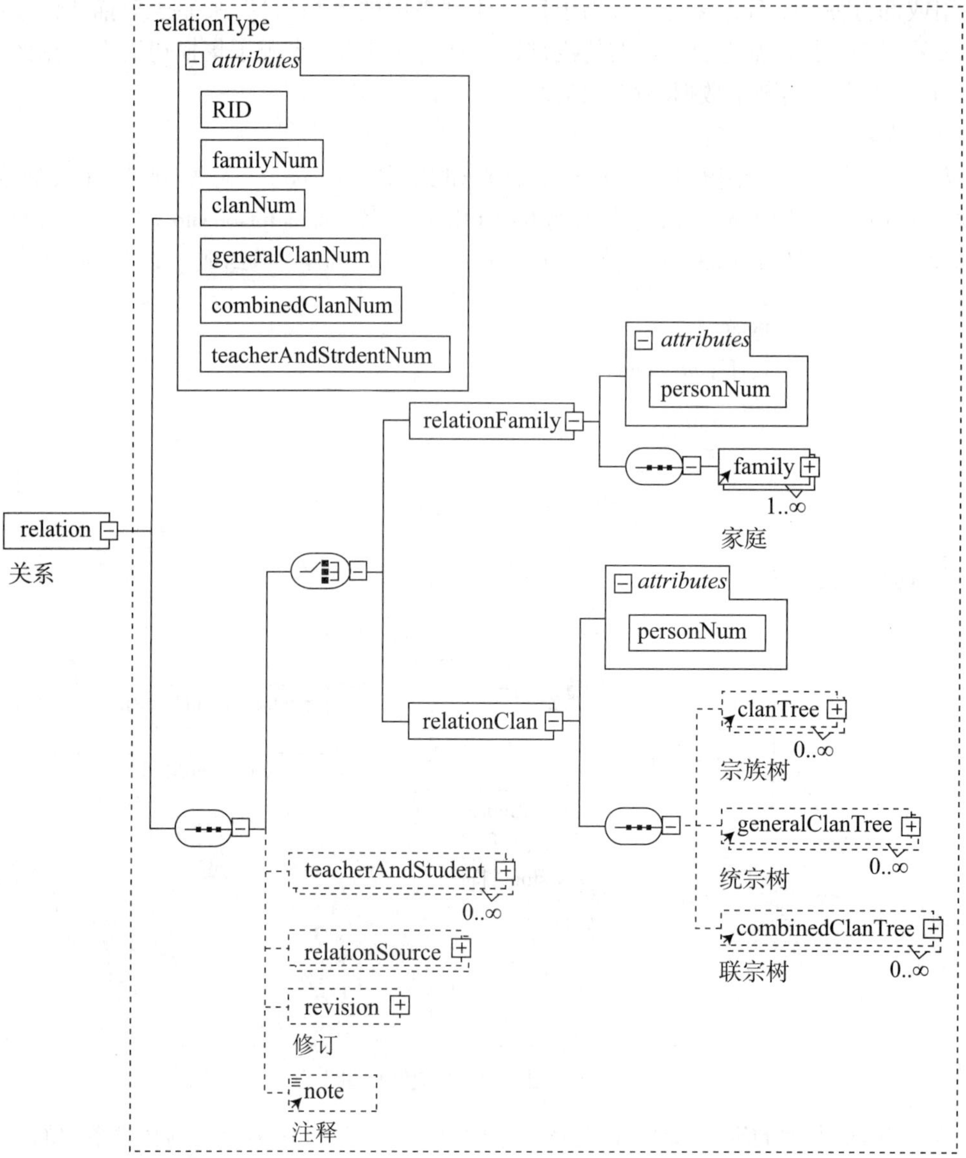

图 5－13　关系结构图

关系描述谱系数据的世系部分，引用人物数据。关系可以采用家庭模式或宗族模式：家庭模式对应家庭关系元素，包含家庭；宗族模式对应家族关系元素，包含宗族树、统宗树和联宗树。

家庭由家庭 ID（FID）、世代（generation）、支派（branch）、丈夫（husband）、妻子（wife）、孩子（child）、家庭链接（familyLink）、家庭事件（familyEvent）、家庭来源（familySource）、修订（revision）、注释（note）等组成。妻子由妻子顺序（wifeOrder）和妻子链接（wifeRefs）组成。孩子由母亲链接（motherRef）和孩子链接（childRefs）组成。家庭链接由丈夫家庭链接

（husbandFamilyRef）、妻子家庭链接（wifeFamilyRef）和孩子家庭链接（childFamilyRef）。如图 5-14 所示。

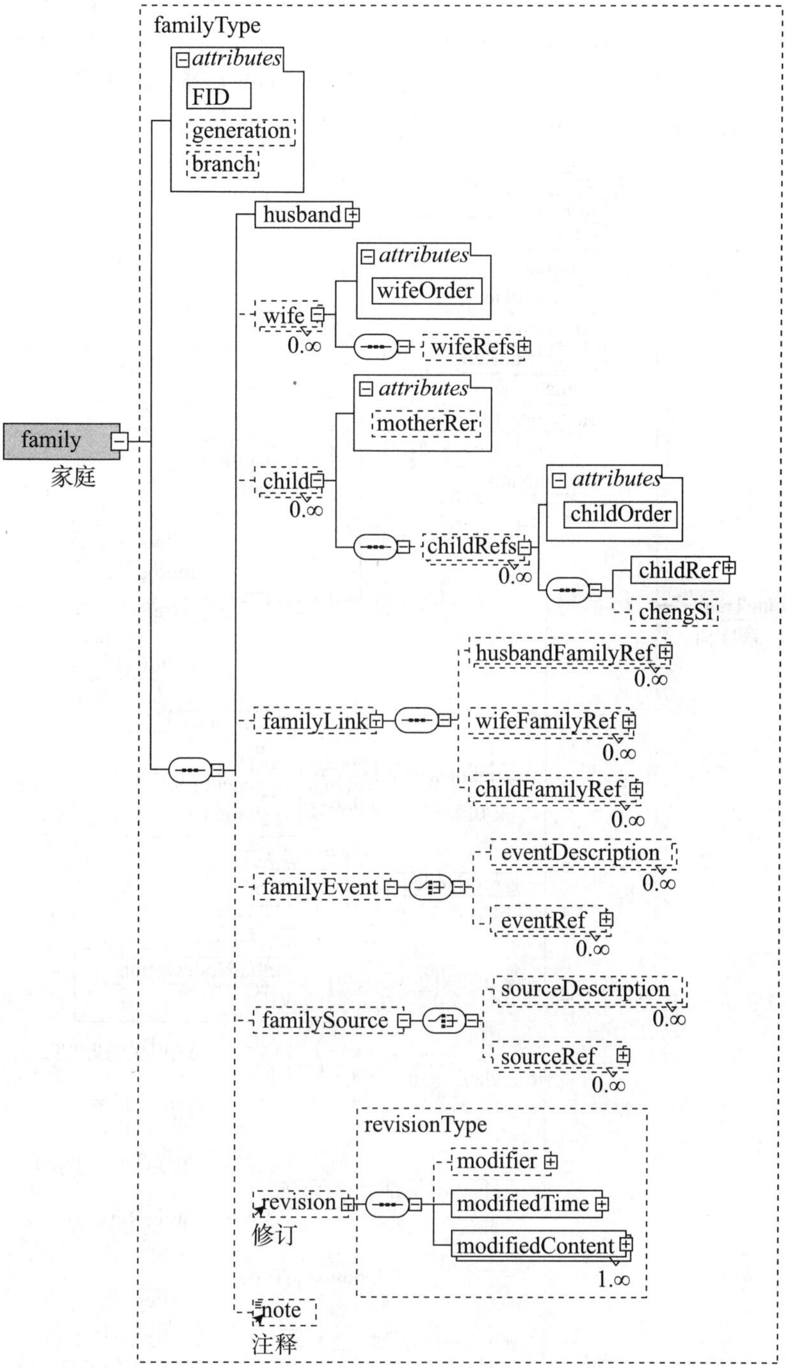

图 5-14 家庭结构图

宗族树由宗族 ID（CID）、姓氏（surname）、郡望（originalPlace）、堂号（hallName）、世代范围（generationRange）、支派（branch）、始祖（firstAncestor）、散居地（scatteredPlace）、

人物数量（personNum）、宗族节点（clanNode）、未知节点（unknownNode）、根节点（rootNode）、虚拟节点（virtualNode）、宗族事件（clanEvent）、宗族来源（clanSource）、修订（revision）、注释（note）等组成。宗族节点由人物ID（PID）、世代（generation）、支派（branch）、父亲链接（fatherRef）、母亲链接（motherRefs）、孩子链接（childRefs）等。未知节点由人物ID（PID）、世代（generation）、支派（branch）等。虚拟节点由虚拟节点ID（VID）、虚拟节点类型（virtualNodeOption）等。如图5－15所示。

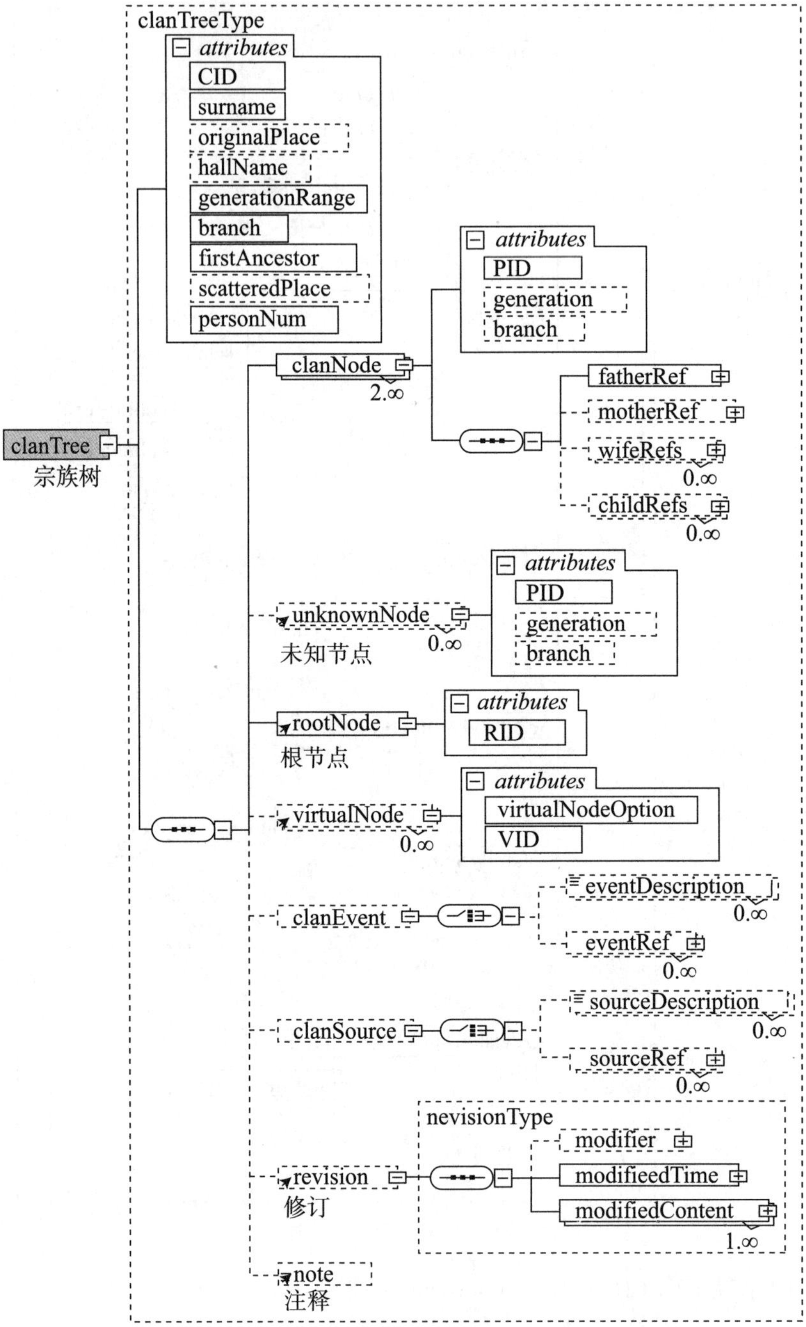

图5－15　宗族树结构图

统宗树由统宗 ID（GCID）、姓氏（surname）、郡望（originalPlace）、堂号（hallName）、世代范围（generationRange）、散居地（scatteredPlace）、人物数量（personNum）、宗族树（clanTree）、未知节点（unknownNode）、根节点（rootNode）、统宗事件（generalClanEvent）、统宗来源（generalClanSource）、修订（revision）、注释（note）等组成。如图 5－16 所示。

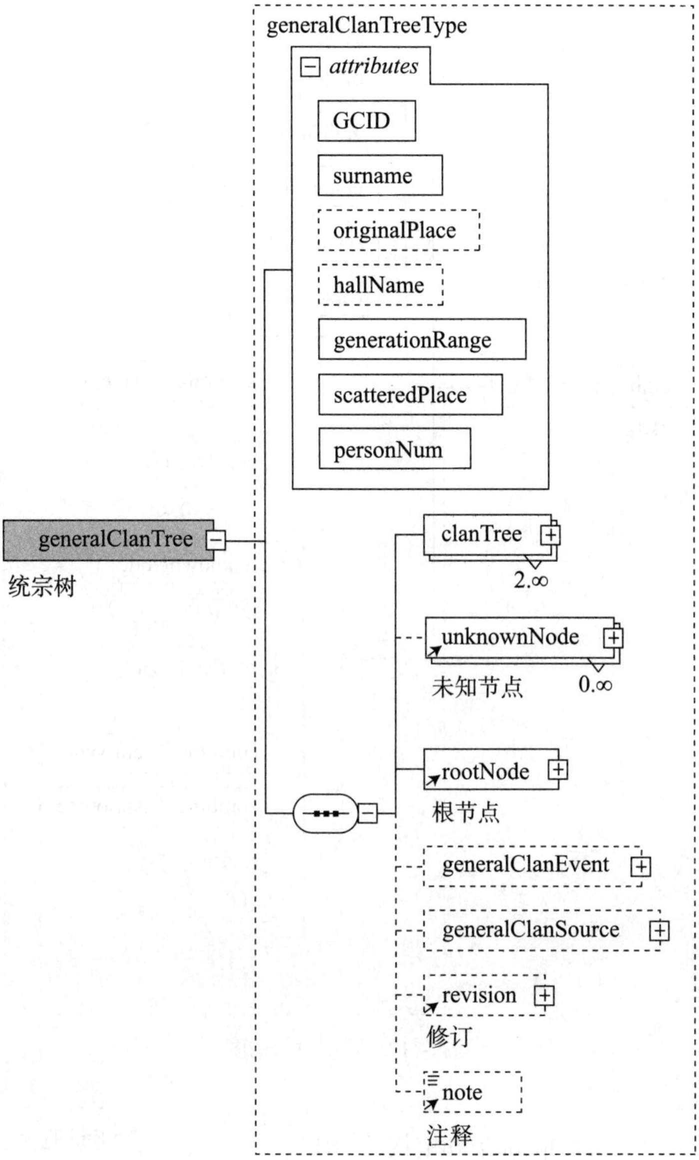

图 5－16 统宗树结构图

联宗树由联宗 ID（CCID）、姓氏（surname）、郡望（originalPlace）、堂号（hallName）、世代范围（generationRange）、散居地（scatteredPlace）、人物数量（personNum）、统宗树（generalClanTree）、宗族树（clanTree）、未知节点（unknownNode）、根节点（rootNode）、联宗事件（combinedClanEvent）、统宗来源（combinedClanSource）、修订（revision）、注释（note）等组成。如图 5－17 所示。

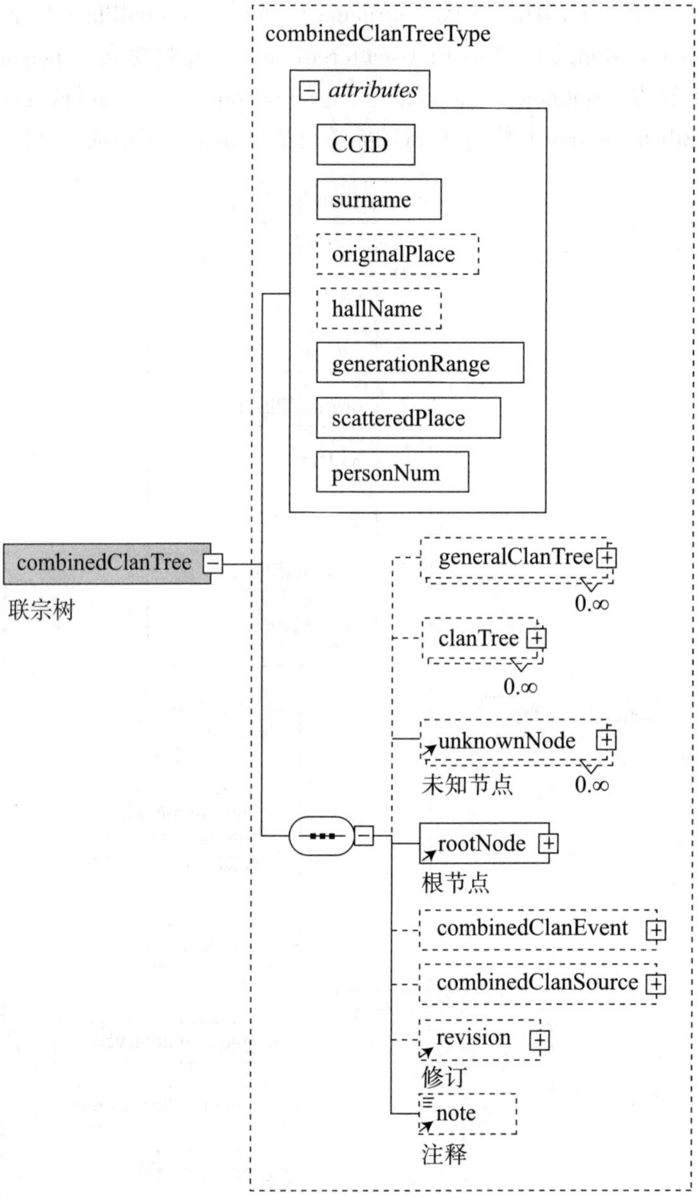

图 5－17　联宗树结构图

（3）链接子集

链接由链接属性（linkOption）和链接（URI）组成。如图 5－18 所示。链接属性包括内部链接和外部链接。内部链接要指明链接目标类型（targetOptionType），包括人物（person）、根节点（rootNode）、未知节点（unknownNode）、虚拟节点（virtualNode）、家庭（family）、宗族（clanTree）、统宗（generalClanTree）、联宗（combinedClanTree）、来源（source）、事件（event）等。

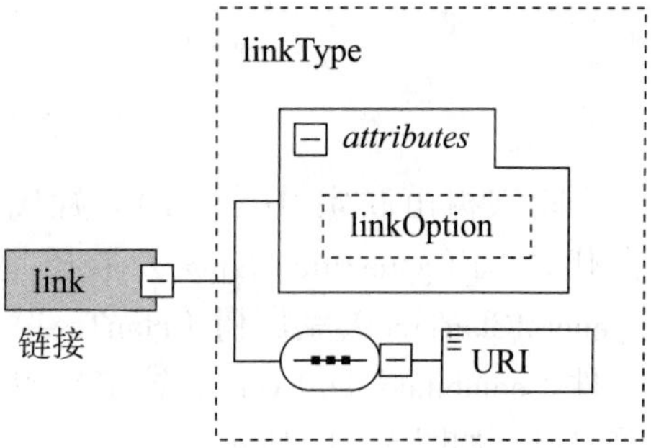

图 5－18　链接结构图

（4）来源子集

来源由来源 ID（SID）、标题（title）、创建者（creator）、主题（subject）、描述（description）、出版者（publisher）、出版地（publishPlace）、出版时间（publishTime）、版本（edition）、参与者（contributor）、日期（date）、类型（type）、格式（format）、识别符（identifier）、语言（language）、来源（source）、关联（relation）、范围（coverage）、版权（rights）、链接（link）等组成。如图 5 – 19 所示。

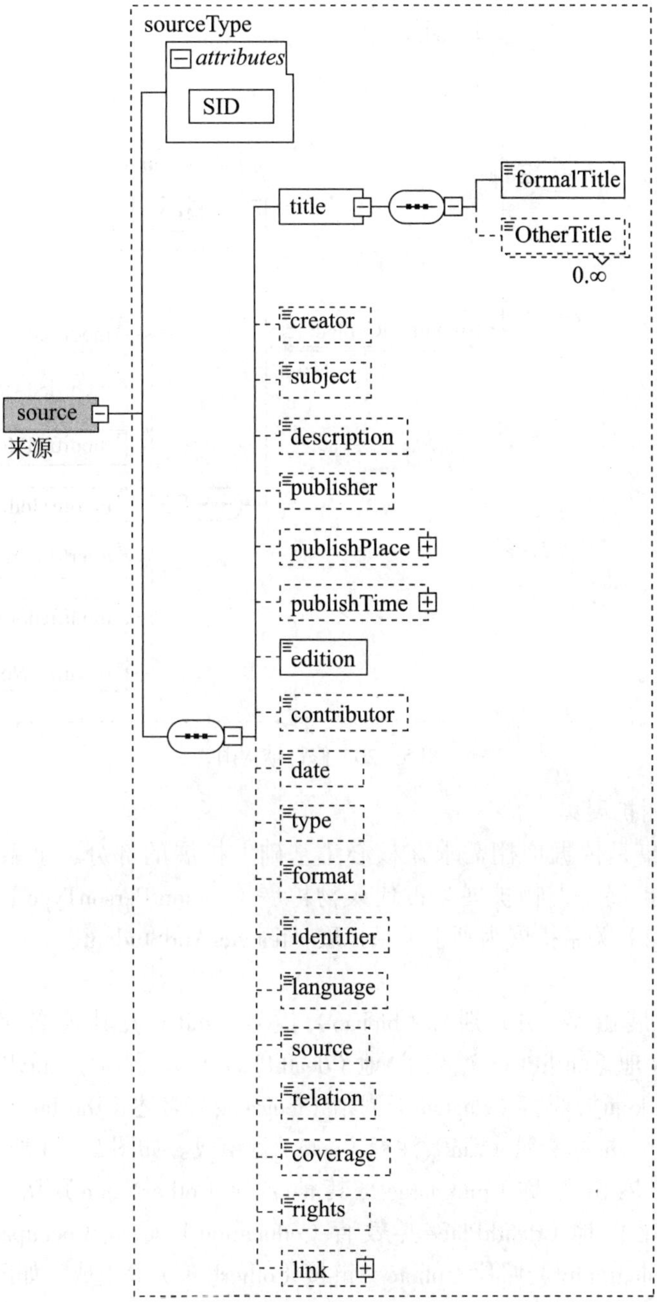

图 5 – 19　来源结构图

（5）修订子集

修订由修订者（modifier）、修订时间（modifiedTime）和修改内容（modifiedContent）组成。修改内容由修订内容 ID（MID）、修订元素（modifiedElement）、修订属性（modifiedAttribute）、修订方式（modifiedMode）、修订前内容（beforemodified）、修订后内容（aftermodified）、修订来源（modifiedSource）、注释（modifiedNote）等组成。如图 5－20 所示。

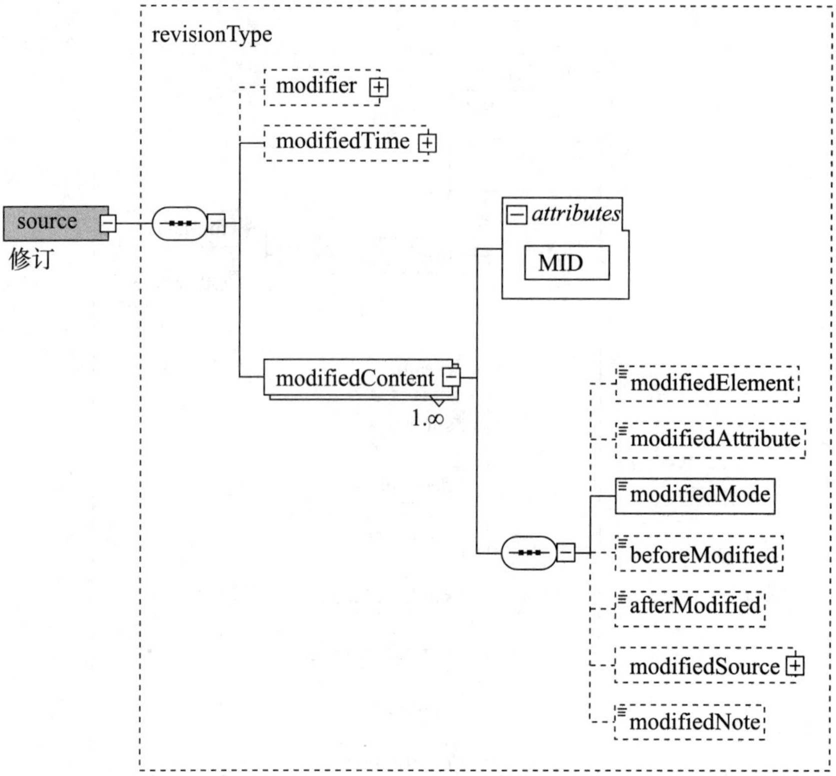

图 5－20　修订结构图

5. 3. 1. 2　世系树扩展集

世系树扩展集是依据应用需求在核心集基础上扩展的部分。世系树文件中定义了人物扩展和关系扩展。人物扩展为古代人物扩展（ancientPersonType）和现代人物扩展（modernPersonType），关系扩展为师生关系扩展（teacherAndStudent）。

（1）人物扩展

古代人物扩展由字（zi）、别号（biehao）、谥号（shihao）、其他名字（otherName）、籍贯（jiguan）、出生地（birthPlace）、死亡地（deathPlace）、埋葬地（buryPlace）、下葬时间（buryDate）、科举（keju）、职官（zhiguan）、封赠（fengzeng）、著述（zhushu）、传记（biography）、肖像（portrait）、传（zhuan）、赞（zan）、注释（note）等组成。如图 5－21 所示。

现代人物扩展由昵称（nickname）、其他名字（otherName）、籍贯（jiguan）、出生地（birthPlace）、死亡地（deathPlace）、教育（education）、职业（occupation）、联系方式（contact）、传记（biography）、照片（photo）、链接（otherlink）等组成。如图 5－22 所示。

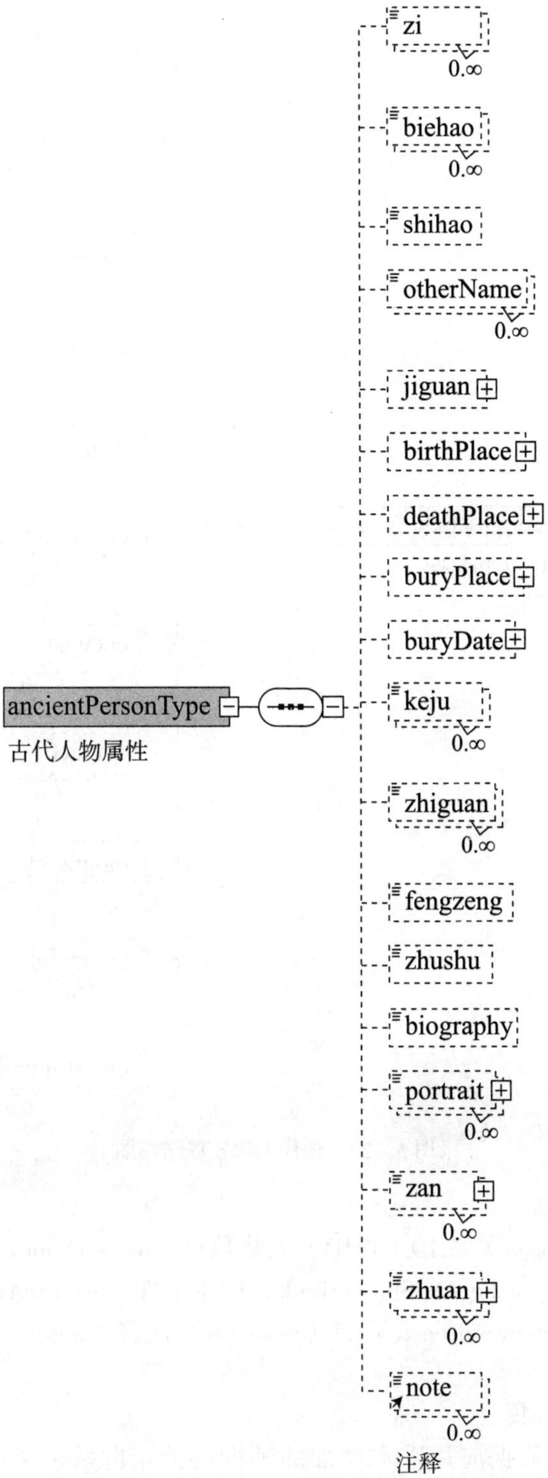

图 5－21　古代人物扩展结构图

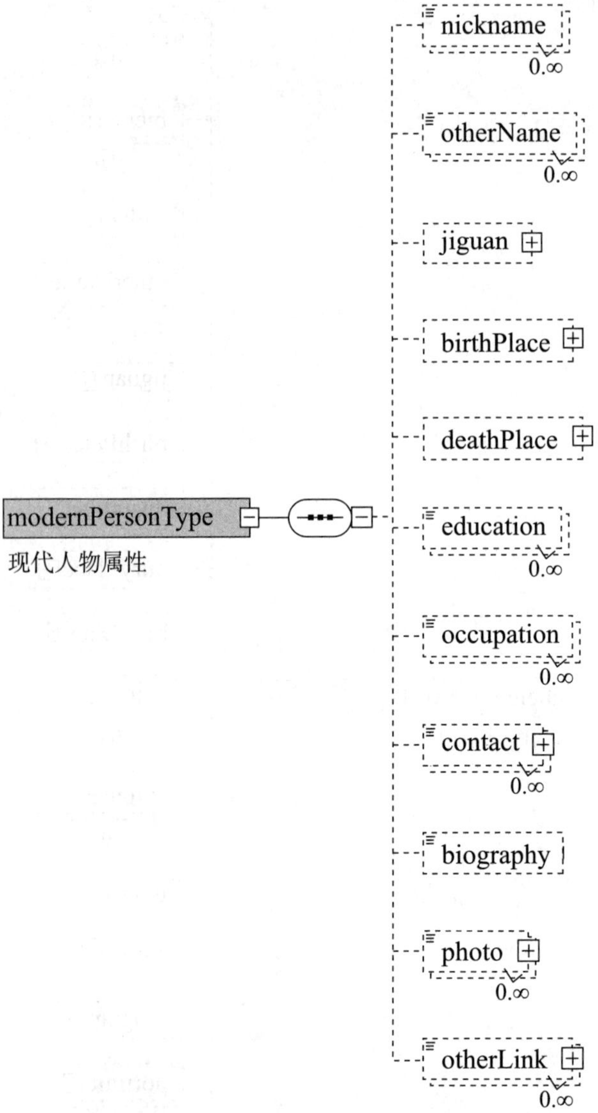

图 5－22　现代人物扩展结构图

（2）关系扩展

师生关系扩展由师生关系 ID（TSID）、人物数量（personNum）、老师（teacher）、学生（student）、师生链接（teacherAndStudentLink）、师生事件（teacherAndStudentEvent）、师生来源（teacherAndStudentSource）、修订（revision）、注释（note）等组成。如图 5－23 所示。

5. 3. 1. 3　世系树辅助集

世系树辅助集是依据应用需求增加的辅助部分。世系树文件中定义了时间子集（timeType）、空间子集（placeType）和外字描述子集（gaijiType）。

（1）时间子集

时间子集由时间描述（timeDescription）、西历时间（gregorianTime）和中国古代时间（chineseAncientTime）组成。西历时间和中国古代时间为结构化描述，时间描述为非结构化描述。西历时间由年（year）、月（month）、日（day）、小时（hour）、分钟（minute）、秒（second）等组成。中国古代时间由朝代（dynasty）、帝号（emperor）、年号（nianHao）、年次（yearNumber）、干支纪念（yearGanZhi）、农历月（chineseAncientMonth）、农历日（chineseAncientDay）、时辰（chineseAncientShi）、刻（chineseAncientKe）等组成。如图5-24所示。

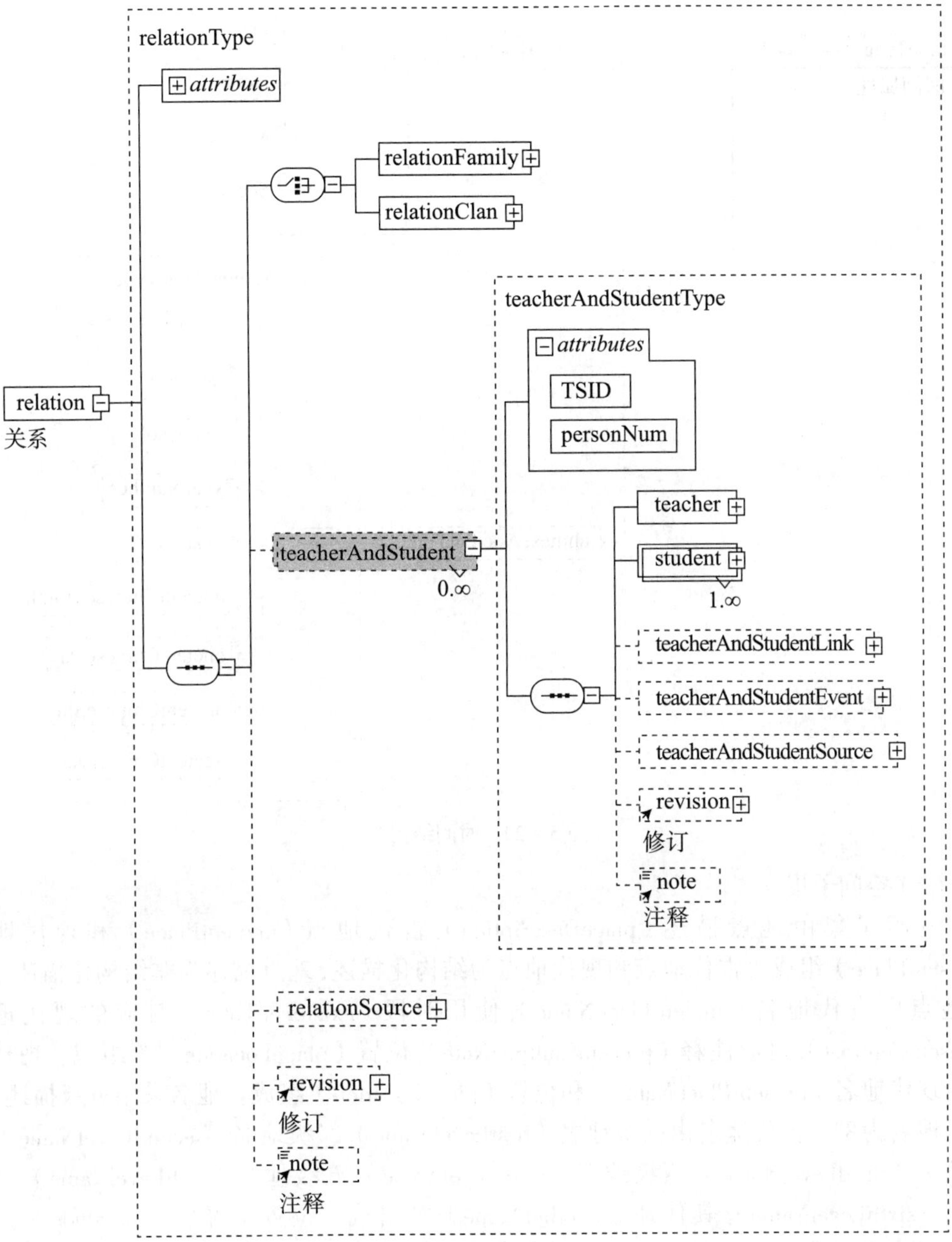

图5-23 师生关系扩展结构图

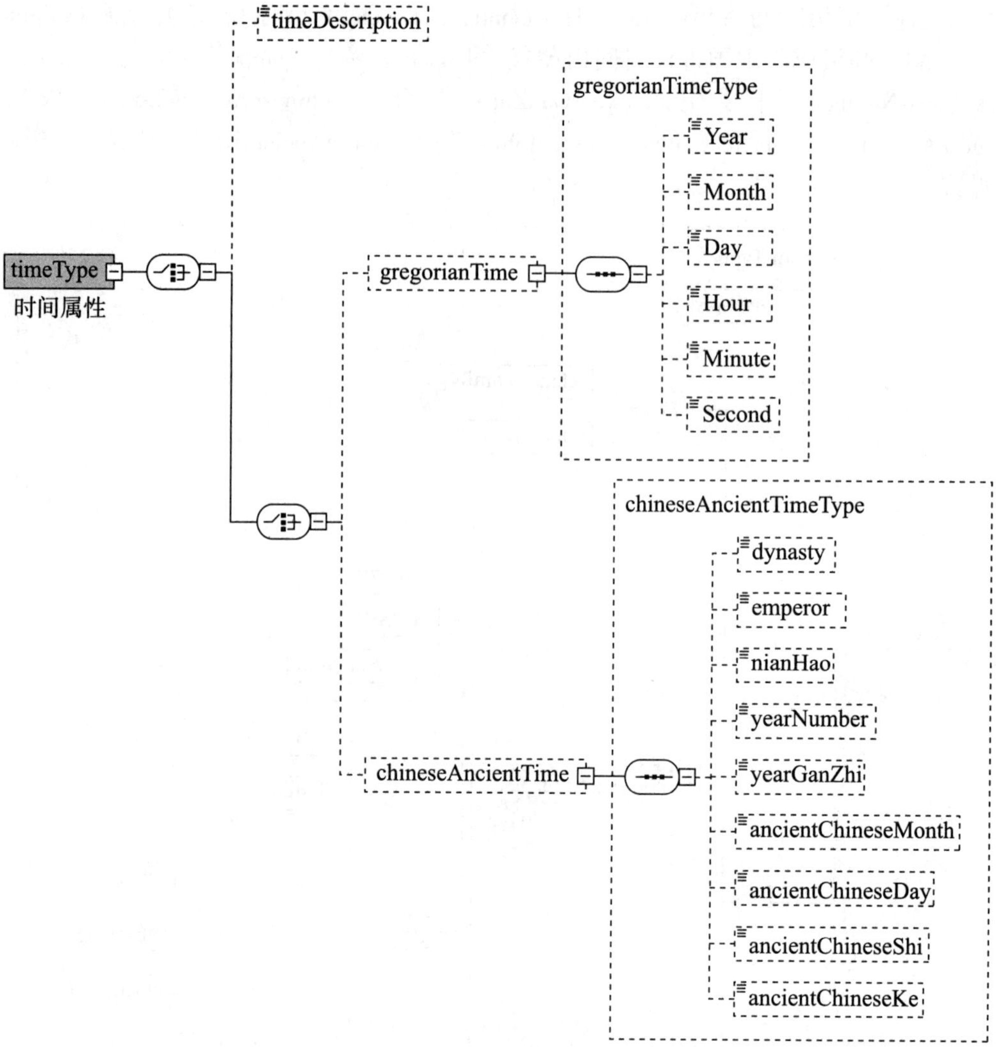

图 5－24　时间结构图

（2）空间子集

空间子集由地点描述（placeDescription）、古代地点（ancientPlace）和现代地点（presentPlace）组成。古代地点和现代地点为结构化描述，地点描述为非结构化描述。古代地点由古代地名（ancientPlaceName）、使用时段（existenceTime）、对应的现代地点（presentContrast）、对应注释（presentContrastNote）、位置（placeLocation）等组成。现代地点由现代地名（presentPlaceName）和位置（placeLocation）组成。地名采用分级描述，以古代地名为例。古代地名由一级地名（firstLevelName）、二级地名（secondLevelName）、三级地名（thirdLevelName）、四级地名（forthLevelName）、五级地名（fifthLevelName）、六级地名（sixthLevelName）、其他地名（otherName）等组成。位置由经度（longitude）、纬度（latitude）、海拔高度（elevation）、定位精度（locationGrade）等组成。如图 5－25 所示。

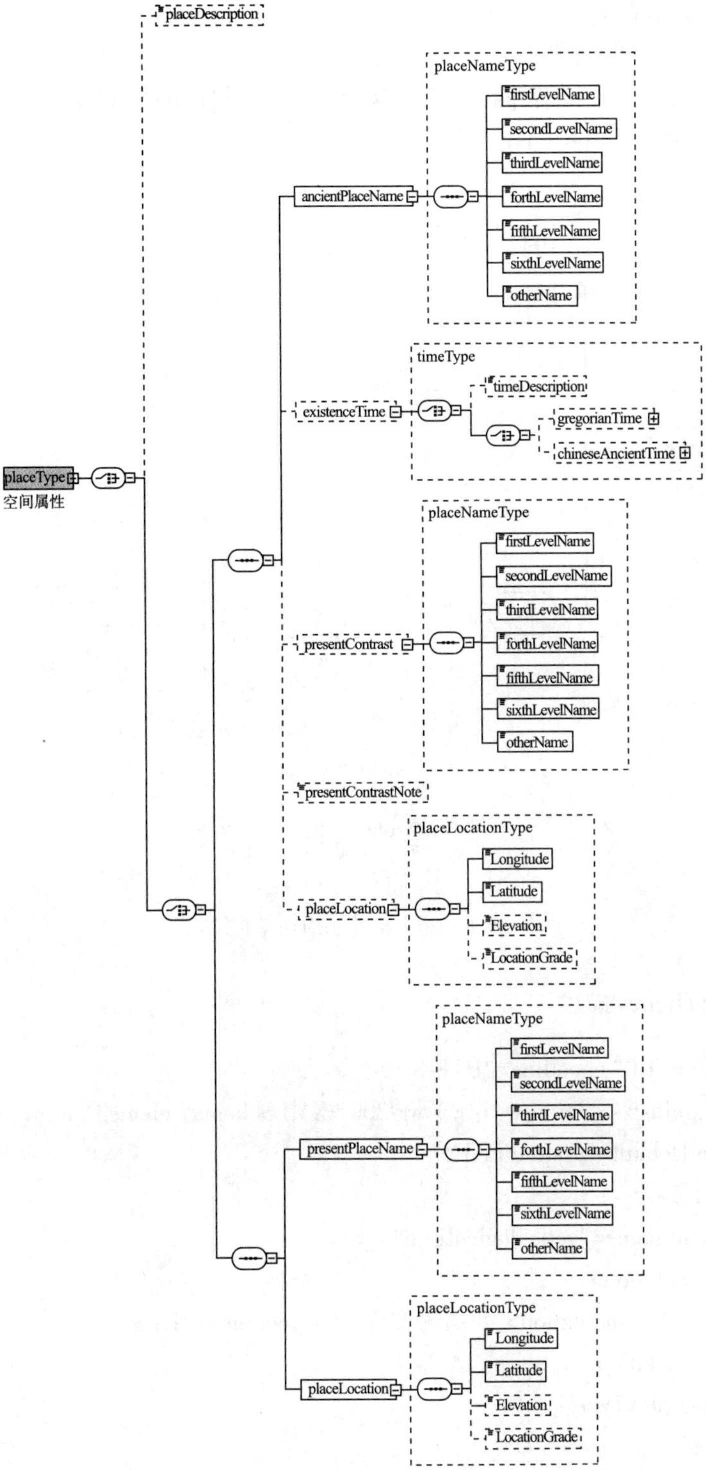

图 5－25　空间结构图

（3）集外字描述子集

集外字是字符集所不包含的文字，若不采用其他的技术和方法，集外字无法输入、处理和显示①。家谱中有大量集外字,且多为人名,不宜直接做文字认同,只能对集外字进行描述。集外字描述子集由集外字列表(gaijiList)和集外字(gaiji)组成。集外字列表由集外字数量(gaijiNum)和集外字组成。集外字由集外字ID(WID)、表意字符描述序列(IDS)、图像链接(imageRef)、图像位置(imagePosition)、注释(note)等组成。如图5-26所示。

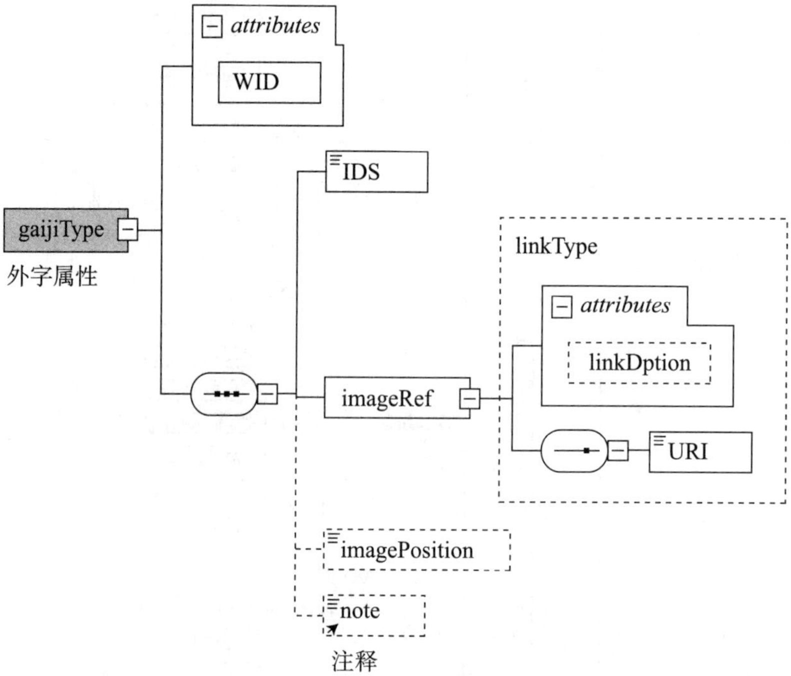

图5-26　集外字描述结构图

5.3.2　XML Schema 描述

```
<?xml version="1.0" encoding="UTF-8"?>
<xs:schema xmlns:xs="http://www.w3.org/2001/XMLSchema" elementFormDefault="qualified"
attributeFormDefault="unqualified">
    <!-- 根元素 -->
    <xs:element name="genealogicalFile">
        <xs:annotation>
            <xs:documentation> 世系树文件 </xs:documentation>
        </xs:annotation>
        <xs:complexType>
            <xs:sequence>
                <xs:element ref="fileHeader"/>
                <xs:element ref="relation"/>
                <xs:element name="personList">
```

```
        <xs:annotation>
            <xs:documentation> 人物列表 </xs:documentation>
        </xs:annotation>
        <xs:complexType>
            <xs:sequence>
                <xs:element ref="person" minOccurs="1" maxOccurs="unbounded"/>
            </xs:sequence>
            <xs:attribute name="personNum" type="xs:integer" use="required"/>
        </xs:complexType>
    </xs:element>
    <xs:element name="eventList" minOccurs="0">
        <xs:annotation>
            <xs:documentation> 事件列表 </xs:documentation>
        </xs:annotation>
        <xs:complexType>
            <xs:sequence>
                <xs:element name="event" type="eventType" minOccurs="1" max
            Occurs="unbounded"/>
            </xs:sequence>
            <xs:attribute name="eventNum" type="xs:integer" use="required"/>
        </xs:complexType>
    </xs:element>
    <xs:element name="sourceList">
        <xs:annotation>
            <xs:documentation> 来源列表 </xs:documentation>
        </xs:annotation>
        <xs:complexType>
            <xs:sequence>
                <xs:element name="source" type="sourceType" minOccurs="1" max
            Occurs="unbounded"/>
            </xs:sequence>
            <xs:attribute name="sourceNum" type="xs:integer" use="required"/>
        </xs:complexType>
    </xs:element>
    <xs:element name="gaijiList" minOccurs="0">
        <xs:annotation>
```

① 肖禹．古籍数字化中的集外字处理问题研究［J］．图书馆研究，2013（5）：28.

```
                <xs:documentation> 外字列表 </xs:documentation>
            </xs:annotation>
            <xs:complexType>
                <xs:sequence>
                    <xs:element name="gaiji" type="gaijiType" minOccurs="1" max
                Occurs="unbounded"/>
                </xs:sequence>
                <xs:attribute name="gaijiNum" type="xs:integer" use="required"/>
            </xs:complexType>
        </xs:element>
    </xs:sequence>
  </xs:complexType>
</xs:element>
<!-- 元素 -->
<xs:element name="fileHeader" type="fileHeaderType">
    <xs:annotation>
        <xs:documentation> 文件头 </xs:documentation>
    </xs:annotation>
</xs:element>
<xs:element name="combinedClanTree" type="combinedClanTreeType">
    <xs:annotation>
        <xs:documentation> 联宗树 </xs:documentation>
    </xs:annotation>
</xs:element>
<xs:element name="generalClanTree" type="generalClanTreeType">
    <xs:annotation>
        <xs:documentation> 统宗树 </xs:documentation>
    </xs:annotation>
</xs:element>
<xs:element name="clanTree" type="clanTreeType">
    <xs:annotation>
        <xs:documentation> 宗族树 </xs:documentation>
    </xs:annotation>
</xs:element>
<xs:element name="family" type="familyType">
    <xs:annotation>
        <xs:documentation> 家庭 </xs:documentation>
    </xs:annotation>
</xs:element>
```

```
<xs:element name="relation" type="relationType">
    <xs:annotation>
        <xs:documentation> 关系 </xs:documentation>
    </xs:annotation>
</xs:element>
<xs:element name="person" type="personType">
    <xs:annotation>
        <xs:documentation> 人物 </xs:documentation>
    </xs:annotation>
</xs:element>
<xs:element name="link" type="linkType">
    <xs:annotation>
        <xs:documentation> 链接 </xs:documentation>
    </xs:annotation>
</xs:element>
<xs:element name="source" type="sourceType">
    <xs:annotation>
        <xs:documentation> 来源 </xs:documentation>
    </xs:annotation>
</xs:element>
<xs:element name="note" type="xs:string">
    <xs:annotation>
        <xs:documentation> 注释 </xs:documentation>
    </xs:annotation>
</xs:element>
<xs:element name="revision" type="revisionType">
    <xs:annotation>
        <xs:documentation> 修订 </xs:documentation>
    </xs:annotation>
</xs:element>
<xs:element name="rootNode">
    <xs:annotation>
        <xs:documentation> 根节点 </xs:documentation>
    </xs:annotation>
    <xs:complexType>
        <xs:attribute name="RID" type="xs:ID" use="required"/>
    </xs:complexType>
</xs:element>
<xs:element name="unknownNode">
```

```
        <xs:annotation>
            <xs:documentation> 未知节点 </xs:documentation>
        </xs:annotation>
        <xs:complexType>
            <xs:attribute name="PID" type="xs:IDREF" use="required"/>
            <xs:attribute name="generation" type="xs:string"/>
            <xs:attribute name="branch" type="xs:string"/>
        </xs:complexType>
    </xs:element>
    <!-- 属性 -->
    <xs:complexType name="fileHeaderType">
        <xs:annotation>
            <xs:documentation> 文件头属性 </xs:documentation>
        </xs:annotation>
        <xs:sequence>
            <xs:element name="title" type="xs:string">
                <xs:annotation>
                    <xs:documentation> 文件名 </xs:documentation>
                </xs:annotation>
            </xs:element>
            <xs:element name="version" type="xs:string" default="1.0" minOccurs="0">
                <xs:annotation>
                    <xs:documentation> 版本 </xs:documentation>
                </xs:annotation>
            </xs:element>
            <xs:element name="language" type="xs:string" minOccurs="0">
                <xs:annotation>
                    <xs:documentation> 语言 </xs:documentation>
                </xs:annotation>
            </xs:element>
            <xs:element name="characterSet" type="xs:string" minOccurs="0">
                <xs:annotation>
                    <xs:documentation> 字符集 </xs:documentation>
                </xs:annotation>
            </xs:element>
            <xs:element name="size" type="xs:string">
                <xs:annotation>
                    <xs:documentation> 文件大小 </xs:documentation>
                </xs:annotation>
```

```
</xs:element>
<xs:element name="abstract" type="xs:string" minOccurs="0">
    <xs:annotation>
        <xs:documentation> 内容摘要 </xs:documentation>
    </xs:annotation>
</xs:element>
<xs:element name="fileCreate" minOccurs="0">
    <xs:annotation>
        <xs:documentation> 文件创建 </xs:documentation>
    </xs:annotation>
    <xs:complexType>
        <xs:sequence>
            <xs:element name="creator" type="xs:string" minOccurs="0"/>
            <xs:element name="createdTime" type="timeType" minOccurs="0"/>
            <xs:element name="createdTool" type="xs:string" minOccurs="0"/>
            <xs:element name="createdNote" type="xs:string" minOccurs="0"/>
        </xs:sequence>
    </xs:complexType>
</xs:element>
<xs:element name="fileModify" minOccurs="0" maxOccurs="unbounded">
    <xs:annotation>
        <xs:documentation> 文件修改 </xs:documentation>
    </xs:annotation>
    <xs:complexType>
        <xs:sequence>
            <xs:element name="modifier" type="xs:string" minOccurs="0"/>
            <xs:element name="modifiedTime" type="timeType" minOccurs="0"/>
            <xs:element name="modifiedTool" type="xs:string" minOccurs="0"/>
            <xs:element name="modifiedNote" type="xs:string" minOccurs="0"/>
        </xs:sequence>
    </xs:complexType>
</xs:element>
<xs:element name="fileRelease" minOccurs="0">
    <xs:annotation>
        <xs:documentation> 文件发布 </xs:documentation>
    </xs:annotation>
    <xs:complexType>
        <xs:sequence>
            <xs:element name="releaser" type="xs:string" minOccurs="0"/>
```

```
                <xs:element name="releasedTime" type="timeType" minOccurs="0"/>
                <xs:element name="releasedPlatform" type="xs:string" minOccurs="0"/>
                <xs:element name="releasedNote" type="xs:string" minOccurs="0"/>
            </xs:sequence>
        </xs:complexType>
    </xs:element>
    <xs:element name="contact" type="contactType" minOccurs="0">
        <xs:annotation>
            <xs:documentation> 联系方式 </xs:documentation>
        </xs:annotation>
    </xs:element>
    <xs:element name="copyrightInfo" type="xs:string" minOccurs="0">
        <xs:annotation>
            <xs:documentation> 版权信息 </xs:documentation>
        </xs:annotation>
    </xs:element>
    <xs:element name="fileNote" type="xs:string" minOccurs="0">
        <xs:annotation>
            <xs:documentation> 文件备注 </xs:documentation>
        </xs:annotation>
    </xs:element>
  </xs:sequence>
</xs:complexType>
<xs:complexType name="personType">
    <xs:annotation>
        <xs:documentation> 人物属性 </xs:documentation>
    </xs:annotation>
    <xs:sequence>
        <xs:element name="nameInGenealogy" type="xs:string"/>
        <xs:element name="personCore">
            <xs:complexType>
                <xs:sequence>
                    <xs:element name="surname" type="xs:string" minOccurs="0"/>
                    <xs:element name="firstname" type="xs:string" minOccurs="0"/>
                    <xs:element name="gender" type="genderType"/>
                    <xs:element name="nationality" type="xs:string" minOccurs="0"/>
                    <xs:element name="citizenship" type="xs:string" minOccurs="0"/>
                    <xs:element name="birthday" type="timeType" minOccurs="0"/>
                    <xs:element name="deathDate" type="timeType" minOccurs="0"/>
```

```
            </xs:sequence>
        </xs:complexType>
    </xs:element>
    <xs:choice>
        <xs:element name="personInfo" type="xs:string" minOccurs="0"/>
        <xs:choice>
            <xs:element name="personExtendAncient" type="ancientPersonType" min
        Occurs="0"/>
            <xs:element name="personExtendModern" type="modernPersonType" min
        Occurs="0"/>
        </xs:choice>
    </xs:choice>
    <xs:element name="personSource" minOccurs="0">
        <xs:complexType>
            <xs:choice>
                <xs:element name="sourceDescription" type="xs:string" minOccurs="0"
            maxOccurs="unbounded"/>
                <xs:element name="sourceRef" type="refIdType" minOccurs="0" max
            Occurs="unbounded"/>
            </xs:choice>
        </xs:complexType>
    </xs:element>
    <xs:element ref="revision" minOccurs="0"/>
    <xs:element ref="note" minOccurs="0"/>
</xs:sequence>
<xs:attribute name="PID" type="xs:ID" use="required"/>
</xs:complexType>
<xs:complexType name="relationType">
<xs:annotation>
    <xs:documentation> 关系属性 </xs:documentation>
</xs:annotation>
<xs:sequence>
    <xs:choice>
        <xs:element name="relationFamily">
            <xs:complexType>
                <xs:sequence>
                    <xs:element ref="family" minOccurs="1" maxOccurs="unbounded"/>
                </xs:sequence>
                <xs:attribute name="personNum" type="xs:integer" use="required"/>
```

```
            </xs:complexType>
        </xs:element>
        <xs:element name="relationClan">
            <xs:complexType>
                <xs:sequence>
                    <xs:element ref="clanTree" minOccurs="0" maxOccurs="unbounded"/>
                    <xs:element ref="generalClanTree" minOccurs="0" maxOccurs=
                "unbounded"/>
                    <xs:element ref="combinedClanTree" minOccurs="0" maxOccurs=
                "unbounded"/>
                </xs:sequence>
                <xs:attribute name="personNum" type="xs:integer" use="required"/>
            </xs:complexType>
        </xs:element>
    </xs:choice>
    <xs:element name="teacherAndStudent" type="teacherAndStudentType" min
    Occurs="0" maxOccurs="unbounded"/>
    <xs:element name="relationSource" minOccurs="0">
        <xs:complexType>
            <xs:choice>
                <xs:element name="sourceDescription" type="xs:string" minOccurs="0"
            maxOccurs="unbounded"/>
                <xs:element name="sourceRef" type="refIdType" minOccurs="0" max
            Occurs="unbounded"/>
            </xs:choice>
        </xs:complexType>
    </xs:element>
    <xs:element ref="revision" minOccurs="0"/>
    <xs:element ref="note" minOccurs="0"/>
  </xs:sequence>
  <xs:attribute name="RID" type="xs:ID" use="required"/>
  <xs:attribute name="familyNum" type="xs:integer" use="required"/>
  <xs:attribute name="clanNum" type="xs:integer" use="required"/>
  <xs:attribute name="generalClanNum" type="xs:integer" use="required"/>
  <xs:attribute name="combinedClanNum" type="xs:integer" use="required"/>
  <xs:attribute name="teacherAndStudentNum" type="xs:integer" use="required"/>
</xs:complexType>
<xs:complexType name="familyType">
  <xs:annotation>
```

```
        <xs:documentation> 家庭属性 </xs:documentation>
    </xs:annotation>
    <xs:sequence>
        <xs:element name="husband">
            <xs:complexType>
                <xs:sequence>
                    <xs:element name="husbandRef" type="refIdType"/>
                </xs:sequence>
            </xs:complexType>
        </xs:element>
        <xs:element name="wife" minOccurs="0" maxOccurs="unbounded">
            <xs:complexType>
                <xs:sequence>
                    <xs:element name="wifeRefs" minOccurs="0">
                        <xs:complexType>
                            <xs:sequence>
                                <xs:element name="wifeRef" type="refIdType"/>
                            </xs:sequence>
                            <xs:attribute name="wifeRank" type="wifeOptionType" use=
                        "optional"/>
                        </xs:complexType>
                    </xs:element>
                </xs:sequence>
                <xs:attribute name="wifeOrder" type="xs:integer" use="required"/>
            </xs:complexType>
        </xs:element>
        <xs:element name="child" minOccurs="0" maxOccurs="unbounded">
            <xs:complexType>
                <xs:sequence>
                    <xs:element name="childRefs" minOccurs="0" maxOccurs="unbounded">
                        <xs:complexType>
                            <xs:sequence>
                                <xs:element name="childRef" type="refIdType"/>
                                <xs:element name="chengSi" type="chengSiType" min
                            Occurs="0"/>
                            </xs:sequence>
                            <xs:attribute name="childOrder" type="xs:integer" use="required"/>
                        </xs:complexType>
                    </xs:element>
```

```
                </xs:sequence>
                <xs:attribute name="motherRef" type="xs:IDREF" use="optional"/>
            </xs:complexType>
        </xs:element>
        <xs:element name="familyLink" minOccurs="0">
            <xs:complexType>
                <xs:sequence>
                    <xs:element name="husbandFamilyRef" minOccurs="0" maxOccurs=
                "unbounded">
                        <xs:complexType>
                            <xs:sequence>
                                <xs:element name="linkSourceRef" type="refIdType"/>
                                <xs:element name="linkTargetRef" type="refIdType"/>
                            </xs:sequence>
                        </xs:complexType>
                    </xs:element>
                    <xs:element name="wifeFamilyRef" minOccurs="0" maxOccurs=
                "unbounded">
                        <xs:complexType>
                            <xs:sequence>
                                <xs:element name="linkSourceRef" type="refIdType"/>
                                <xs:element name="linkTargetRef" type="refIdType"/>
                            </xs:sequence>
                        </xs:complexType>
                    </xs:element>
                    <xs:element name="childFamilyRef" minOccurs="0" maxOccurs=
                "unbounded">
                        <xs:complexType>
                            <xs:sequence>
                                <xs:element name="linkSourceRef" type="refIdType"/>
                                <xs:element name="linkTargetRef" type="refIdType"/>
                            </xs:sequence>
                        </xs:complexType>
                    </xs:element>
                </xs:sequence>
            </xs:complexType>
        </xs:element>
        <xs:element name="familyEvent" minOccurs="0">
            <xs:complexType>
```

```
                <xs:choice>
                    <xs:element name="eventDescription" type="xs:string" minOccurs="0"
                maxOccurs="unbounded"/>
                    <xs:element name="eventRef" type="refIdType" minOccurs="0" max
                Occurs="unbounded"/>
                </xs:choice>
            </xs:complexType>
        </xs:element>
        <xs:element name="familySource" minOccurs="0">
            <xs:complexType>
                <xs:choice>
                    <xs:element name="sourceDescription" type="xs:string" minOccurs="0"
                maxOccurs="unbounded"/>
                    <xs:element name="sourceRef" type="refIdType" minOccurs="0" max
                Occurs="unbounded"/>
                </xs:choice>
            </xs:complexType>
        </xs:element>
        <xs:element ref="revision" minOccurs="0"/>
        <xs:element ref="note" minOccurs="0"/>
    </xs:sequence>
    <xs:attribute name="FID" type="xs:ID" use="required"/>
    <xs:attribute name="generation" type="xs:string"/>
    <xs:attribute name="branch" type="xs:string"/>
</xs:complexType>
<xs:complexType name="clanTreeType">
    <xs:annotation>
        <xs:documentation> 宗族树属性 </xs:documentation>
    </xs:annotation>
    <xs:sequence>
        <xs:element name="clanNode" minOccurs="2" maxOccurs="unbounded">
            <xs:complexType>
                <xs:sequence>
                    <xs:element name="fatherRef" type="refIdType"/>
                    <xs:element name="motherRef" type="refIdType" minOccurs="0"/>
                    <xs:element name="wifeRefs" minOccurs="0" maxOccurs="unbounded">
                        <xs:complexType>
                            <xs:sequence>
                                <xs:element name="wifeRef" type="refIdType"/>
```

```
                </xs:sequence>
                <xs:attribute name="wifeOrder" type="xs:integer" use="required"/>
                <xs:attribute name="wifeRank" type="wifeOptionType" use=
            "optional"/>
            </xs:complexType>
        </xs:element>
        <xs:element name="childRefs" minOccurs="0" maxOccurs="unbounded">
            <xs:complexType>
                <xs:sequence>
                    <xs:element name="childRef" type="refIdType"/>
                    <xs:element name="chengSi" type="chengSiType" min
                Occurs="0"/>
                </xs:sequence>
                <xs:attribute name="childOrder" type="xs:integer" use="required"/>
                <xs:attribute name="target" type="targetOptionType" use="optional"/>
                <xs:attribute name="motherRef" type="xs:IDREF" use="optional"/>
            </xs:complexType>
        </xs:element>
    </xs:sequence>
    <xs:attribute name="PID" type="xs:IDREF" use="required"/>
    <xs:attribute name="generation" type="xs:string"/>
    <xs:attribute name="branch" type="xs:string"/>
</xs:complexType>
</xs:element>
<xs:element ref="unknownNode" minOccurs="0" maxOccurs="unbounded"/>
<xs:element ref="rootNode"/>
<xs:element name="virtualNode" minOccurs="0" maxOccurs="unbounded">
    <xs:complexType>
        <xs:attribute name="virtualNodeOption" type="virtualNodeOptionType" use=
    "required"/>
        <xs:attribute name="VID" type="xs:ID" use="required"/>
    </xs:complexType>
</xs:element>
<xs:element name="clanEvent" minOccurs="0">
    <xs:complexType>
        <xs:choice>
            <xs:element name="eventDescription" type="xs:string" minOccurs="0"
        maxOccurs="unbounded"/>
            <xs:element name="eventRef" type="refIdType" minOccurs="0" max
```

```
                Occurs="unbounded"/>
                </xs:choice>
            </xs:complexType>
        </xs:element>
        <xs:element name="clanSource" minOccurs="0">
            <xs:complexType>
                <xs:choice>
                    <xs:element name="sourceDescription" type="xs:string" minOccurs="0"
                maxOccurs="unbounded"/>
                    <xs:element name="sourceRef" type="refIdType" minOccurs="0" max
                Occurs="unbounded"/>
                </xs:choice>
            </xs:complexType>
        </xs:element>
        <xs:element ref="revision" minOccurs="0"/>
        <xs:element ref="note" minOccurs="0"/>
    </xs:sequence>
    <xs:attribute name="CID" type="xs:ID" use="required"/>
    <xs:attribute name="surname" type="xs:string" use="required"/>
    <xs:attribute name="originalPlace" type="xs:string" use="optional"/>
    <xs:attribute name="hallName" type="xs:string" use="optional"/>
    <xs:attribute name="generationRange" type="xs:string" use="required"/>
    <xs:attribute name="branch" type="xs:string" use="required"/>
    <xs:attribute name="firstAncestor" type="xs:string" use="required"/>
    <xs:attribute name="scatteredPlace" type="xs:string" use="optional"/>
    <xs:attribute name="personNum" type="xs:integer" use="required"/>
</xs:complexType>
<xs:complexType name="generalClanTreeType">
    <xs:annotation>
        <xs:documentation> 统宗树属性 </xs:documentation>
    </xs:annotation>
    <xs:sequence>
        <xs:element name="clanTree" minOccurs="2" maxOccurs="unbounded">
            <xs:complexType>
                <xs:sequence>
                    <xs:element name="linkSourceRef" type="refIdType" minOccurs="0"/>
                    <xs:element name="linkTargetRef" type="refIdType" minOccurs="0"/>
                    <xs:element ref="note" minOccurs="0"/>
                </xs:sequence>
```

```
                <xs:attribute name="CID" type="xs:IDREF" use="required"/>
                <xs:attribute name="generationRange" type="xs:string" use="required"/>
                <xs:attribute name="branch" type="xs:string" use="required"/>
                <xs:attribute name="firstAncestor" type="xs:string" use="required"/>
            </xs:complexType>
        </xs:element>
        <xs:element ref="unknownNode" minOccurs="0" maxOccurs="unbounded"/>
        <xs:element ref="rootNode"/>
        <xs:element name="generalClanEvent" minOccurs="0">
            <xs:complexType>
                <xs:choice>
                    <xs:element name="eventDescription" type="xs:string" minOccurs="0"
                maxOccurs="unbounded"/>
                    <xs:element name="eventRef" type="refIdType" minOccurs="0" max
                Occurs="unbounded"/>
                </xs:choice>
            </xs:complexType>
        </xs:element>
        <xs:element name="generalClanSource" minOccurs="0">
            <xs:complexType>
                <xs:choice>
                    <xs:element name="sourceDescription" type="xs:string" minOccurs="0"
                maxOccurs="unbounded"/>
                    <xs:element name="sourceRef" type="refIdType" minOccurs="0" max
                Occurs="unbounded"/>
                </xs:choice>
            </xs:complexType>
        </xs:element>
        <xs:element ref="revision" minOccurs="0"/>
        <xs:element ref="note" minOccurs="0"/>
    </xs:sequence>
    <xs:attribute name="GCID" type="xs:ID" use="required"/>
    <xs:attribute name="surname" type="xs:string" use="required"/>
    <xs:attribute name="originalPlace" type="xs:string" use="optional"/>
    <xs:attribute name="hallName" type="xs:string" use="optional"/>
    <xs:attribute name="generationRange" type="xs:string" use="required"/>
    <xs:attribute name="scatteredPlace" type="xs:string" use="required"/>
    <xs:attribute name="personNum" type="xs:integer" use="required"/>
</xs:complexType>
```

```
<xs:complexType name="combinedClanTreeType">
    <xs:annotation>
        <xs:documentation> 联宗树属性 </xs:documentation>
    </xs:annotation>
    <xs:sequence>
        <xs:element name="generalClanTree" minOccurs="0" maxOccurs="unbounded">
            <xs:complexType>
                <xs:sequence>
                    <xs:element name="linkSourceRef" type="refIdType" minOccurs="0"/>
                    <xs:element name="linkTargetRef" type="refIdType" minOccurs="0"/>
                    <xs:element ref="note" minOccurs="0"/>
                </xs:sequence>
                <xs:attribute name="GCID" type="xs:IDREF" use="required"/>
                <xs:attribute name="surname" type="xs:string" use="required"/>
                <xs:attribute name="scatteredPlace" type="xs:string" use="required"/>
                <xs:attribute name="generationRange" type="xs:string" use="required"/>
                <xs:attribute name="branch" type="xs:string" use="required"/>
                <xs:attribute name="firstAncestor" type="xs:string" use="required"/>
            </xs:complexType>
        </xs:element>
        <xs:element name="clanTree" minOccurs="0" maxOccurs="unbounded">
            <xs:complexType>
                <xs:sequence>
                    <xs:element name="linkTo" type="refIdType"/>
                    <xs:element name="linkNode" type="xs:IDREF" minOccurs="0"/>
                    <xs:element ref="note" minOccurs="0"/>
                </xs:sequence>
                <xs:attribute name="CID" type="xs:IDREF" use="required"/>
                <xs:attribute name="surname" type="xs:string" use="required"/>
                <xs:attribute name="scatteredPlace" type="xs:string" use="required"/>
                <xs:attribute name="generationRange" type="xs:string" use="required"/>
                <xs:attribute name="branch" type="xs:string" use="required"/>
                <xs:attribute name="firstAncestor" type="xs:string" use="required"/>
            </xs:complexType>
        </xs:element>
        <xs:element ref="unknownNode" minOccurs="0" maxOccurs="unbounded"/>
        <xs:element ref="rootNode"/>
        <xs:element name="combinedClanEvent" minOccurs="0">
            <xs:complexType>
```

```
                <xs:choice>
                    <xs:element name="eventDescription" type="xs:string" minOccurs="0" maxOccurs="unbounded"/>
                    <xs:element name="eventRef" type="refIdType" minOccurs="0" maxOccurs="unbounded"/>
                </xs:choice>
            </xs:complexType>
        </xs:element>
        <xs:element name="combinedClanSource" minOccurs="0">
            <xs:complexType>
                <xs:choice>
                    <xs:element name="sourceDescription" type="xs:string" minOccurs="0" maxOccurs="unbounded"/>
                    <xs:element name="sourceRef" type="refIdType" minOccurs="0" maxOccurs="unbounded"/>
                </xs:choice>
            </xs:complexType>
        </xs:element>
        <xs:element ref="revision" minOccurs="0"/>
        <xs:element ref="note" minOccurs="0"/>
    </xs:sequence>
    <xs:attribute name="CCID" type="xs:ID" use="required"/>
    <xs:attribute name="surname" type="xs:string" use="required"/>
    <xs:attribute name="originalPlace" type="xs:string" use="optional"/>
    <xs:attribute name="hallName" type="xs:string" use="optional"/>
    <xs:attribute name="generationRange" type="xs:string" use="required"/>
    <xs:attribute name="scatteredPlace" type="xs:string" use="required"/>
    <xs:attribute name="personNum" type="xs:integer" use="required"/>
</xs:complexType>
<xs:complexType name="teacherAndStudentType">
    <xs:annotation>
        <xs:documentation> 师生关系属性 </xs:documentation>
    </xs:annotation>
    <xs:sequence>
        <xs:element name="teacher">
            <xs:complexType>
                <xs:sequence>
                    <xs:element name="teacherRef" type="refIdType"/>
                </xs:sequence>
```

```
    </xs:complexType>
</xs:element>
<xs:element name="student" minOccurs="1" maxOccurs="unbounded">
    <xs:complexType>
        <xs:sequence>
            <xs:element name="studentRefs" minOccurs="1">
                <xs:complexType>
                    <xs:sequence>
                        <xs:element name="studentRef" type="refIdType"/>
                    </xs:sequence>
                    <xs:attribute name="studentOrder" type="xs:integer" use=
                "required"/>
                    <xs:attribute name="studentNote" type="xs:string" use=
                "optional"/>
                </xs:complexType>
            </xs:element>
        </xs:sequence>
    </xs:complexType>
</xs:element>
<xs:element name="teacherAndStudentLink" minOccurs="0">
    <xs:complexType>
        <xs:sequence>
            <xs:element name="teacherLinkRef" type="refIdType" minOccurs="0"
        maxOccurs="unbounded"/>
            <xs:element name="studentLinkRef" type="refIdType" minOccurs="0"
        maxOccurs="unbounded"/>
        </xs:sequence>
    </xs:complexType>
</xs:element>
<xs:element name="teacherAndStudentEvent" minOccurs="0">
    <xs:complexType>
        <xs:choice>
            <xs:element name="eventDescription" type="xs:string" minOccurs="0"
        maxOccurs="unbounded"/>
            <xs:element name="eventRef" type="refIdType" minOccurs="0" max
        Occurs="unbounded"/>
        </xs:choice>
    </xs:complexType>
</xs:element>
```

```
            <xs:element name="teacherAndStudentSource" minOccurs="0">
                <xs:complexType>
                    <xs:choice>
                        <xs:element name="sourceDescription" type="xs:string" minOccurs="0"
                    maxOccurs="unbounded"/>
                        <xs:element name="sourceRef" type="refIdType" minOccurs="0" max
                    Occurs="unbounded"/>
                    </xs:choice>
                </xs:complexType>
            </xs:element>
            <xs:element ref="revision" minOccurs="0"/>
            <xs:element ref="note" minOccurs="0"/>
        </xs:sequence>
        <xs:attribute name="TSID" type="xs:ID" use="required"/>
        <xs:attribute name="personNum" type="xs:integer" use="required"/>
    </xs:complexType>
    <xs:complexType name="sourceType">
        <xs:annotation>
            <xs:documentation> 来源属性 </xs:documentation>
        </xs:annotation>
        <xs:sequence>
            <xs:element name="title">
                <xs:complexType>
                    <xs:sequence>
                        <xs:element name="formalTitle" type="xs:string"/>
                        <xs:element name="OtherTitle" type="xs:string" minOccurs="0" max
                    Occurs="unbounded"/>
                    </xs:sequence>
                </xs:complexType>
            </xs:element>
            <xs:element name="creator" type="xs:string" minOccurs="0"/>
            <xs:element name="subject" type="xs:string" minOccurs="0"/>
            <xs:element name="description" type="xs:string" minOccurs="0"/>
            <xs:element name="publisher" type="xs:string" minOccurs="0"/>
            <xs:element name="publishPlace" type="placeType" minOccurs="0"/>
            <xs:element name="publishTime" type="timeType" minOccurs="0"/>
            <xs:element name="edition" type="xs:string"/>
            <xs:element name="contributor" type="xs:string" minOccurs="0"/>
            <xs:element name="date" type="xs:string" minOccurs="0"/>
```

```
        <xs:element name="type" type="xs:string" minOccurs="0"/>
        <xs:element name="format" type="xs:string" minOccurs="0"/>
        <xs:element name="identifier" type="xs:string" minOccurs="0"/>
        <xs:element name="language" type="xs:string" minOccurs="0"/>
        <xs:element name="source" type="xs:string" minOccurs="0"/>
        <xs:element name="relation" type="xs:string" minOccurs="0"/>
        <xs:element name="coverage" type="xs:string" minOccurs="0"/>
        <xs:element name="rights" type="xs:string" minOccurs="0"/>
        <xs:element name="link" type="linkType" minOccurs="0"/>
    </xs:sequence>
    <xs:attribute name="SID" type="xs:ID" use="required"/>
</xs:complexType>
<xs:complexType name="eventType">
    <xs:annotation>
        <xs:documentation> 事件属性 </xs:documentation>
    </xs:annotation>
    <xs:sequence>
        <xs:element name="participants" minOccurs="0">
            <xs:complexType>
                <xs:sequence>
                    <xs:element name="participantRef" type="refIdType" minOccurs="0"
                maxOccurs="unbounded"/>
                </xs:sequence>
            </xs:complexType>
        </xs:element>
        <xs:element name="time" type="timeType" minOccurs="0"/>
        <xs:element name="place" type="placeType" minOccurs="0"/>
        <xs:element name="detail" type="xs:string" minOccurs="0"/>
        <xs:element name="eventSource" minOccurs="0">
            <xs:complexType>
                <xs:choice>
                    <xs:element name="sourceDescription" type="xs:string" minOccurs="0"
                maxOccurs="unbounded"/>
                    <xs:element name="sourceRef" type="refIdType" minOccurs="0" max
                Occurs="unbounded"/>
                </xs:choice>
            </xs:complexType>
        </xs:element>
        <xs:element ref="revision" minOccurs="0"/>
```

```
        <xs:element ref="note" minOccurs="0"/>
    </xs:sequence>
    <xs:attribute name="EID" type="xs:ID" use="required"/>
</xs:complexType>
<xs:complexType name="linkType">
    <xs:annotation>
        <xs:documentation> 链接属性 </xs:documentation>
    </xs:annotation>
    <xs:sequence>
        <xs:element name="URI" type="xs:anyURI"/>
    </xs:sequence>
    <xs:attribute name="linkOption" type="linkOptionType" use="optional" default="external"/>
</xs:complexType>
<xs:complexType name="refIdType">
    <xs:annotation>
        <xs:documentation> 内部链接属性 </xs:documentation>
    </xs:annotation>
    <xs:attribute name="target" type="targetOptionType" use="required"/>
    <xs:attribute name="refId" type="xs:IDREF" use="required"/>
</xs:complexType>
<xs:complexType name="revisionType">
    <xs:annotation>
        <xs:documentation> 修订属性 </xs:documentation>
    </xs:annotation>
    <xs:sequence>
        <xs:element name="modifier" type="personType" minOccurs="0"/>
        <xs:element name="modifiedTime" type="timeType"/>
        <xs:element name="modifiedContent" minOccurs="1" maxOccurs="unbounded">
            <xs:complexType>
                <xs:sequence>
                    <xs:element name="modifiedElement" type="xs:string" minOccurs="0"/>
                    <xs:element name="modifiedAttribute" type="xs:string" minOccurs="0"/>
                    <xs:element name="modifiedMode" type="modifiedModeType"/>
                    <xs:element name="beforeModified" type="xs:string" minOccurs="0"/>
                    <xs:element name="afterModified" type="xs:string" minOccurs="0"/>
                    <xs:element name="modifiedSource" minOccurs="0">
                        <xs:complexType>
                            <xs:choice>
                                <xs:element name="sourceDescription" type="xs:string" min
```

```
                    Occurs="0" maxOccurs="unbounded"/>
                        <xs:element name="sourceRef" type="refIdType" minOccurs=
                    "0" maxOccurs="unbounded"/>
                    </xs:choice>
                </xs:complexType>
            </xs:element>
            <xs:element name="modifiedNote" type="xs:string" minOccurs="0"/>
        </xs:sequence>
        <xs:attribute name="MID" type="xs:ID" use="required"/>
      </xs:complexType>
    </xs:element>
  </xs:sequence>
</xs:complexType>
<xs:complexType name="contactType">
    <xs:annotation>
        <xs:documentation> 联系方式属性 </xs:documentation>
    </xs:annotation>
    <xs:sequence>
        <xs:element name="contactPerson" type="xs:string" minOccurs="0"/>
        <xs:element name="contactOrganization" type="xs:string" minOccurs="0"/>
        <xs:element name="contactAddress" type="xs:string" minOccurs="0"/>
        <xs:element name="contactPhone" type="xs:string" minOccurs="0"/>
        <xs:element name="contactFax" type="xs:string" minOccurs="0"/>
        <xs:element name="contactEmail" type="xs:string" minOccurs="0"/>
        <xs:element name="others" type="xs:string" minOccurs="0" maxOccurs="unbounded"/>
        <xs:element name="contactNote" type="xs:string" minOccurs="0"/>
    </xs:sequence>
</xs:complexType>
<!-- 时间 -->
<xs:complexType name="timeType">
    <xs:annotation>
        <xs:documentation> 时间属性 </xs:documentation>
    </xs:annotation>
    <xs:choice>
        <xs:element name="timeDescription" type="xs:string" minOccurs="0"/>
        <xs:choice>
            <xs:element name="gregorianTime" type="gregorianTimeType" minOccurs="0"/>
            <xs:element name="chineseAncientTime" type="chineseAncientTimeType"
            minOccurs="0"/>
```

```
        </xs:choice>
    </xs:choice>
</xs:complexType>
<xs:complexType name="gregorianTimeType">
    <xs:annotation>
        <xs:documentation> 西历时间属性 </xs:documentation>
    </xs:annotation>
    <xs:sequence>
        <xs:element name="Year" minOccurs="0">
            <xs:simpleType>
                <xs:restriction base="xs:integer">
                    <xs:minInclusive value="-10000"/>
                    <xs:maxInclusive value="10000"/>
                </xs:restriction>
            </xs:simpleType>
        </xs:element>
        <xs:element name="Month" minOccurs="0">
            <xs:simpleType>
                <xs:restriction base="xs:integer">
                    <xs:minInclusive value="1"/>
                    <xs:maxInclusive value="12"/>
                </xs:restriction>
            </xs:simpleType>
        </xs:element>
        <xs:element name="Day" minOccurs="0">
            <xs:simpleType>
                <xs:restriction base="xs:integer">
                    <xs:minInclusive value="1"/>
                    <xs:maxInclusive value="31"/>
                </xs:restriction>
            </xs:simpleType>
        </xs:element>
        <xs:element name="Hour" minOccurs="0">
            <xs:simpleType>
                <xs:restriction base="xs:integer">
                    <xs:minInclusive value="1"/>
                    <xs:maxInclusive value="24"/>
                </xs:restriction>
            </xs:simpleType>
```

```
        </xs:element>
        <xs:element name="Minute" minOccurs="0">
            <xs:simpleType>
                <xs:restriction base="xs:integer">
                    <xs:minInclusive value="1"/>
                    <xs:maxInclusive value="60"/>
                </xs:restriction>
            </xs:simpleType>
        </xs:element>
        <xs:element name="Second" minOccurs="0">
            <xs:simpleType>
                <xs:restriction base="xs:integer">
                    <xs:minInclusive value="1"/>
                    <xs:maxInclusive value="60"/>
                </xs:restriction>
            </xs:simpleType>
        </xs:element>
    </xs:sequence>
</xs:complexType>
<xs:complexType name="chineseAncientTimeType">
    <xs:annotation>
        <xs:documentation> 中国古代时间属性 </xs:documentation>
    </xs:annotation>
    <xs:sequence>
        <xs:element name="dynasty" type="xs:string" minOccurs="0"/>
        <xs:element name="emperor" type="xs:string" minOccurs="0"/>
        <xs:element name="nianHao" type="xs:string" minOccurs="0"/>
        <xs:element name="yearNumber" type="xs:string" minOccurs="0"/>
        <xs:element name="yearGanZhi" type="xs:string" minOccurs="0"/>
        <xs:element name="ancientChineseMonth" type="xs:string" minOccurs="0"/>
        <xs:element name="ancientChineseDay" type="xs:string" minOccurs="0"/>
        <xs:element name="ancientChineseShi" type="xs:string" minOccurs="0"/>
        <xs:element name="ancientChineseKe" type="xs:string" minOccurs="0"/>
    </xs:sequence>
</xs:complexType>
<!-- 空间 -->
<xs:complexType name="placeType">
    <xs:annotation>
        <xs:documentation> 空间属性 </xs:documentation>
```

```
    </xs:annotation>
    <xs:choice>
        <xs:element name="placeDescription" type="xs:string" minOccurs="0"/>
        <xs:choice>
            <xs:sequence>
                <xs:element name="ancientPlaceName" type="placeNameType"/>
                <xs:element name="existenceTime" type="timeType" minOccurs="0"/>
                <xs:element name="presentContrast" type="placeNameType" minOccurs="0"/>
                <xs:element name="presentContrastNote" type="xs:string" minOccurs="0"/>
                <xs:element name="placeLocation" type="placeLocationType" minOccurs="0"/>
            </xs:sequence>
            <xs:sequence>
                <xs:element name="presentPlaceName" type="placeNameType"/>
                <xs:element name="placeLocation" type="placeLocationType"/>
            </xs:sequence>
        </xs:choice>
    </xs:choice>
</xs:complexType>
<xs:complexType name="placeNameType">
    <xs:annotation>
        <xs:documentation> 地名属性 </xs:documentation>
    </xs:annotation>
    <xs:sequence>
        <xs:element name="firstLevelName" type="xs:string"/>
        <xs:element name="secondLevelName" type="xs:string"/>
        <xs:element name="thirdLevelName" type="xs:string"/>
        <xs:element name="forthLevelName" type="xs:string"/>
        <xs:element name="fifthLevelName" type="xs:string"/>
        <xs:element name="sixthLevelName" type="xs:string"/>
        <xs:element name="otherName" type="xs:string"/>
    </xs:sequence>
</xs:complexType>
<xs:complexType name="placeLocationType">
    <xs:annotation>
        <xs:documentation> 地理位置属性 </xs:documentation>
    </xs:annotation>
    <xs:sequence>
        <xs:element name="Longitude" type="xs:string"/>
        <xs:element name="Latitude" type="xs:string"/>
```

```
        <xs:element name="Elevation" type="xs:string" minOccurs="0"/>
        <xs:element name="LocationGrade" type="xs:integer" minOccurs="0"/>
    </xs:sequence>
</xs:complexType>
<!-- 集外字 -->
<xs:complexType name="gaijiType">
    <xs:annotation>
        <xs:documentation> 外字属性 </xs:documentation>
    </xs:annotation>
    <xs:sequence>
        <xs:element name="IDS" type="xs:string"/>
        <xs:element name="imageRef" type="linkType"/>
        <xs:element name="imagePosition" type="xs:string" minOccurs="0"/>
        <xs:element ref="note" minOccurs="0"/>
    </xs:sequence>
    <xs:attribute name="WID" type="xs:ID" use="required"/>
</xs:complexType>
<!-- 人物扩展 -->
<xs:complexType name="ancientPersonType">
    <xs:annotation>
        <xs:documentation> 古代人物属性 </xs:documentation>
    </xs:annotation>
    <xs:sequence>
        <xs:element name="zi" type="xs:string" minOccurs="0" maxOccurs="unbounded"/>
        <xs:element name="biehao" type="xs:string" minOccurs="0" maxOccurs="unbounded"/>
        <xs:element name="shihao" type="xs:string" minOccurs="0"/>
        <xs:element name="otherName" type="xs:string" minOccurs="0" maxOccurs="unbounded"/>
        <xs:element name="jiguan" type="placeType" minOccurs="0"/>
        <xs:element name="birthPlace" type="placeType" minOccurs="0"/>
        <xs:element name="deathPlace" type="placeType" minOccurs="0"/>
        <xs:element name="buryPlace" type="placeType" minOccurs="0"/>
        <xs:element name="buryDate" type="timeType" minOccurs="0"/>
        <xs:element name="keju" type="xs:string" minOccurs="0" maxOccurs="unbounded"/>
        <xs:element name="zhiguan" type="xs:string" minOccurs="0" maxOccurs="unbounded"/>
        <xs:element name="fengzeng" type="xs:string" minOccurs="0"/>
        <xs:element name="zhushu" type="xs:string" minOccurs="0"/>
        <xs:element name="biography" type="xs:string" minOccurs="0"/>
        <xs:element name="portrait" type="linkType" minOccurs="0" maxOccurs="unbounded"/>
        <xs:element name="zan" type="linkType" minOccurs="0" maxOccurs="unbounded"/>
```

```
            <xs:element name="zhuan" type="linkType" minOccurs="0" maxOccurs="unbounded"/>
            <xs:element ref="note" minOccurs="0" maxOccurs="unbounded"/>
        </xs:sequence>
    </xs:complexType>
    <xs:complexType name="modernPersonType">
        <xs:annotation>
            <xs:documentation> 现代人物属性 </xs:documentation>
        </xs:annotation>
        <xs:sequence>
            <xs:element name="nickname" type="xs:string" minOccurs="0" maxOccurs=
        "unbounded"/>
            <xs:element name="otherName" type="xs:string" minOccurs="0" maxOccurs=
        "unbounded"/>
            <xs:element name="jiguan" type="placeType" minOccurs="0"/>
            <xs:element name="birthPlace" type="placeType" minOccurs="0"/>
            <xs:element name="deathPlace" type="placeType" minOccurs="0"/>
            <xs:element name="education" type="xs:string" minOccurs="0" maxOccurs=
        "unbounded"/>
            <xs:element name="occupation" type="xs:string" minOccurs="0" maxOccurs=
        "unbounded"/>
            <xs:element name="contact" type="contactType" minOccurs="0" maxOccurs=
        "unbounded"/>
            <xs:element name="biography" type="xs:string" minOccurs="0"/>
            <xs:element name="photo" type="linkType" minOccurs="0" maxOccurs=
        "unbounded"/>
            <xs:element name="otherLink" type="linkType" minOccurs="0" maxOccurs=
        "unbounded"/>
        </xs:sequence>
    </xs:complexType>
    <!-- 类型 -->
    <xs:simpleType name="modifiedModeType">
        <xs:annotation>
            <xs:documentation> 修改类型 </xs:documentation>
        </xs:annotation>
        <xs:restriction base="xs:token">
            <xs:enumeration value="new"/>
            <xs:enumeration value="revise"/>
            <xs:enumeration value="delete"/>
        </xs:restriction>
```

```
</xs:simpleType>
<xs:simpleType name="genderType">
    <xs:annotation>
        <xs:documentation> 性别类型 </xs:documentation>
    </xs:annotation>
    <xs:restriction base="xs:token">
        <xs:enumeration value="male"/>
        <xs:enumeration value="female"/>
        <xs:enumeration value="unknown"/>
    </xs:restriction>
</xs:simpleType>
<xs:simpleType name="relationOptionType">
    <xs:annotation>
        <xs:documentation> 关系类型 </xs:documentation>
    </xs:annotation>
    <xs:restriction base="xs:token">
        <xs:enumeration value="bloodAndMarriage"/>
        <xs:enumeration value="teacherAndStudent"/>
        <xs:enumeration value="Others"/>
    </xs:restriction>
</xs:simpleType>
<xs:simpleType name="linkOptionType">
    <xs:annotation>
        <xs:documentation> 链接类型 </xs:documentation>
    </xs:annotation>
    <xs:restriction base="xs:token">
        <xs:enumeration value="external"/>
        <xs:enumeration value="internal"/>
    </xs:restriction>
</xs:simpleType>
<xs:simpleType name="targetOptionType">
    <xs:annotation>
        <xs:documentation> 链接目标类型 </xs:documentation>
    </xs:annotation>
    <xs:restriction base="xs:token">
        <xs:enumeration value="person"/>
        <xs:enumeration value="rootNode"/>
        <xs:enumeration value="unknownNode"/>
        <xs:enumeration value="virtualNode"/>
```

```
        <xs:enumeration value="family"/>
        <xs:enumeration value="clanTree"/>
        <xs:enumeration value="generalClanTree"/>
        <xs:enumeration value="combinedClanTree"/>
        <xs:enumeration value="source"/>
        <xs:enumeration value="event"/>
    </xs:restriction>
</xs:simpleType>
<xs:simpleType name="wifeOptionType">
    <xs:annotation>
        <xs:documentation> 妻子类型 </xs:documentation>
    </xs:annotation>
    <xs:restriction base="xs:token">
        <xs:enumeration value=" 正室 "/>
        <xs:enumeration value=" 繼室 "/>
        <xs:enumeration value=" 側室 "/>
        <xs:enumeration value="unknown"/>
    </xs:restriction>
</xs:simpleType>
<xs:simpleType name="chengSiType">
    <xs:annotation>
        <xs:documentation> 承嗣类型 </xs:documentation>
    </xs:annotation>
    <xs:restriction base="xs:token">
        <xs:enumeration value=" 入嗣 "/>
        <xs:enumeration value=" 兼嗣 "/>
        <xs:enumeration value=" 出嗣 "/>
        <xs:enumeration value=" 歸宗 "/>
        <xs:enumeration value="unknown"/>
    </xs:restriction>
</xs:simpleType>
<xs:simpleType name="virtualNodeOptionType">
    <xs:annotation>
        <xs:documentation> 虚拟节点类型 </xs:documentation>
    </xs:annotation>
    <xs:restriction base="xs:token">
        <xs:enumeration value="virtualPersonNode"/>
        <xs:enumeration value="virtualGenerationNode"/>
        <xs:enumeration value="unknown"/>
```

```
        </xs:restriction>
    </xs:simpleType>
</xs:schema>
```

5.4 应用实例

仍以《福州通贤龚氏支谱》始祖至十世为例，家谱文献内容详见附录 3，基于宗族模式的世系树文件如例 5－1 所示。

例 5－1：

```
<?xml version="1.0" encoding="UTF-8"?>
<genealogicalFile xmlns:xsi="http://www.w3.org/2001/XMLSchema-instance" xsi:noNamespac
eSchemaLocation="genealogicalTree.xsd">
    <fileHeader>
        <title>genealogicalTreeExample</title>
        <version>1.0</version>
        <language> 繁体中文 </language>
        <characterSet>unicode6.0</characterSet>
        <size>38KB</size>
        <abstract> 福州通賢龔氏（始祖至十世）譜系 </abstract>
        <fileCreate>
            <creator>yux</creator>
            <createdTime>
                <gregorianTime>
                    <Year>2015</Year>
                    <Month>6</Month>
                    <Day>29</Day>
                    <Hour>13</Hour>
                    <Minute>6</Minute>
                    <Second>30</Second>
                </gregorianTime>
            </createdTime>
            <createdTool>ouroots platform</createdTool>
        </fileCreate>
        <contact>
            <contactPerson>yux</contactPerson>
            <contactOrganization> 中華尋根網 </contactOrganization>
            <contactPhone>+86-010-88003096</contactPhone>
            <contactEmail>ouroots@nlc.cn</contactEmail>
```

```
    </contact>
    <copyrightInfo> 中華尋根網版權所有 </copyrightInfo>
</fileHeader>
<relation RID="ID_R1" familyNum="0" clanNum="1" generalClanNum="0" combinedClanNum="0" teacherAndStudentNum="0">
    <relationClan personNum="62">
        <clanTree CID="ID_C1" surname=" 龔 " generationRange=" 一世至十世 " branch=" 福州通賢支 " firstAncestor=" 修 " personNum="62">
            <clanNode PID="ID_P1" generation=" 一世 " >
                <fatherRef target="rootNode" refId="ID_P0"></fatherRef>
                <wifeRefs wifeOrder="1" wifeRank=" 正室 " >
                    <wifeRef target="person" refId="ID_P2"></wifeRef>
                </wifeRefs>
                <childRefs childOrder="1" target="person" motherRef="ID_P2">
                    <childRef target="person" refId="ID_P3"></childRef>
                </childRefs>
            </clanNode>
            <clanNode PID="ID_P3" generation=" 二世 " >
                <fatherRef target="person" refId="ID_P1"></fatherRef>
                <motherRef target="person" refId="ID_P2"></motherRef>
                <wifeRefs wifeOrder="1" wifeRank=" 正室 " >
                    <wifeRef target="person" refId="ID_P4"></wifeRef>
                </wifeRefs>
                <wifeRefs wifeOrder="2" wifeRank=" 繼室 ">
                    <wifeRef target="person" refId="ID_P5"></wifeRef>
                </wifeRefs>
                <childRefs childOrder="1" target="person" motherRef="ID_P4">
                    <childRef target="person" refId="ID_P6"></childRef>
                </childRefs>
                <childRefs childOrder="2" target="person" motherRef="ID_P4">
                    <childRef target="person" refId="ID_P7"></childRef>
                </childRefs>
                <childRefs childOrder="3" target="person" motherRef="ID_P4">
                    <childRef target="person" refId="ID_P8"></childRef>
                </childRefs>
            </clanNode>
            <clanNode PID="ID_P6" generation=" 三世 " >
                <fatherRef target="person" refId="ID_P3"></fatherRef>
                <motherRef target="person" refId="ID_P4"></motherRef>
```

```
</clanNode>
<clanNode PID="ID_P7" generation=" 三世 " >
    <fatherRef target="person" refId="ID_P3"></fatherRef>
    <motherRef target="person" refId="ID_P4"></motherRef>
</clanNode>
<clanNode PID="ID_P8" generation=" 三世 " >
    <fatherRef target="person" refId="ID_P3"></fatherRef>
    <motherRef target="person" refId="ID_P4"></motherRef>
    <wifeRefs wifeOrder="1" wifeRank=" 正室 " >
        <wifeRef target="person" refId="ID_P9"></wifeRef>
    </wifeRefs>
    <childRefs childOrder="1" target="person" motherRef="ID_P9">
        <childRef target="person" refId="ID_P10"></childRef>
    </childRefs>
    <childRefs childOrder="2" target="person" motherRef="ID_P9">
        <childRef target="person" refId="ID_P12"></childRef>
    </childRefs>
    <childRefs childOrder="3" target="person" motherRef="ID_P9">
        <childRef target="person" refId="ID_P13"></childRef>
    </childRefs>
    <childRefs childOrder="4" target="person" motherRef="ID_P9">
        <childRef target="person" refId="ID_P15"></childRef>
    </childRefs>
    <childRefs childOrder="5" target="person" motherRef="ID_P9">
        <childRef target="person" refId="ID_P16"></childRef>
    </childRefs>
</clanNode>
<clanNode PID="ID_P10" generation=" 四世 " >
    <fatherRef target="person" refId="ID_P8"></fatherRef>
    <motherRef target="person" refId="ID_P9"></motherRef>
    <wifeRefs wifeOrder="1" wifeRank=" 正室 " >
        <wifeRef target="person" refId="ID_P11"></wifeRef>
    </wifeRefs>
    <childRefs childOrder="1" target="person" motherRef="ID_P11">
        <childRef target="person" refId="ID_P17"></childRef>
    </childRefs>
    <childRefs childOrder="2" target="person" motherRef="ID_P11">
        <childRef target="person" refId="ID_P18"></childRef>
    </childRefs>
```

```
    <childRefs childOrder="3" target="person" motherRef="ID_P11">
        <childRef target="person" refId="ID_P20"></childRef>
    </childRefs>
</clanNode>
<clanNode PID="ID_P12" generation=" 四世 " >
    <fatherRef target="person" refId="ID_P8"></fatherRef>
    <motherRef target="person" refId="ID_P9"></motherRef>
</clanNode>
<clanNode PID="ID_P13" generation=" 四世 " >
    <fatherRef target="person" refId="ID_P8"></fatherRef>
    <motherRef target="person" refId="ID_P9"></motherRef>
    <wifeRefs wifeOrder="1" wifeRank=" 正室 " >
        <wifeRef target="person" refId="ID_P14"></wifeRef>
    </wifeRefs>
    <childRefs childOrder="1" target="person" motherRef="ID_P14">
        <childRef target="person" refId="ID_P21"></childRef>
    </childRefs>
    <childRefs childOrder="2" target="person" motherRef="ID_P14">
        <childRef target="person" refId="ID_P22"></childRef>
    </childRefs>
    <childRefs childOrder="3" target="person" motherRef="ID_P14">
        <childRef target="person" refId="ID_P23"></childRef>
    </childRefs>
</clanNode>
<clanNode PID="ID_P15" generation=" 四世 " >
    <fatherRef target="person" refId="ID_P8"></fatherRef>
    <motherRef target="person" refId="ID_P9"></motherRef>
</clanNode>
<clanNode PID="ID_P16" generation=" 四世 " >
    <fatherRef target="person" refId="ID_P8"></fatherRef>
    <motherRef target="person" refId="ID_P9"></motherRef>
</clanNode>
<clanNode PID="ID_P17" generation=" 五世 " >
    <fatherRef target="person" refId="ID_P10"></fatherRef>
    <motherRef target="person" refId="ID_P11"></motherRef>
</clanNode>
<clanNode PID="ID_P18" generation=" 五世 " >
    <fatherRef target="person" refId="ID_P10"></fatherRef>
    <motherRef target="person" refId="ID_P11"></motherRef>
```

```
    <wifeRefs wifeOrder="1" wifeRank=" 正室 " >
        <wifeRef target="person" refId="ID_P19"></wifeRef>
    </wifeRefs>
    <childRefs childOrder="1" target="person" motherRef="ID_P19">
        <childRef target="person" refId="ID_P25"></childRef>
    </childRefs>
    <childRefs childOrder="2" target="person" motherRef="ID_P19">
        <childRef target="person" refId="ID_P27"></childRef>
    </childRefs>
    <childRefs childOrder="3" target="person" motherRef="ID_P19">
        <childRef target="person" refId="ID_P30"></childRef>
    </childRefs>
    <childRefs childOrder="4" target="person" motherRef="ID_P19">
        <childRef target="person" refId="ID_P31"></childRef>
    </childRefs>
    <childRefs childOrder="5" target="person" motherRef="ID_P19">
        <childRef target="person" refId="ID_P32"></childRef>
    </childRefs>
</clanNode>
<clanNode PID="ID_P20" generation=" 五世 " >
    <fatherRef target="person" refId="ID_P10"></fatherRef>
    <motherRef target="person" refId="ID_P11"></motherRef>
</clanNode>
<clanNode PID="ID_P21" generation=" 五世 " >
    <fatherRef target="person" refId="ID_P13"></fatherRef>
    <motherRef target="person" refId="ID_P14"></motherRef>
</clanNode>
<clanNode PID="ID_P22" generation=" 五世 " >
    <fatherRef target="person" refId="ID_P13"></fatherRef>
    <motherRef target="person" refId="ID_P14"></motherRef>
</clanNode>
<clanNode PID="ID_P23" generation=" 五世 " >
    <fatherRef target="person" refId="ID_P13"></fatherRef>
    <motherRef target="person" refId="ID_P14"></motherRef>
    <wifeRefs wifeOrder="1" wifeRank=" 正室 " >
        <wifeRef target="person" refId="ID_P24"></wifeRef>
    </wifeRefs>
    <childRefs childOrder="1" target="person" motherRef="ID_P24">
        <childRef target="person" refId="ID_P33"></childRef>
```

```
        </childRefs>
    </clanNode>
    <clanNode PID="ID_P25" generation=" 六世 " >
        <fatherRef target="person" refId="ID_P18"></fatherRef>
        <motherRef target="person" refId="ID_P19"></motherRef>
        <wifeRefs wifeOrder="1" wifeRank=" 正室 " >
            <wifeRef target="person" refId="ID_P26"></wifeRef>
        </wifeRefs>
        <childRefs childOrder="1" target="person" motherRef="ID_P26">
            <childRef target="person" refId="ID_P35"></childRef>
        </childRefs>
    </clanNode>
    <clanNode PID="ID_P27" generation=" 六世 " >
        <fatherRef target="person" refId="ID_P18"></fatherRef>
        <motherRef target="person" refId="ID_P19"></motherRef>
        <wifeRefs wifeOrder="1" wifeRank=" 正室 " >
            <wifeRef target="person" refId="ID_P28"></wifeRef>
        </wifeRefs>
        <wifeRefs wifeOrder="2" wifeRank=" 側室 " >
            <wifeRef target="person" refId="ID_P29"></wifeRef>
        </wifeRefs>
        <childRefs childOrder="1" target="person" motherRef="ID_P28">
            <childRef target="person" refId="ID_P38"></childRef>
        </childRefs>
        <childRefs childOrder="2" target="person" motherRef="ID_P28">
            <childRef target="person" refId="ID_P40"></childRef>
        </childRefs>
        <childRefs childOrder="3" target="person" motherRef="ID_P29">
            <childRef target="person" refId="ID_P41"></childRef>
        </childRefs>
        <childRefs childOrder="4" target="person" motherRef="ID_P29">
            <childRef target="person" refId="ID_P42"></childRef>
        </childRefs>
    </clanNode>
    <clanNode PID="ID_P30" generation=" 六世 " >
        <fatherRef target="person" refId="ID_P18"></fatherRef>
        <motherRef target="person" refId="ID_P19"></motherRef>
    </clanNode>
    <clanNode PID="ID_P31" generation=" 六世 " >
```

```
    <fatherRef target="person" refId="ID_P18"></fatherRef>
    <motherRef target="person" refId="ID_P19"></motherRef>
</clanNode>
<clanNode PID="ID_P32" generation=" 六世 " >
    <fatherRef target="person" refId="ID_P18"></fatherRef>
    <motherRef target="person" refId="ID_P19"></motherRef>
</clanNode>
<clanNode PID="ID_P33" generation=" 六世 " >
    <fatherRef target="person" refId="ID_P23"></fatherRef>
    <motherRef target="person" refId="ID_P24"></motherRef>
    <wifeRefs wifeOrder="1" wifeRank=" 正室 " >
        <wifeRef target="person" refId="ID_P34"></wifeRef>
    </wifeRefs>
    <childRefs childOrder="1" target="person" motherRef="ID_P34">
        <childRef target="person" refId="ID_P43"></childRef>
    </childRefs>
</clanNode>
<clanNode PID="ID_P35" generation=" 七世 " >
    <fatherRef target="person" refId="ID_P25"></fatherRef>
    <motherRef target="person" refId="ID_P26"></motherRef>
    <wifeRefs wifeOrder="1" wifeRank=" 正室 " >
        <wifeRef target="person" refId="ID_P36"></wifeRef>
    </wifeRefs>
    <wifeRefs wifeOrder="2" wifeRank=" 繼室 " >
        <wifeRef target="person" refId="ID_P37"></wifeRef>
    </wifeRefs>
    <wifeRefs wifeOrder="3" wifeRank=" 側室 " >
        <wifeRef target="person" refId="ID_P38"></wifeRef>
    </wifeRefs>
    <childRefs childOrder="1" target="person" motherRef="ID_P38">
        <childRef target="person" refId="ID_P45"></childRef>
    </childRefs>
</clanNode>
<clanNode PID="ID_P39" generation=" 七世 " >
    <fatherRef target="person" refId="ID_P27"></fatherRef>
    <motherRef target="person" refId="ID_P28"></motherRef>
    <wifeRefs wifeOrder="1" wifeRank=" 正室 " >
        <wifeRef target="person" refId="ID_P40"></wifeRef>
    </wifeRefs>
```

```
        <childRefs childOrder="1" target="person" motherRef="ID_P40">
            <childRef target="person" refId="ID_P47"></childRef>
        </childRefs>
        <childRefs childOrder="2" target="person" motherRef="ID_P40">
            <childRef target="person" refId="ID_P48"></childRef>
        </childRefs>
    </clanNode>
    <clanNode PID="ID_P41" generation=" 七世 " >
        <fatherRef target="person" refId="ID_P27"></fatherRef>
        <motherRef target="person" refId="ID_P28"></motherRef>
    </clanNode>
    <clanNode PID="ID_P42" generation=" 七世 " >
        <fatherRef target="person" refId="ID_P27"></fatherRef>
        <motherRef target="person" refId="ID_P29"></motherRef>
    </clanNode>
    <clanNode PID="ID_P43" generation=" 七世 " >
        <fatherRef target="person" refId="ID_P27"></fatherRef>
        <motherRef target="person" refId="ID_P29"></motherRef>
    </clanNode>
    <clanNode PID="ID_P44" generation=" 七世 " >
        <fatherRef target="person" refId="ID_P33"></fatherRef>
        <motherRef target="person" refId="ID_P34"></motherRef>
    </clanNode>
    <clanNode PID="ID_P45" generation=" 八世 " >
        <fatherRef target="person" refId="ID_P35"></fatherRef>
        <motherRef target="person" refId="ID_P38"></motherRef>
        <wifeRefs wifeOrder="1" wifeRank=" 正室 " >
            <wifeRef target="person" refId="ID_P46"></wifeRef>
        </wifeRefs>
        <childRefs childOrder="1" target="person" motherRef="ID_P46">
            <childRef target="person" refId="ID_P51"></childRef>
        </childRefs>
    </clanNode>
    <clanNode PID="ID_P47" generation=" 八世 " >
        <fatherRef target="person" refId="ID_P39"></fatherRef>
        <motherRef target="person" refId="ID_P40"></motherRef>
    </clanNode>
    <clanNode PID="ID_P48" generation=" 八世 " >
        <fatherRef target="person" refId="ID_P39"></fatherRef>
```

```xml
    <motherRef target="person" refId="ID_P40"></motherRef>
    <wifeRefs wifeOrder="1" wifeRank=" 正室 " >
        <wifeRef target="person" refId="ID_P49"></wifeRef>
    </wifeRefs>
    <wifeRefs wifeOrder="2" wifeRank=" 繼室 " >
        <wifeRef target="person" refId="ID_P50"></wifeRef>
    </wifeRefs>
    <childRefs childOrder="1" target="person" motherRef="ID_P49">
        <childRef target="person" refId="ID_P53"></childRef>
    </childRefs>
    <childRefs childOrder="2" target="person" motherRef="ID_P49">
        <childRef target="person" refId="ID_P55"></childRef>
    </childRefs>
</clanNode>
<clanNode PID="ID_P51" generation=" 九世 " >
    <fatherRef target="person" refId="ID_P45"></fatherRef>
    <motherRef target="person" refId="ID_P46"></motherRef>
    <wifeRefs wifeOrder="1" wifeRank=" 正室 " >
        <wifeRef target="person" refId="ID_P52"></wifeRef>
    </wifeRefs>
    <childRefs childOrder="1" target="person" motherRef="ID_P52">
        <childRef target="person" refId="ID_P56"></childRef>
        <chengSi> 入嗣 </chengSi>
    </childRefs>
</clanNode>
<clanNode PID="ID_P53" generation=" 九世 " >
    <fatherRef target="person" refId="ID_P48"></fatherRef>
    <motherRef target="person" refId="ID_P49"></motherRef>
    <wifeRefs wifeOrder="1" wifeRank=" 正室 " >
        <wifeRef target="person" refId="ID_P54"></wifeRef>
    </wifeRefs>
    <childRefs childOrder="1" target="person" motherRef="ID_P54">
        <childRef target="person" refId="ID_P57"></childRef>
    </childRefs>
    <childRefs childOrder="2" target="person" motherRef="ID_P54">
        <childRef target="person" refId="ID_P58"></childRef>
    </childRefs>
    <childRefs childOrder="3" target="person" motherRef="ID_P54">
        <childRef target="person" refId="ID_P59"></childRef>
```

```
    </childRefs>
    <childRefs childOrder="4" target="person" motherRef="ID_P54">
        <childRef target="person" refId="ID_P62"></childRef>
    </childRefs>
</clanNode>
<clanNode PID="ID_P55" generation=" 九世 " >
    <fatherRef target="person" refId="ID_P48"></fatherRef>
    <motherRef target="person" refId="ID_P49"></motherRef>
</clanNode>
<clanNode PID="ID_P56" generation=" 十世 " >
    <fatherRef target="person" refId="ID_P51"></fatherRef>
    <motherRef target="person" refId="ID_P52"></motherRef>
</clanNode>
<clanNode PID="ID_P57" generation=" 十世 " >
    <fatherRef target="person" refId="ID_P53"></fatherRef>
    <motherRef target="person" refId="ID_P54"></motherRef>
</clanNode>
<clanNode PID="ID_P58" generation=" 十世 " >
    <fatherRef target="person" refId="ID_P53"></fatherRef>
    <motherRef target="person" refId="ID_P54"></motherRef>
</clanNode>
<clanNode PID="ID_P59" generation=" 十世 " >
    <fatherRef target="person" refId="ID_P53"></fatherRef>
    <motherRef target="person" refId="ID_P54"></motherRef>
    <wifeRefs wifeOrder="1" wifeRank=" 正室 " >
        <wifeRef target="person" refId="ID_P60"></wifeRef>
    </wifeRefs>
    <wifeRefs wifeOrder="2" wifeRank=" 繼室 " >
        <wifeRef target="person" refId="ID_P61"></wifeRef>
    </wifeRefs>
</clanNode>
<clanNode PID="ID_P62" generation=" 十世 " >
    <fatherRef target="person" refId="ID_P53"></fatherRef>
    <motherRef target="person" refId="ID_P54"></motherRef>
</clanNode>
<rootNode RID="ID_P0"></rootNode>
<clanSource>
    <sourceRef target="source" refId="ID_S1"></sourceRef>
</clanSource>
```

```xml
    </clanTree>
  </relationClan>
</relation>
<personList personNum="62">
  <person PID="ID_P1">
    <nameInGenealogy> 修 </nameInGenealogy>
    <personCore>
      <surname> 龔 </surname>
      <gender>male</gender>
    </personCore>
    <personExtendAncient>
      <zi> 孟質 </zi>
      <biography> 元處士 </biography>
    </personExtendAncient>
  </person>
  <person PID="ID_P2">
    <nameInGenealogy> 鄧氏 </nameInGenealogy>
    <personCore>
      <surname> 鄧 </surname>
      <gender>female</gender>
    </personCore>
  </person>
  <person PID="ID_P3">
    <nameInGenealogy> 谷賢 </nameInGenealogy>
    <personCore>
      <surname> 龔 </surname>
      <gender>male</gender>
    </personCore>
    <personExtendAncient>
      <fengzeng> 徵仕郎、南京翰林院檢討 </fengzeng>
      <biography> 明處士 </biography>
    </personExtendAncient>
  </person>
  <person PID="ID_P4">
    <nameInGenealogy> 趙氏 </nameInGenealogy>
    <personCore>
      <surname> 趙 </surname>
      <gender>female</gender>
    </personCore>
```

```
    <personExtendAncient>
        <fengzeng> 孺人 </fengzeng>
    </personExtendAncient>
</person>
<person PID="ID_P5">
    <nameInGenealogy> 卓氏 </nameInGenealogy>
    <personCore>
        <surname> 卓 </surname>
        <gender>female</gender>
    </personCore>
    <personExtendAncient>
        <fengzeng> 孺人 </fengzeng>
    </personExtendAncient>
</person>
<person PID="ID_P6">
    <nameInGenealogy> 佛仝 </nameInGenealogy>
    <personCore>
        <surname> 龔 </surname>
        <gender>male</gender>
    </personCore>
</person>
<person PID="ID_P7">
    <nameInGenealogy> 外 </nameInGenealogy>
    <personCore>
        <surname> 龔 </surname>
        <gender>male</gender>
    </personCore>
</person>
<person PID="ID_P8">
    <nameInGenealogy> 進 </nameInGenealogy>
    <personCore>
        <surname> 龔 </surname>
        <gender>male</gender>
        <birthday>
            <timeDescription> 明洪武二十一年戊辰十二月初八日 </timeDescription>
        </birthday>
        <deathDate>
            <timeDescription> 景泰六年乙亥二月初五日 </timeDescription>
        </deathDate>
```

```
    </personCore>
    <personExtendAncient>
        <zi> 文廸 </zi>
        <biehao> 約菴 </biehao>
        <buryPlace>
            <placeDescription> 西門外洪山橋頭 </placeDescription>
        </buryPlace>
        <fengzeng> 徵仕郎、南京翰林院檢討 </fengzeng>
        <biography> 壽六十有八 </biography>
        <note> 葬西門外洪山橋頭，坐壬向丙，碑額“通賢龔公之墓”。</note>
    </personExtendAncient>
</person>
<person PID="ID_P9">
    <nameInGenealogy> 馮孺人 </nameInGenealogy>
    <personCore>
        <surname> 馮 </surname>
        <gender>female</gender>
        <birthday>
            <timeDescription> 洪武壬申二月十二日 </timeDescription>
        </birthday>
        <deathDate>
            <timeDescription> 成化乙酉八月二十三日 </timeDescription>
        </deathDate>
    </personCore>
    <personExtendAncient>
        <fengzeng> 孺人 </fengzeng>
        <biography> 壽七十有四 </biography>
    </personExtendAncient>
</person>
<person PID="ID_P10">
    <nameInGenealogy> 衎 </nameInGenealogy>
    <personCore>
        <surname> 龔 </surname>
        <gender>male</gender>
        <birthday>
            <timeDescription> 明永樂十四年丙申三月初一日 </timeDescription>
        </birthday>
        <deathDate>
            <timeDescription> 景泰三年壬申十月初六日 </timeDescription>
```

```
        </deathDate>
    </personCore>
    <personExtendAncient>
        <zi> 宏彥 </zi>
        <buryPlace>
            <placeDescription> 西門外洪山橋頭 </placeDescription>
        </buryPlace>
        <fengzeng> 奉直大夫、廣東鹽課司正提擧 </fengzeng>
        <biography> 年三十有七 </biography>
        <note> 葬西門外洪山橋頭，附父塋 </note>
    </personExtendAncient>
</person>
<person PID="ID_P11">
    <nameInGenealogy> 卓宜人 </nameInGenealogy>
    <personCore>
        <surname> 卓 </surname>
        <gender>female</gender>
        <birthday>
            <timeDescription> 永樂乙未七月初七日 </timeDescription>
        </birthday>
        <deathDate>
            <timeDescription> 弘治壬戌八月三十日 </timeDescription>
        </deathDate>
    </personCore>
    <personExtendAncient>
        <fengzeng> 宜人 </fengzeng>
        <biography> 壽八十有八，守志五十一年，旌表節孝 </biography>
    </personExtendAncient>
</person>
<person PID="ID_P12">
    <nameInGenealogy> 衡 </nameInGenealogy>
    <personCore>
        <surname> 龔 </surname>
        <gender>male</gender>
    </personCore>
</person>
<person PID="ID_P13">
    <nameInGenealogy> 福 </nameInGenealogy>
    <personCore>
```

```xml
        <surname> 龔 </surname>
        <gender>male</gender>
        <birthday>
            <timeDescription> 明永樂二十二年甲辰正月十五日 </timeDescription>
        </birthday>
        <deathDate>
            <timeDescription> 正德三年戊辰十二月十二日 </timeDescription>
        </deathDate>
    </personCore>
    <personExtendAncient>
        <zi> 天錫 </zi>
        <biehao> 坦齋 </biehao>
        <biehao> 澹菴 </biehao>
        <buryPlace>
            <placeDescription> 洪山橋頭 </placeDescription>
        </buryPlace>
        <keju> 府學廩生，以《禮記》中正統丁卯科舉人 </keju>
        <zhiguan> 授廣東欽州學正，改順天通州學正，擢山西平陽府教授，內遷南京國子監助教，再擢翰林院檢討 </zhiguan>
        <fengzeng> 徵仕郎 </fengzeng>
        <biography> 壽八十有五 </biography>
    </personExtendAncient>
</person>
<person PID="ID_P14">
    <nameInGenealogy> 林孺人 </nameInGenealogy>
    <personCore>
        <surname> 林 </surname>
        <gender>female</gender>
    </personCore>
    <personExtendAncient>
        <fengzeng> 孺人 </fengzeng>
    </personExtendAncient>
</person>
<person PID="ID_P15">
    <nameInGenealogy> 衕 </nameInGenealogy>
    <personCore>
        <surname> 龔 </surname>
        <gender>male</gender>
    </personCore>
```

```
</person>
<person PID="ID_P16">
  <nameInGenealogy> 衛 </nameInGenealogy>
  <personCore>
    <surname> 龔 </surname>
    <gender>male</gender>
  </personCore>
</person>
<person PID="ID_P17">
  <nameInGenealogy> 琦 </nameInGenealogy>
  <personCore>
    <surname> 龔 </surname>
    <gender>male</gender>
  </personCore>
</person>
<person PID="ID_P18">
  <nameInGenealogy> 璲 </nameInGenealogy>
  <personCore>
    <surname> 龔 </surname>
    <gender>male</gender>
    <birthday>
      <timeDescription> 明正統八年癸亥某年月日 </timeDescription>
    </birthday>
    <deathDate>
      <timeDescription> 嘉靖三年甲申正月初五日 </timeDescription>
    </deathDate>
  </personCore>
  <personExtendAncient>
    <zi> 廷堅 </zi>
    <biehao> 木菴 </biehao>
    <buryPlace>
      <placeDescription> 西門外洪山橋頭 </placeDescription>
    </buryPlace>
    <fengzeng> 奉直大夫、廣東鹽課司正提舉 </fengzeng>
    <biography> 壽八十有二 </biography>
  </personExtendAncient>
</person>
<person PID="ID_P19">
  <nameInGenealogy> 林宜人 </nameInGenealogy>
```

```
    <personCore>
        <surname> 林 </surname>
        <gender>female</gender>
    </personCore>
    <personExtendAncient>
        <fengzeng> 宜人 </fengzeng>
    </personExtendAncient>
</person>
<person PID="ID_P20">
    <nameInGenealogy> 瑄 </nameInGenealogy>
    <personCore>
        <surname> 龔 </surname>
        <gender>male</gender>
    </personCore>
</person>
<person PID="ID_P21">
    <nameInGenealogy> 廷用 </nameInGenealogy>
    <personCore>
        <surname> 龔 </surname>
        <gender>male</gender>
    </personCore>
</person>
<person PID="ID_P22">
    <nameInGenealogy> 廷和 </nameInGenealogy>
    <personCore>
        <surname> 龔 </surname>
        <gender>male</gender>
    </personCore>
</person>
<person PID="ID_P23">
    <nameInGenealogy> 廷逵 </nameInGenealogy>
    <personCore>
        <surname> 龔 </surname>
        <gender>male</gender>
    </personCore>
</person>
<person PID="ID_P24">
    <nameInGenealogy> 姜氏 </nameInGenealogy>
    <personCore>
```

```
      <surname> 姜 </surname>
      <gender>female</gender>
    </personCore>
  </person>
  <person PID="ID_P25">
    <nameInGenealogy> 源 </nameInGenealogy>
    <personCore>
      <surname> 龔 </surname>
      <gender>male</gender>
    </personCore>
  </person>
  <person PID="ID_P26">
    <nameInGenealogy> 林氏 </nameInGenealogy>
    <personCore>
      <surname> 林 </surname>
      <gender>female</gender>
    </personCore>
  </person>
  <person PID="ID_P27">
    <nameInGenealogy> 澤 </nameInGenealogy>
    <personCore>
      <surname> 龔 </surname>
      <gender>male</gender>
      <birthday>
        <timeDescription> 明成化十一年乙未五月二十五日 </timeDescription>
      </birthday>
      <deathDate>
        <timeDescription> 嘉靖三十年辛亥五月初八日 </timeDescription>
      </deathDate>
    </personCore>
    <personExtendAncient>
      <zi> 汝仁 </zi>
      <biehao> 東皐 </biehao>
      <buryPlace>
        <placeDescription> 西門外洪山橋頭 </placeDescription>
      </buryPlace>
      <keju> 閩縣廩生,以《禮記》中弘治戊午科舉人 </keju>
      <zhiguan> 授浙江海鹽縣教諭,擢廣東提舉司市舶提舉,改鹽課司正提舉 </
  zhiguan>
```

```
    <fengzeng> 奉直大夫 </fengzeng>
    <biography> 壽七十有七 </biography>
  </personExtendAncient>
</person>
<person PID="ID_P28">
  <nameInGenealogy> 林宜人 </nameInGenealogy>
  <personCore>
    <surname> 林 </surname>
    <gender>female</gender>
    <birthday>
      <timeDescription> 成化丙申三月初二日 </timeDescription>
    </birthday>
    <deathDate>
      <timeDescription> 嘉慶辛丑五月二十五日 </timeDescription>
    </deathDate>
  </personCore>
  <personExtendAncient>
    <fengzeng> 宜人 </fengzeng>
    <biography> 壽六十有六 </biography>
  </personExtendAncient>
</person>
<person PID="ID_P29">
  <nameInGenealogy> 黄孺人 </nameInGenealogy>
  <personCore>
    <surname> 黄 </surname>
    <gender>female</gender>
  </personCore>
  <personExtendAncient>
    <fengzeng> 孺人 </fengzeng>
    <note> 另葬塋右 </note>
  </personExtendAncient>
</person>
<person PID="ID_P30">
  <nameInGenealogy> 淵 </nameInGenealogy>
  <personCore>
    <surname> 龔 </surname>
    <gender>male</gender>
  </personCore>
</person>
```

```
<person PID="ID_P31">
    <nameInGenealogy> 淳 </nameInGenealogy>
    <personCore>
        <surname> 龔 </surname>
        <gender>male</gender>
    </personCore>
</person>
<person PID="ID_P32">
    <nameInGenealogy> 沂 </nameInGenealogy>
    <personCore>
        <surname> 龔 </surname>
        <gender>male</gender>
    </personCore>
</person>
<person PID="ID_P33">
    <nameInGenealogy> 澄 </nameInGenealogy>
    <personCore>
        <surname> 龔 </surname>
        <firstname> 漳 </firstname>
        <gender>male</gender>
    </personCore>
    <personExtendAncient>
        <zi> 清甫 </zi>
        <birthPlace>
            <placeDescription> 西門外觀音山 </placeDescription>
        </birthPlace>
        <zhiguan> 明正德間由吏員官廣東平圃驛丞 </zhiguan>
        <note> 西門外觀音山,坐乙向辛 </note>
    </personExtendAncient>
</person>
<person PID="ID_P34">
    <nameInGenealogy> 陳孺人 </nameInGenealogy>
    <personCore>
        <surname> 陳 </surname>
        <gender>female</gender>
    </personCore>
    <personExtendAncient>
        <fengzeng> 孺人 </fengzeng>
    </personExtendAncient>
```

```
</person>
<person PID="ID_P35">
    <nameInGenealogy> 用卿 </nameInGenealogy>
    <personCore>
        <surname> 龔 </surname>
        <gender>male</gender>
        <birthday>
            <timeDescription> 明弘治十四年辛酉五月二十四日 </timeDescription>
        </birthday>
        <deathDate>
            <timeDescription> 嘉靖四十三年甲子六月十七日 </timeDescription>
        </deathDate>
    </personCore>
    <personExtendAncient>
        <zi> 鳴治 </zi>
        <biehao> 雲岡 </biehao>
        <birthPlace>
            <placeDescription> 南門外吉祥洋犢山 </placeDescription>
        </birthPlace>
        <keju> 由福州府懷安縣廪生，以《禮記》中嘉靖壬午科五名舉人、丙戌科進
    士一甲一名及第 </keju>
        <zhiguan> 授翰林院修撰，充朝鮮詔諭使，賜一品服，擢左春坊左諭德兼翰
    林院侍讀，充經筵日講官，再擢南京國子监祭酒 </zhiguan>
        <zhushu>《雲岡集》</zhushu>
        <biography> 壽六十有四 </biography>
        <note> 葬南門外吉祥洋犢山，坐卯向酉 </note>
    </personExtendAncient>
</person>
<person PID="ID_P36">
    <nameInGenealogy> 林恭人 </nameInGenealogy>
    <personCore>
        <surname> 林 </surname>
        <gender>female</gender>
    </personCore>
    <personExtendAncient>
        <fengzeng> 恭人 </fengzeng>
    </personExtendAncient>
</person>
<person PID="ID_P37">
```

```
    <nameInGenealogy> 林恭人 </nameInGenealogy>
    <personCore>
        <surname> 林 </surname>
        <gender>female</gender>
    </personCore>
    <personExtendAncient>
        <fengzeng> 恭人 </fengzeng>
    </personExtendAncient>
</person>
<person PID="ID_P38">
    <nameInGenealogy> 郭孺人 </nameInGenealogy>
    <personCore>
        <surname> 郭 </surname>
        <gender>female</gender>
    </personCore>
    <personExtendAncient>
        <fengzeng> 孺人 </fengzeng>
    </personExtendAncient>
</person>
<person PID="ID_P39">
    <nameInGenealogy> 用顯 </nameInGenealogy>
    <personCore>
        <surname> 龔 </surname>
        <firstname> 桂 </firstname>
        <gender>male</gender>
        <birthday>
            <timeDescription> 明某年月日生 </timeDescription>
        </birthday>
    </personCore>
    <personExtendAncient>
        <biehao> 少皋 </biehao>
        <birthPlace>
            <placeDescription> 西门外洪山橋頭 </placeDescription>
        </birthPlace>
    </personExtendAncient>
</person>
<person PID="ID_P40">
    <nameInGenealogy> 施氏 </nameInGenealogy>
    <personCore>
```

```
        <surname> 施 </surname>
        <gender>female</gender>
    </personCore>
</person>
<person PID="ID_P41">
    <nameInGenealogy> 用模 </nameInGenealogy>
    <personCore>
        <surname> 龔 </surname>
        <gender>male</gender>
    </personCore>
</person>
<person PID="ID_P42">
    <nameInGenealogy> 楷 </nameInGenealogy>
    <personCore>
        <surname> 龔 </surname>
        <gender>male</gender>
    </personCore>
</person>
<person PID="ID_P43">
    <nameInGenealogy> 極 </nameInGenealogy>
    <personCore>
        <surname> 龔 </surname>
        <gender>male</gender>
    </personCore>
</person>
<person PID="ID_P44">
    <nameInGenealogy> 用材 </nameInGenealogy>
    <personCore>
        <surname> 龔 </surname>
        <gender>male</gender>
    </personCore>
</person>
<person PID="ID_P45">
    <nameInGenealogy> 爟 </nameInGenealogy>
    <personCore>
        <surname> 龔 </surname>
        <gender>male</gender>
    </personCore>
</person>
```

```
<person PID="ID_P46">
    <nameInGenealogy> 倪氏 </nameInGenealogy>
    <personCore>
        <surname> 倪 </surname>
        <gender>female</gender>
    </personCore>
</person>
<person PID="ID_P47">
    <nameInGenealogy> 文烗 </nameInGenealogy>
    <personCore>
        <surname> 龔 </surname>
        <gender>male</gender>
    </personCore>
</person>
<person PID="ID_P48">
    <nameInGenealogy> 文焯 </nameInGenealogy>
    <personCore>
        <surname> 龔 </surname>
        <gender>male</gender>
        <birthday>
            <timeDescription> 明某年月日 </timeDescription>
        </birthday>
    </personCore>
    <personExtendAncient>
        <biehao> 莘野 </biehao>
        <buryPlace>
            <placeDescription> 西門外洪山橋頭 </placeDescription>
        </buryPlace>
        <keju> 閩縣附生 </keju>
        <note> 葬西門外洪山橋頭,穴未詳,疑附父塋 </note>
    </personExtendAncient>
</person>
<person PID="ID_P49">
    <nameInGenealogy> 鄭氏 </nameInGenealogy>
    <personCore>
        <surname> 鄭 </surname>
        <gender>female</gender>
    </personCore>
</person>
```

```
<person PID="ID_P50">
   <nameInGenealogy> 陳氏 </nameInGenealogy>
   <personCore>
      <surname> 陳 </surname>
      <gender>female</gender>
   </personCore>
</person>
<person PID="ID_P51">
   <nameInGenealogy> 懋墀 </nameInGenealogy>
   <personCore>
      <surname> 龔 </surname>
      <gender>male</gender>
      <birthday>
         <timeDescription> 明嘉靖四十一年壬戌正月初五日 </timeDescription>
      </birthday>
      <deathDate>
         <timeDescription> 崇禎七年癸酉十二月二十六日 </timeDescription>
      </deathDate>
   </personCore>
   <personExtendAncient>
      <zi> 克丹 </zi>
      <biehao> 玉屏 </biehao>
      <shihao> 節愍 </shihao>
      <buryPlace>
         <placeDescription> 東門外登雲路 </placeDescription>
      </buryPlace>
      <keju> 貢生 </keju>
      <zhiguan> 授湖廣郴州州同,補湖廣鄖陽衛經歷,署上津縣事 </zhiguan>
      <fengzeng> 湖廣按察使司僉事 </fengzeng>
      <biography> 崇禎七年癸酉十二月二十六日,流寇陷城,殉難,壽七十有二。
   事聞,贈湖廣按察使司僉事,祀旌忠祠、上津縣名宦祠,清追謚節愍,詳史
   志、乘。公妹夫曹學佺《石倉全集》有奠公文。</biography>
   </personExtendAncient>
</person>
<person PID="ID_P52">
   <nameInGenealogy> 陳宜人 </nameInGenealogy>
   <personCore>
      <surname> 陳 </surname>
      <gender>female</gender>
```

```
        </personCore>
        <personExtendAncient>
            <fengzeng> 宜人 </fengzeng>
        </personExtendAncient>
    </person>
    <person PID="ID_P53">
        <nameInGenealogy> 應北 </nameInGenealogy>
        <personCore>
            <surname> 龔 </surname>
            <gender>male</gender>
            <birthday>
                <timeDescription> 明某年月日生 </timeDescription>
            </birthday>
        </personCore>
        <personExtendAncient>
            <zi> 熙臺 </zi>
            <buryPlace>
                <placeDescription> 西門洪山橋頭 </placeDescription>
            </buryPlace>
            <fengzeng> 驃騎將軍,福建提標中營都司 </fengzeng>
        </personExtendAncient>
    </person>
    <person PID="ID_P54">
        <nameInGenealogy> 梁恭人 </nameInGenealogy>
        <personCore>
            <surname> 梁 </surname>
            <gender>female</gender>
        </personCore>
        <personExtendAncient>
            <fengzeng> 恭人 </fengzeng>
        </personExtendAncient>
    </person>
    <person PID="ID_P55">
        <nameInGenealogy> 應垣 </nameInGenealogy>
        <personCore>
            <surname> 龔 </surname>
            <gender>male</gender>
        </personCore>
    </person>
```

```
<person PID="ID_P56">
    <nameInGenealogy> 允奇 </nameInGenealogy>
    <personCore>
        <surname> 龔 </surname>
        <gender>male</gender>
    </personCore>
</person>
<person PID="ID_P57">
    <nameInGenealogy> 大畜 </nameInGenealogy>
    <personCore>
        <surname> 龔 </surname>
        <gender>male</gender>
    </personCore>
</person>
<person PID="ID_P58">
    <nameInGenealogy> 禮 </nameInGenealogy>
    <personCore>
        <surname> 龔 </surname>
        <gender>male</gender>
    </personCore>
</person>
<person PID="ID_P59">
    <nameInGenealogy> 大臨 </nameInGenealogy>
    <personCore>
        <surname> 龔 </surname>
        <gender>male</gender>
        <birthday>
            <timeDescription> 明萬歷十六年戊子五月十一日丑時 </timeDescription>
        </birthday>
        <deathDate>
            <timeDescription> 清順治十四年丁酉正月初九日丑時 </timeDescription>
        </deathDate>
    </personCore>
    <personExtendAncient>
        <zi> 敬輿 </zi>
        <buryPlace>
            <placeDescription> 東門外崎上壽泉山 </placeDescription>
        </buryPlace>
        <zhiguan> 行伍官福建提標中營都司 </zhiguan>
```

```
            <fengzeng> 驃騎將軍 </fengzeng>
            <biography> 壽七十 </biography>
            <note> 公偕傅宜人葬東門外崎上壽泉山，坐辛向乙 </note>
        </personExtendAncient>
    </person>
    <person PID="ID_P60">
        <nameInGenealogy> 林宜人 </nameInGenealogy>
        <personCore>
            <surname> 林 </surname>
            <gender>female</gender>
        </personCore>
        <personExtendAncient>
            <buryPlace>
                <placeDescription> 臺頭馬鞍山 </placeDescription>
            </buryPlace>
            <fengzeng> 宜人 </fengzeng>
            <note> 葬臺頭馬鞍山，坐辛向乙 </note>
        </personExtendAncient>
    </person>
    <person PID="ID_P61">
        <nameInGenealogy> 傅宜人 </nameInGenealogy>
        <personCore>
            <surname> 傅 </surname>
            <gender>female</gender>
        </personCore>
        <personExtendAncient>
            <fengzeng> 宜人 </fengzeng>
        </personExtendAncient>
    </person>
    <person PID="ID_P62">
        <nameInGenealogy> 大萃 </nameInGenealogy>
        <personCore>
            <surname> 龔 </surname>
            <gender>male</gender>
        </personCore>
    </person>
</personList>
<sourceList sourceNum="1">
    <source SID="ID_S1">
```

```
        <title>
            <formalTitle> 福州通賢龔氏支譜三卷 </formalTitle>
            <OtherTitle> 通賢龔氏支譜 </OtherTitle>
            <OtherTitle> 龔氏支譜 </OtherTitle>
        </title>
        <creator>（清）龔葆琛 </creator>
        <subject> 家譜 </subject>
        <description> 三册。始祖修，字孟質，元末自莆田遷福州，居三山太平坊。始
      遷祖佛仝，修孫，明初徙居南街通賢境巷。</description>
        <edition> 清光緒 9 年［1883］刻本 </edition>
        <format> 古籍 </format>
        <language> 中文 </language>
        <coverage> 福建福州 </coverage>
        <rights> 國家圖書館版權所有 </rights>
        <link>
                <URI>http://ouroots.nlc.gov.cn/search/Reader1.jsp?q=SZJP00149&amp;s
    =1&amp;volumn=1&amp;bookid=17871</URI>
        </link>
      </source>
    </sourceList>
</genealogicalFile>
```

仍以《福州通贤龚氏支谱》始祖至十世为例，家谱文献内容详见附录 3，基于家庭模式的世系树文件如例 5–2 所示，与例 5–1 相同部分用省略号代替。

例 5–2：

```
<?xml version="1.0" encoding="UTF-8"?>
<genealogicalFile xmlns:xsi="http://www.w3.org/2001/XMLSchema-instance" xsi:noNamespac
eSchemaLocation="genealogicalTree.xsd">
    <fileHeader>
      ……
      <size>59KB</size>
      ……
    </fileHeader>
    <relation RID="ID_R1" familyNum="39" clanNum="0" generalClanNum="0"
    combinedClanNum="0" teacherAndStudentNum="0">
      <relationFamily personNum="66">
        <family FID="ID_F1" generation=" 一世 " branch=" 福州通賢支 " >
          <husband>
            <husbandRef target="person" refId="ID_P1"></husbandRef>
          </husband>
```

```
  <wife wifeOrder="1">
    <wifeRefs wifeRank=" 正室 ">
      <wifeRef target="person" refId="ID_P2"></wifeRef>
    </wifeRefs>
  </wife>
  <child motherRef="ID_P2">
    <childRefs childOrder="1">
      <childRef target="person" refId="ID_P3"></childRef>
    </childRefs>
  </child>
  <familyLink>
    <childFamilyRef>
      <linkSourceRef target="person" refId="ID_P3"></linkSourceRef>
      <linkTargetRef target="family" refId="ID_F2"></linkTargetRef>
    </childFamilyRef>
  </familyLink>
  <familySource>
    <sourceRef target="source" refId="ID_S1"></sourceRef>
  </familySource>
</family>
<family FID="ID_F2" generation=" 二世 " branch=" 福州通賢支 " >
  <husband>
    <husbandRef target="person" refId="ID_P3"></husbandRef>
  </husband>
  <wife wifeOrder="1">
    <wifeRefs wifeRank=" 正室 ">
      <wifeRef target="person" refId="ID_P4"></wifeRef>
    </wifeRefs>
  </wife>
  <wife wifeOrder="2">
    <wifeRefs wifeRank=" 繼室 ">
      <wifeRef target="person" refId="ID_P5"></wifeRef>
    </wifeRefs>
  </wife>
  <child motherRef="ID_P4">
    <childRefs childOrder="1">
      <childRef target="person" refId="ID_P6"></childRef>
    </childRefs>
    <childRefs childOrder="2">
```

```
            <childRef target="person" refId="ID_P7"></childRef>
        </childRefs>
        <childRefs childOrder="3">
            <childRef target="person" refId="ID_P8"></childRef>
        </childRefs>
    </child>
    <familyLink>
        <husbandFamilyRef>
            <linkSourceRef target="person" refId="ID_P3"></linkSourceRef>
            <linkTargetRef target="family" refId="ID_F1"></linkTargetRef>
        </husbandFamilyRef>
        <childFamilyRef>
            <linkSourceRef target="person" refId="ID_P6"></linkSourceRef>
            <linkTargetRef target="family" refId="ID_F3"></linkTargetRef>
        </childFamilyRef>
        <childFamilyRef>
            <linkSourceRef target="person" refId="ID_P7"></linkSourceRef>
            <linkTargetRef target="family" refId="ID_F4"></linkTargetRef>
        </childFamilyRef>
        <childFamilyRef>
            <linkSourceRef target="person" refId="ID_P6"></linkSourceRef>
            <linkTargetRef target="family" refId="ID_F5"></linkTargetRef>
        </childFamilyRef>
    </familyLink>
    <familySource>
        <sourceRef target="source" refId="ID_S1"></sourceRef>
    </familySource>
</family>
<family FID="ID_F3" generation=" 三世 " branch=" 福州通賢支 " >
    <husband>
        <husbandRef target="person" refId="ID_P6"></husbandRef>
    </husband>
    <familyLink>
        <husbandFamilyRef>
            <linkSourceRef target="person" refId="ID_P6"></linkSourceRef>
            <linkTargetRef target="family" refId="ID_F2"></linkTargetRef>
        </husbandFamilyRef>
    </familyLink>
    <familySource>
```

```xml
            <sourceRef target="source" refId="ID_S1"></sourceRef>
        </familySource>
    </family>
    <family FID="ID_F4" generation=" 三世 " branch=" 福州通賢支 " >
        <husband>
            <husbandRef target="person" refId="ID_P7"></husbandRef>
        </husband>
        <familyLink>
            <husbandFamilyRef>
                <linkSourceRef target="person" refId="ID_P7"></linkSourceRef>
                <linkTargetRef target="family" refId="ID_F2"></linkTargetRef>
            </husbandFamilyRef>
        </familyLink>
        <familySource>
            <sourceRef target="source" refId="ID_S1"></sourceRef>
        </familySource>
    </family>
    <family FID="ID_F5" generation=" 三世 " branch=" 福州通賢支 " >
        <husband>
            <husbandRef target="person" refId="ID_P8"></husbandRef>
        </husband>
        <wife wifeOrder="1">
            <wifeRefs wifeRank=" 正室 ">
                <wifeRef target="person" refId="ID_P9"></wifeRef>
            </wifeRefs>
        </wife>
        <child motherRef="ID_P9">
            <childRefs childOrder="1">
                <childRef target="person" refId="ID_P10"></childRef>
            </childRefs>
            <childRefs childOrder="2">
                <childRef target="person" refId="ID_P12"></childRef>
            </childRefs>
            <childRefs childOrder="3">
                <childRef target="person" refId="ID_P13"></childRef>
            </childRefs>
            <childRefs childOrder="4">
                <childRef target="person" refId="ID_P15"></childRef>
            </childRefs>
```

```
        <childRefs childOrder="5">
            <childRef target="person" refId="ID_P16"></childRef>
        </childRefs>
    </child>
    <familyLink>
        <husbandFamilyRef>
            <linkSourceRef target="person" refId="ID_P8"></linkSourceRef>
            <linkTargetRef target="family" refId="ID_F2"></linkTargetRef>
        </husbandFamilyRef>
        <childFamilyRef>
            <linkSourceRef target="person" refId="ID_P10"></linkSourceRef>
            <linkTargetRef target="family" refId="ID_F6"></linkTargetRef>
        </childFamilyRef>
        <childFamilyRef>
            <linkSourceRef target="person" refId="ID_P12"></linkSourceRef>
            <linkTargetRef target="family" refId="ID_F7"></linkTargetRef>
        </childFamilyRef>
        <childFamilyRef>
            <linkSourceRef target="person" refId="ID_P13"></linkSourceRef>
            <linkTargetRef target="family" refId="ID_F8"></linkTargetRef>
        </childFamilyRef>
        <childFamilyRef>
            <linkSourceRef target="person" refId="ID_P15"></linkSourceRef>
            <linkTargetRef target="family" refId="ID_F9"></linkTargetRef>
        </childFamilyRef>
        <childFamilyRef>
            <linkSourceRef target="person" refId="ID_P16"></linkSourceRef>
            <linkTargetRef target="family" refId="ID_F10"></linkTargetRef>
        </childFamilyRef>
    </familyLink>
    <familySource>
        <sourceRef target="source" refId="ID_S1"></sourceRef>
    </familySource>
</family>
<family FID="ID_F6" generation=" 四世 " branch=" 福州通賢支 " >
    <husband>
        <husbandRef target="person" refId="ID_P10"></husbandRef>
    </husband>
    <wife wifeOrder="1">
```

```
            <wifeRefs wifeRank=" 正室 ">
                <wifeRef target="person" refId="ID_P11"></wifeRef>
            </wifeRefs>
        </wife>
        <child motherRef="ID_P11">
            <childRefs childOrder="1">
                <childRef target="person" refId="ID_P17"></childRef>
            </childRefs>
            <childRefs childOrder="2">
                <childRef target="person" refId="ID_P18"></childRef>
            </childRefs>
            <childRefs childOrder="3">
                <childRef target="person" refId="ID_P20"></childRef>
            </childRefs>
        </child>
        <familyLink>
            <husbandFamilyRef>
                <linkSourceRef target="person" refId="ID_P10"></linkSourceRef>
                <linkTargetRef target="family" refId="ID_F5"></linkTargetRef>
            </husbandFamilyRef>
            <childFamilyRef>
                <linkSourceRef target="person" refId="ID_P17"></linkSourceRef>
                <linkTargetRef target="family" refId="ID_F11"></linkTargetRef>
            </childFamilyRef>
            <childFamilyRef>
                <linkSourceRef target="person" refId="ID_P18"></linkSourceRef>
                <linkTargetRef target="family" refId="ID_F12"></linkTargetRef>
            </childFamilyRef>
            <childFamilyRef>
                <linkSourceRef target="person" refId="ID_P20"></linkSourceRef>
                <linkTargetRef target="family" refId="ID_F13"></linkTargetRef>
            </childFamilyRef>
        </familyLink>
        <familySource>
            <sourceRef target="source" refId="ID_S1"></sourceRef>
        </familySource>
    </family>
    <family FID="ID_F7" generation=" 四世 " branch=" 福州通賢支 " >
        <husband>
```

```
            <husbandRef target="person" refId="ID_P12"></husbandRef>
        </husband>
        <familyLink>
            <husbandFamilyRef>
                <linkSourceRef target="person" refId="ID_P12"></linkSourceRef>
                <linkTargetRef target="family" refId="ID_F5"></linkTargetRef>
            </husbandFamilyRef>
        </familyLink>
        <familySource>
            <sourceRef target="source" refId="ID_S1"></sourceRef>
        </familySource>
    </family>
    <family FID="ID_F8" generation=" 四世 " branch=" 福州通賢支 " >
        <husband>
            <husbandRef target="person" refId="ID_P13"></husbandRef>
        </husband>
        <wife wifeOrder="1">
            <wifeRefs wifeRank=" 正室 ">
                <wifeRef target="person" refId="ID_P14"></wifeRef>
            </wifeRefs>
        </wife>
        <child motherRef="ID_P14">
            <childRefs childOrder="1">
                <childRef target="person" refId="ID_P21"></childRef>
            </childRefs>
            <childRefs childOrder="2">
                <childRef target="person" refId="ID_P22"></childRef>
            </childRefs>
            <childRefs childOrder="3">
                <childRef target="person" refId="ID_P23"></childRef>
            </childRefs>
        </child>
        <familyLink>
            <husbandFamilyRef>
                <linkSourceRef target="person" refId="ID_P13"></linkSourceRef>
                <linkTargetRef target="family" refId="ID_F5"></linkTargetRef>
            </husbandFamilyRef>
            <childFamilyRef>
                <linkSourceRef target="person" refId="ID_P21"></linkSourceRef>
```

```
            <linkTargetRef target="family" refId="ID_F14"></linkTargetRef>
        </childFamilyRef>
        <childFamilyRef>
            <linkSourceRef target="person" refId="ID_P22"></linkSourceRef>
            <linkTargetRef target="family" refId="ID_F15"></linkTargetRef>
        </childFamilyRef>
        <childFamilyRef>
            <linkSourceRef target="person" refId="ID_P23"></linkSourceRef>
            <linkTargetRef target="family" refId="ID_F16"></linkTargetRef>
        </childFamilyRef>
    </familyLink>
    <familySource>
        <sourceRef target="source" refId="ID_S1"></sourceRef>
    </familySource>
</family>
<family FID="ID_F9" generation=" 四世 " branch=" 福州通賢支 " >
    <husband>
        <husbandRef target="person" refId="ID_P15"></husbandRef>
    </husband>
    <familyLink>
        <husbandFamilyRef>
            <linkSourceRef target="person" refId="ID_P15"></linkSourceRef>
            <linkTargetRef target="family" refId="ID_F5"></linkTargetRef>
        </husbandFamilyRef>
    </familyLink>
    <familySource>
        <sourceRef target="source" refId="ID_S1"></sourceRef>
    </familySource>
</family>
<family FID="ID_F10" generation=" 四世 " branch=" 福州通賢支 " >
    <husband>
        <husbandRef target="person" refId="ID_P16"></husbandRef>
    </husband>
    <familyLink>
        <husbandFamilyRef>
            <linkSourceRef target="person" refId="ID_P16"></linkSourceRef>
            <linkTargetRef target="family" refId="ID_F5"></linkTargetRef>
        </husbandFamilyRef>
    </familyLink>
```

```
        <familySource>
            <sourceRef target="source" refId="ID_S1"></sourceRef>
        </familySource>
    </family>
    <family FID="ID_F11" generation=" 五世 " branch=" 福州通賢支 " >
        <husband>
            <husbandRef target="person" refId="ID_P17"></husbandRef>
        </husband>
        <familyLink>
            <husbandFamilyRef>
                <linkSourceRef target="person" refId="ID_P17"></linkSourceRef>
                <linkTargetRef target="family" refId="ID_F6"></linkTargetRef>
            </husbandFamilyRef>
        </familyLink>
        <familySource>
            <sourceRef target="source" refId="ID_S1"></sourceRef>
        </familySource>
    </family>
    <family FID="ID_F12" generation=" 五世 " branch=" 福州通賢支 " >
        <husband>
            <husbandRef target="person" refId="ID_P18"></husbandRef>
        </husband>
        <wife wifeOrder="1">
            <wifeRefs wifeRank=" 正室 ">
                <wifeRef target="person" refId="ID_P19"></wifeRef>
            </wifeRefs>
        </wife>
        <child motherRef="ID_P19">
            <childRefs childOrder="1">
                <childRef target="person" refId="ID_P25"></childRef>
            </childRefs>
            <childRefs childOrder="2">
                <childRef target="person" refId="ID_P27"></childRef>
            </childRefs>
            <childRefs childOrder="3">
                <childRef target="person" refId="ID_P30"></childRef>
            </childRefs>
            <childRefs childOrder="4">
                <childRef target="person" refId="ID_P31"></childRef>
```

```
            </childRefs>
            <childRefs childOrder="5">
                <childRef target="person" refId="ID_P32"></childRef>
            </childRefs>
        </child>
        <familyLink>
            <husbandFamilyRef>
                <linkSourceRef target="person" refId="ID_P18"></linkSourceRef>
                <linkTargetRef target="family" refId="ID_F6"></linkTargetRef>
            </husbandFamilyRef>
            <childFamilyRef>
                <linkSourceRef target="person" refId="ID_P25"></linkSourceRef>
                <linkTargetRef target="family" refId="ID_F17"></linkTargetRef>
            </childFamilyRef>
            <childFamilyRef>
                <linkSourceRef target="person" refId="ID_P27"></linkSourceRef>
                <linkTargetRef target="family" refId="ID_F18"></linkTargetRef>
            </childFamilyRef>
            <childFamilyRef>
                <linkSourceRef target="person" refId="ID_P30"></linkSourceRef>
                <linkTargetRef target="family" refId="ID_F19"></linkTargetRef>
            </childFamilyRef>
            <childFamilyRef>
                <linkSourceRef target="person" refId="ID_P31"></linkSourceRef>
                <linkTargetRef target="family" refId="ID_F20"></linkTargetRef>
            </childFamilyRef>
            <childFamilyRef>
                <linkSourceRef target="person" refId="ID_P32"></linkSourceRef>
                <linkTargetRef target="family" refId="ID_F21"></linkTargetRef>
            </childFamilyRef>
        </familyLink>
        <familySource>
            <sourceRef target="source" refId="ID_S1"></sourceRef>
        </familySource>
    </family>
    <family FID="ID_F13" generation=" 五世 " branch=" 福州通賢支 " >
        <husband>
            <husbandRef target="person" refId="ID_P20"></husbandRef>
        </husband>
```

```
    <familyLink>
        <husbandFamilyRef>
            <linkSourceRef target="person" refId="ID_P20"></linkSourceRef>
            <linkTargetRef target="family" refId="ID_F6"></linkTargetRef>
        </husbandFamilyRef>
    </familyLink>
    <familySource>
        <sourceRef target="source" refId="ID_S1"></sourceRef>
    </familySource>
</family>
<family FID="ID_F14" generation=" 五世 " branch=" 福州通賢支 " >
    <husband>
        <husbandRef target="person" refId="ID_P21"></husbandRef>
    </husband>
    <familyLink>
        <husbandFamilyRef>
            <linkSourceRef target="person" refId="ID_P21"></linkSourceRef>
            <linkTargetRef target="family" refId="ID_F8"></linkTargetRef>
        </husbandFamilyRef>
    </familyLink>
    <familySource>
        <sourceRef target="source" refId="ID_S1"></sourceRef>
    </familySource>
</family>
<family FID="ID_F15" generation=" 五世 " branch=" 福州通賢支 " >
    <husband>
        <husbandRef target="person" refId="ID_P22"></husbandRef>
    </husband>
    <familyLink>
        <husbandFamilyRef>
            <linkSourceRef target="person" refId="ID_P22"></linkSourceRef>
            <linkTargetRef target="family" refId="ID_F8"></linkTargetRef>
        </husbandFamilyRef>
    </familyLink>
    <familySource>
        <sourceRef target="source" refId="ID_S1"></sourceRef>
    </familySource>
</family>
<family FID="ID_F16" generation=" 五世 " branch=" 福州通賢支 " >
```

```
    <husband>
        <husbandRef target="person" refId="ID_P23"></husbandRef>
    </husband>
    <wife wifeOrder="1">
        <wifeRefs wifeRank=" 正室 ">
            <wifeRef target="person" refId="ID_P24"></wifeRef>
        </wifeRefs>
    </wife>
    <child motherRef="ID_P24">
        <childRefs childOrder="1">
            <childRef target="person" refId="ID_P33"></childRef>
        </childRefs>
    </child>
    <familyLink>
        <husbandFamilyRef>
            <linkSourceRef target="person" refId="ID_P23"></linkSourceRef>
            <linkTargetRef target="family" refId="ID_F8"></linkTargetRef>
        </husbandFamilyRef>
        <childFamilyRef>
            <linkSourceRef target="person" refId="ID_P33"></linkSourceRef>
            <linkTargetRef target="family" refId="ID_F22"></linkTargetRef>
        </childFamilyRef>
    </familyLink>
    <familySource>
        <sourceRef target="source" refId="ID_S1"></sourceRef>
    </familySource>
</family>
<family FID="ID_F17" generation=" 六世 " branch=" 福州通賢支 " >
    <husband>
        <husbandRef target="person" refId="ID_P25"></husbandRef>
    </husband>
    <wife wifeOrder="1">
        <wifeRefs wifeRank=" 正室 ">
            <wifeRef target="person" refId="ID_P26"></wifeRef>
        </wifeRefs>
    </wife>
    <child motherRef="ID_P26">
        <childRefs childOrder="1">
            <childRef target="person" refId="ID_P35"></childRef>
```

```xml
            </childRefs>
        </child>
        <familyLink>
            <husbandFamilyRef>
                <linkSourceRef target="person" refId="ID_P25"></linkSourceRef>
                <linkTargetRef target="family" refId="ID_F12"></linkTargetRef>
            </husbandFamilyRef>
            <childFamilyRef>
                <linkSourceRef target="person" refId="ID_P35"></linkSourceRef>
                <linkTargetRef target="family" refId="ID_F23"></linkTargetRef>
            </childFamilyRef>
        </familyLink>
        <familySource>
            <sourceRef target="source" refId="ID_S1"></sourceRef>
        </familySource>
    </family>
    <family FID="ID_F18" generation=" 六世 " branch=" 福州通賢支 " >
        <husband>
            <husbandRef target="person" refId="ID_P27"></husbandRef>
        </husband>
        <wife wifeOrder="1">
            <wifeRefs wifeRank=" 正室 ">
                <wifeRef target="person" refId="ID_P28"></wifeRef>
            </wifeRefs>
        </wife>
        <wife wifeOrder="2">
            <wifeRefs wifeRank=" 側室 ">
                <wifeRef target="person" refId="ID_P29"></wifeRef>
            </wifeRefs>
        </wife>
        <child motherRef="ID_P28">
            <childRefs childOrder="1">
                <childRef target="person" refId="ID_P39"></childRef>
            </childRefs>
            <childRefs childOrder="2">
                <childRef target="person" refId="ID_P41"></childRef>
            </childRefs>
        </child>
        <child motherRef="ID_P29">
```

```xml
            <childRefs childOrder="3">
                <childRef target="person" refId="ID_P42"></childRef>
            </childRefs>
            <childRefs childOrder="4">
                <childRef target="person" refId="ID_P43"></childRef>
            </childRefs>
        </child>
        <familyLink>
            <husbandFamilyRef>
                <linkSourceRef target="person" refId="ID_P27"></linkSourceRef>
                <linkTargetRef target="family" refId="ID_F12"></linkTargetRef>
            </husbandFamilyRef>
            <childFamilyRef>
                <linkSourceRef target="person" refId="ID_P39"></linkSourceRef>
                <linkTargetRef target="family" refId="ID_F24"></linkTargetRef>
            </childFamilyRef>
            <childFamilyRef>
                <linkSourceRef target="person" refId="ID_P41"></linkSourceRef>
                <linkTargetRef target="family" refId="ID_F25"></linkTargetRef>
            </childFamilyRef>
            <childFamilyRef>
                <linkSourceRef target="person" refId="ID_P42"></linkSourceRef>
                <linkTargetRef target="family" refId="ID_F26"></linkTargetRef>
            </childFamilyRef>
            <childFamilyRef>
                <linkSourceRef target="person" refId="ID_P43"></linkSourceRef>
                <linkTargetRef target="family" refId="ID_F27"></linkTargetRef>
            </childFamilyRef>
        </familyLink>
        <familySource>
            <sourceRef target="source" refId="ID_S1"></sourceRef>
        </familySource>
    </family>
    <family FID="ID_F19" generation=" 六世 " branch=" 福州通賢支 " >
        <husband>
            <husbandRef target="person" refId="ID_P30"></husbandRef>
        </husband>
        <familyLink>
            <husbandFamilyRef>
```

```
            <linkSourceRef target="person" refId="ID_P30"></linkSourceRef>
            <linkTargetRef target="family" refId="ID_F12"></linkTargetRef>
        </husbandFamilyRef>
    </familyLink>
    <familySource>
        <sourceRef target="source" refId="ID_S1"></sourceRef>
    </familySource>
</family>
<family FID="ID_F20" generation=" 六世 " branch=" 福州通賢支 " >
    <husband>
        <husbandRef target="person" refId="ID_P31"></husbandRef>
    </husband>
    <familyLink>
        <husbandFamilyRef>
            <linkSourceRef target="person" refId="ID_P31"></linkSourceRef>
            <linkTargetRef target="family" refId="ID_F12"></linkTargetRef>
        </husbandFamilyRef>
    </familyLink>
    <familySource>
        <sourceRef target="source" refId="ID_S1"></sourceRef>
    </familySource>
</family>
<family FID="ID_F21" generation=" 六世 " branch=" 福州通賢支 " >
    <husband>
        <husbandRef target="person" refId="ID_P32"></husbandRef>
    </husband>
    <familyLink>
        <husbandFamilyRef>
            <linkSourceRef target="person" refId="ID_P32"></linkSourceRef>
            <linkTargetRef target="family" refId="ID_F12"></linkTargetRef>
        </husbandFamilyRef>
    </familyLink>
    <familySource>
        <sourceRef target="source" refId="ID_S1"></sourceRef>
    </familySource>
</family>
<family FID="ID_F22" generation=" 六世 " branch=" 福州通賢支 " >
    <husband>
        <husbandRef target="person" refId="ID_P33"></husbandRef>
```

```
    </husband>
    <wife wifeOrder="1">
        <wifeRefs wifeRank=" 正室 ">
            <wifeRef target="person" refId="ID_P34"></wifeRef>
        </wifeRefs>
    </wife>
    <child motherRef="ID_P34">
        <childRefs childOrder="1">
            <childRef target="person" refId="ID_P44"></childRef>
        </childRefs>
    </child>
    <familyLink>
        <husbandFamilyRef>
            <linkSourceRef target="person" refId="ID_P33"></linkSourceRef>
            <linkTargetRef target="family" refId="ID_F16"></linkTargetRef>
        </husbandFamilyRef>
        <childFamilyRef>
            <linkSourceRef target="person" refId="ID_P44"></linkSourceRef>
            <linkTargetRef target="family" refId="ID_F28"></linkTargetRef>
        </childFamilyRef>
    </familyLink>
    <familySource>
        <sourceRef target="source" refId="ID_S1"></sourceRef>
    </familySource>
</family>
<family FID="ID_F23" generation=" 七世 " branch=" 福州通賢支 " >
    <husband>
        <husbandRef target="person" refId="ID_P35"></husbandRef>
    </husband>
    <wife wifeOrder="1">
        <wifeRefs wifeRank=" 正室 ">
            <wifeRef target="person" refId="ID_P36"></wifeRef>
        </wifeRefs>
    </wife>
    <wife wifeOrder="2">
        <wifeRefs wifeRank=" 繼室 ">
            <wifeRef target="person" refId="ID_P37"></wifeRef>
        </wifeRefs>
    </wife>
```

```
    <wife wifeOrder="3">
        <wifeRefs wifeRank=" 側室 ">
            <wifeRef target="person" refId="ID_P38"></wifeRef>
        </wifeRefs>
    </wife>
    <child motherRef="ID_P38">
        <childRefs childOrder="1">
            <childRef target="person" refId="ID_P45"></childRef>
        </childRefs>
    </child>
    <familyLink>
        <husbandFamilyRef>
            <linkSourceRef target="person" refId="ID_P35"></linkSourceRef>
            <linkTargetRef target="family" refId="ID_F17"></linkTargetRef>
        </husbandFamilyRef>
        <childFamilyRef>
            <linkSourceRef target="person" refId="ID_P45"></linkSourceRef>
            <linkTargetRef target="family" refId="ID_F29"></linkTargetRef>
        </childFamilyRef>
    </familyLink>
    <familySource>
        <sourceRef target="source" refId="ID_S1"></sourceRef>
    </familySource>
</family>
<family FID="ID_F24" generation=" 七世 " branch=" 福州通賢支 " >
    <husband>
        <husbandRef target="person" refId="ID_P39"></husbandRef>
    </husband>
    <wife wifeOrder="1">
        <wifeRefs wifeRank=" 正室 ">
            <wifeRef target="person" refId="ID_P40"></wifeRef>
        </wifeRefs>
    </wife>
    <child motherRef="ID_P40">
        <childRefs childOrder="1">
            <childRef target="person" refId="ID_P47"></childRef>
        </childRefs>
        <childRefs childOrder="2">
            <childRef target="person" refId="ID_P48"></childRef>
```

```
            </childRefs>
        </child>
        <familyLink>
            <husbandFamilyRef>
                <linkSourceRef target="person" refId="ID_P39"></linkSourceRef>
                <linkTargetRef target="family" refId="ID_F18"></linkTargetRef>
            </husbandFamilyRef>
            <childFamilyRef>
                <linkSourceRef target="person" refId="ID_P47"></linkSourceRef>
                <linkTargetRef target="family" refId="ID_F30"></linkTargetRef>
            </childFamilyRef>
            <childFamilyRef>
                <linkSourceRef target="person" refId="ID_P48"></linkSourceRef>
                <linkTargetRef target="family" refId="ID_F31"></linkTargetRef>
            </childFamilyRef>
        </familyLink>
        <familySource>
            <sourceRef target="source" refId="ID_S1"></sourceRef>
        </familySource>
    </family>
    <family FID="ID_F25" generation=" 七世 " branch=" 福州通賢支 " >
        <husband>
            <husbandRef target="person" refId="ID_P41"></husbandRef>
        </husband>
        <familyLink>
            <husbandFamilyRef>
                <linkSourceRef target="person" refId="ID_P41"></linkSourceRef>
                <linkTargetRef target="family" refId="ID_F18"></linkTargetRef>
            </husbandFamilyRef>
        </familyLink>
        <familySource>
            <sourceRef target="source" refId="ID_S1"></sourceRef>
        </familySource>
    </family>
    <family FID="ID_F26" generation=" 七世 " branch=" 福州通賢支 " >
        <husband>
            <husbandRef target="person" refId="ID_P42"></husbandRef>
        </husband>
        <familyLink>
```

```
            <husbandFamilyRef>
                <linkSourceRef target="person" refId="ID_P42"></linkSourceRef>
                <linkTargetRef target="family" refId="ID_F18"></linkTargetRef>
            </husbandFamilyRef>
        </familyLink>
        <familySource>
            <sourceRef target="source" refId="ID_S1"></sourceRef>
        </familySource>
    </family>
    <family FID="ID_F27" generation=" 七世 " branch=" 福州通賢支 " >
        <husband>
            <husbandRef target="person" refId="ID_P43"></husbandRef>
        </husband>
        <familyLink>
            <husbandFamilyRef>
                <linkSourceRef target="person" refId="ID_P43"></linkSourceRef>
                <linkTargetRef target="family" refId="ID_F18"></linkTargetRef>
            </husbandFamilyRef>
        </familyLink>
        <familySource>
            <sourceRef target="source" refId="ID_S1"></sourceRef>
        </familySource>
    </family>
    <family FID="ID_F28" generation=" 七世 " branch=" 福州通賢支 " >
        <husband>
            <husbandRef target="person" refId="ID_P44"></husbandRef>
        </husband>
        <familyLink>
            <husbandFamilyRef>
                <linkSourceRef target="person" refId="ID_P44"></linkSourceRef>
                <linkTargetRef target="family" refId="ID_F22"></linkTargetRef>
            </husbandFamilyRef>
        </familyLink>
        <familySource>
            <sourceRef target="source" refId="ID_S1"></sourceRef>
        </familySource>
    </family>
    <family FID="ID_F29" generation=" 八世 " branch=" 福州通賢支 " >
        <husband>
```

```
            <husbandRef target="person" refId="ID_P45"></husbandRef>
        </husband>
        <wife wifeOrder="1">
            <wifeRefs wifeRank=" 正室 ">
                <wifeRef target="person" refId="ID_P46"></wifeRef>
            </wifeRefs>
        </wife>
        <child motherRef="ID_P46">
            <childRefs childOrder="1">
                <childRef target="person" refId="ID_P51"></childRef>
            </childRefs>
        </child>
        <familyLink>
            <husbandFamilyRef>
                <linkSourceRef target="person" refId="ID_P45"></linkSourceRef>
                <linkTargetRef target="family" refId="ID_F23"></linkTargetRef>
            </husbandFamilyRef>
            <childFamilyRef>
                <linkSourceRef target="person" refId="ID_P51"></linkSourceRef>
                <linkTargetRef target="family" refId="ID_F32"></linkTargetRef>
            </childFamilyRef>
        </familyLink>
        <familySource>
            <sourceRef target="source" refId="ID_S1"></sourceRef>
        </familySource>
    </family>
    <family FID="ID_F30" generation=" 八世 " branch=" 福州通賢支 " >
        <husband>
            <husbandRef target="person" refId="ID_P47"></husbandRef>
        </husband>
        <familyLink>
            <husbandFamilyRef>
                <linkSourceRef target="person" refId="ID_P47"></linkSourceRef>
                <linkTargetRef target="family" refId="ID_F24"></linkTargetRef>
            </husbandFamilyRef>
        </familyLink>
        <familySource>
            <sourceRef target="source" refId="ID_S1"></sourceRef>
        </familySource>
```

```xml
</family>
<family FID="ID_F31" generation=" 八世 " branch=" 福州通賢支 " >
    <husband>
        <husbandRef target="person" refId="ID_P48"></husbandRef>
    </husband>
    <wife wifeOrder="1">
        <wifeRefs wifeRank=" 正室 ">
            <wifeRef target="person" refId="ID_P49"></wifeRef>
        </wifeRefs>
    </wife>
    <wife wifeOrder="2">
        <wifeRefs wifeRank=" 繼室 ">
            <wifeRef target="person" refId="ID_P50"></wifeRef>
        </wifeRefs>
    </wife>
    <child motherRef="ID_P49">
        <childRefs childOrder="1">
            <childRef target="person" refId="ID_P53"></childRef>
        </childRefs>
        <childRefs childOrder="2">
            <childRef target="person" refId="ID_P55"></childRef>
        </childRefs>
    </child>
    <familyLink>
        <husbandFamilyRef>
            <linkSourceRef target="person" refId="ID_P48"></linkSourceRef>
            <linkTargetRef target="family" refId="ID_F24"></linkTargetRef>
        </husbandFamilyRef>
        <childFamilyRef>
            <linkSourceRef target="person" refId="ID_P53"></linkSourceRef>
            <linkTargetRef target="family" refId="ID_F33"></linkTargetRef>
        </childFamilyRef>
        <childFamilyRef>
            <linkSourceRef target="person" refId="ID_P55"></linkSourceRef>
            <linkTargetRef target="family" refId="ID_F34"></linkTargetRef>
        </childFamilyRef>
    </familyLink>
    <familySource>
        <sourceRef target="source" refId="ID_S1"></sourceRef>
```

```xml
        </familySource>
    </family>
    <family FID="ID_F32" generation=" 九世 " branch=" 福州通賢支 " >
        <husband>
            <husbandRef target="person" refId="ID_P51"></husbandRef>
        </husband>
        <wife wifeOrder="1">
            <wifeRefs wifeRank=" 正室 ">
                <wifeRef target="person" refId="ID_P52"></wifeRef>
            </wifeRefs>
        </wife>
        <child motherRef="ID_P52">
            <childRefs childOrder="1">
                <childRef target="person" refId="ID_P56"></childRef>
                <chengSi> 入嗣 </chengSi>
            </childRefs>
        </child>
        <familyLink>
            <husbandFamilyRef>
                <linkSourceRef target="person" refId="ID_P51"></linkSourceRef>
                <linkTargetRef target="family" refId="ID_F29"></linkTargetRef>
            </husbandFamilyRef>
            <childFamilyRef>
                <linkSourceRef target="person" refId="ID_P56"></linkSourceRef>
                <linkTargetRef target="family" refId="ID_F35"></linkTargetRef>
            </childFamilyRef>
        </familyLink>
        <familySource>
            <sourceRef target="source" refId="ID_S1"></sourceRef>
        </familySource>
    </family>
    <family FID="ID_F33" generation=" 九世 " branch=" 福州通賢支 " >
        <husband>
            <husbandRef target="person" refId="ID_P53"></husbandRef>
        </husband>
        <wife wifeOrder="1">
            <wifeRefs wifeRank=" 正室 ">
                <wifeRef target="person" refId="ID_P54"></wifeRef>
            </wifeRefs>
```

```
</wife>
<child motherRef="ID_P54">
    <childRefs childOrder="1">
        <childRef target="person" refId="ID_P57"></childRef>
    </childRefs>
    <childRefs childOrder="2">
        <childRef target="person" refId="ID_P58"></childRef>
    </childRefs>
    <childRefs childOrder="3">
        <childRef target="person" refId="ID_P59"></childRef>
    </childRefs>
    <childRefs childOrder="4">
        <childRef target="person" refId="ID_P62"></childRef>
    </childRefs>
</child>
<familyLink>
    <husbandFamilyRef>
        <linkSourceRef target="person" refId="ID_P53"></linkSourceRef>
        <linkTargetRef target="family" refId="ID_F31"></linkTargetRef>
    </husbandFamilyRef>
    <childFamilyRef>
        <linkSourceRef target="person" refId="ID_P57"></linkSourceRef>
        <linkTargetRef target="family" refId="ID_F36"></linkTargetRef>
    </childFamilyRef>
    <childFamilyRef>
        <linkSourceRef target="person" refId="ID_P58"></linkSourceRef>
        <linkTargetRef target="family" refId="ID_F37"></linkTargetRef>
    </childFamilyRef>
    <childFamilyRef>
        <linkSourceRef target="person" refId="ID_P59"></linkSourceRef>
        <linkTargetRef target="family" refId="ID_F38"></linkTargetRef>
    </childFamilyRef>
    <childFamilyRef>
        <linkSourceRef target="person" refId="ID_P62"></linkSourceRef>
        <linkTargetRef target="family" refId="ID_F39"></linkTargetRef>
    </childFamilyRef>
</familyLink>
<familySource>
    <sourceRef target="source" refId="ID_S1"></sourceRef>
```

```
        </familySource>
    </family>
    <family FID="ID_F34" generation=" 九世 " branch=" 福州通賢支 " >
        <husband>
            <husbandRef target="person" refId="ID_P55"></husbandRef>
        </husband>
        <familyLink>
            <husbandFamilyRef>
                <linkSourceRef target="person" refId="ID_P55"></linkSourceRef>
                <linkTargetRef target="family" refId="ID_F31"></linkTargetRef>
            </husbandFamilyRef>
        </familyLink>
        <familySource>
            <sourceRef target="source" refId="ID_S1"></sourceRef>
        </familySource>
    </family>
    <family FID="ID_F35" generation=" 十世 " branch=" 福州通賢支 " >
        <husband>
            <husbandRef target="person" refId="ID_P56"></husbandRef>
        </husband>
        <familyLink>
            <husbandFamilyRef>
                <linkSourceRef target="person" refId="ID_P56"></linkSourceRef>
                <linkTargetRef target="family" refId="ID_F32"></linkTargetRef>
            </husbandFamilyRef>
        </familyLink>
        <familySource>
            <sourceRef target="source" refId="ID_S1"></sourceRef>
        </familySource>
    </family>
    <family FID="ID_F36" generation=" 十世 " branch=" 福州通賢支 " >
        <husband>
            <husbandRef target="person" refId="ID_P57"></husbandRef>
        </husband>
        <familyLink>
            <husbandFamilyRef>
                <linkSourceRef target="person" refId="ID_P57"></linkSourceRef>
                <linkTargetRef target="family" refId="ID_F33"></linkTargetRef>
            </husbandFamilyRef>
```

```
        </familyLink>
        <familySource>
            <sourceRef target="source" refId="ID_S1"></sourceRef>
        </familySource>
    </family>
    <family FID="ID_F37" generation=" 十世 " branch=" 福州通賢支 " >
        <husband>
            <husbandRef target="person" refId="ID_P58"></husbandRef>
        </husband>
        <familyLink>
            <husbandFamilyRef>
                <linkSourceRef target="person" refId="ID_P58"></linkSourceRef>
                <linkTargetRef target="family" refId="ID_F33"></linkTargetRef>
            </husbandFamilyRef>
        </familyLink>
        <familySource>
            <sourceRef target="source" refId="ID_S1"></sourceRef>
        </familySource>
    </family>
    <family FID="ID_F38" generation=" 十世 " branch=" 福州通賢支 " >
        <husband>
            <husbandRef target="person" refId="ID_P59"></husbandRef>
        </husband>
        <wife wifeOrder="1">
            <wifeRefs wifeRank=" 正室 ">
                <wifeRef target="person" refId="ID_P60"></wifeRef>
            </wifeRefs>
        </wife>
        <wife wifeOrder="2">
            <wifeRefs wifeRank=" 繼室 ">
                <wifeRef target="person" refId="ID_P61"></wifeRef>
            </wifeRefs>
        </wife>
        <child motherRef="ID_P60">
            <childRefs childOrder="1">
                <childRef target="person" refId="ID_P63"></childRef>
            </childRefs>
            <childRefs childOrder="2">
                <childRef target="person" refId="ID_P64"></childRef>
```

```
                </childRefs>
                <childRefs childOrder="3">
                    <childRef target="person" refId="ID_P66"></childRef>
                </childRefs>
            </child>
            <familyLink>
                <husbandFamilyRef>
                    <linkSourceRef target="person" refId="ID_P59"></linkSourceRef>
                    <linkTargetRef target="family" refId="ID_F33"></linkTargetRef>
                </husbandFamilyRef>
            </familyLink>
            <familySource>
                <sourceRef target="source" refId="ID_S1"></sourceRef>
            </familySource>
        </family>
        <family FID="ID_F39" generation=" 十世 " branch=" 福州通賢支 " >
            <husband>
                <husbandRef target="person" refId="ID_P62"></husbandRef>
            </husband>
            <familyLink>
                <husbandFamilyRef>
                    <linkSourceRef target="person" refId="ID_P62"></linkSourceRef>
                    <linkTargetRef target="family" refId="ID_F33"></linkTargetRef>
                </husbandFamilyRef>
            </familyLink>
            <familySource>
                <sourceRef target="source" refId="ID_S1"></sourceRef>
            </familySource>
        </family>
    </relationFamily>
  </relation>
  ……
</genealogicalFile>
```

参考文献

专著

[1]常建华.明代宗族研究[M].上海:上海人民出版社,2005.

[2]程维荣.中国继承制度史[M].上海:东方出版中心,2006.

[3]冯尔康.中国古代的宗族和祠堂[M].北京:商务印书馆,1996.

[4]冯尔康.中国宗族史[M].上海:上海人民出版社,2009.

[5]冯尔康.中国宗族制度与谱牒编纂[M].天津:天津古籍出版社,2011.

[6]蒋贤春,翟喜奎.中文文献全文版式还原与全文输入XML规范和应用指南[M].北京:国家图书馆出版社,2010.

[7]来新夏,徐建华.中国的年谱与家谱[M].北京:中国国际广播出版社,2010.

[8]林学勤.中国家谱的编纂[M].石家庄:河北人民出版社,2012.

[9]麦戈德里克,等.家谱图:评估与干预[M].北京:当代中国出版社,2015.

[10]倪义省.家谱编撰概说[M].福州:福建人民出版社,2009.

[11]欧阳宗书.中国家谱[M].北京:新华出版社,1993.

[12]钱杭.中国宗族史研究入门[M].上海:复旦大学出版社,2009.

[13]钱杭.中国宗族制度新探[M].香港:中华书局(香港)公司,1994.

[14]钱杭.宗族的世系学研究[M].上海:复旦大学出版社,2011.

[15]王鹤鸣.中国家谱通论[M].上海:上海古籍出版社,2010.

[16]王鹤鸣.中国家谱总目[M].上海:上海古籍出版社,2008.

[17]王荟,肖禹.地方志数字化模式与案例分析[M].北京:国家图书馆出版社,2012.

[18]王铁.中国东南的宗族与宗谱[M].上海:汉语大词典出版社,2002.

[19]徐建华.中国的家谱[M].天津:百花文艺出版社,2002.

[20]赵亮,苏品红.国家图书馆家谱元数据规范与著录规则[M].北京:国家图书馆出版社,2014.

[21]朱炳国.中国家谱文化[M].南京:凤凰出版社,2012.

论文

[1]冯一茹.家谱元数据规范设计与XML实现[D].南京:南京师范大学,2011.

[2]胡颖.家谱GIS中古今地名的时空关系研究[D].南京:南京师范大学,2008.

[3]皇甫冉.多媒体族谱数据库及网上查询系统[D].泉州:华侨大学,2001.

[4]贾静.基于家谱的家族迁徙数据模型研究[D].南京:南京师范大学,2012.

[5]柯洲.数字化家谱的研究与实现[D].武汉:华中师范大学,2011.

[6]雷晖.基于Flex与J2EE的族谱网的设计与实现[D].苏州:苏州大学,2011.

[7]梁芳.闽人旧族谱研究[D].福州:福建师范大学,2008.

[8]刘坚强.百姓通谱网运营管理平台的设计与实现[D].广州:暨南大学,2013.

[9]李剑楠.道教神仙谱系的建构初探[D].北京:中央民族大学,2010.

[10]刘军丹.家庭谱系关系的搜索算法及其元图表示[D].石家庄:河北师范大学,2012.

[11]齐起.族谱史料价值探析[D].长春:吉林大学,2013.
[12]徐俊嵩.从《中国家谱总目》看明清时期安徽地区的家谱[D].合肥:安徽大学,2012.
[13]杨翼.家谱数据交换标准研究[D].南京:南京师范大学,2009.
[14]叶国爱.族谱的教育价值研究[D].重庆:西南大学,2010.
[15]袁浩.中国数字化家谱网站的设计与实现[D].北京:北京师范大学,2011.
[16]占文倩.明清桐城地方宗族的祖先记忆与族谱编纂[D].南昌:江西师范大学,2013.
[17]张帆.家谱档案转型研究[D].天津:天津师范大学,2012.
[18]张先刚.族谱、墓地与祠堂——明清时期山东栖霞宗族变迁[D].厦门:厦门大学,2007.
[19]周兴媛.族谱中的女性[D].上海:上海师范大学,2012.
[20]包铮.寻根问祖话家谱——家谱全文数字化技术及其网站系统[J].数字与缩微影像,2004(2).
[21]仓修良.试论谱学的发展及其文献价值[J].文献,1983(2).
[22]丁丽珊.浅谈白族家谱的数字化资源建设[J].黑龙江科技信息,2013(6).
[23]丁攀华.温岭图书馆家谱资源库建设的实践与思考[J].图书馆研究与工作,2013(3).
[24]郭东松.使用电子表格软件制作"家谱"初探[J].湖北经济学院学报:人文社会科学版,2013(2).
[25]郭锋.晋唐时期的谱碟修撰[J].中国社会经济史研究,1995(1).
[26]郭广堃.辽宁省图书馆家谱数字化建设概述[J].图书馆学刊,2010(9).
[27]黄显功.上海图书馆的家谱数字化资源服务——古籍保护效果的一个实例[J].图书馆学刊,2008(1).
[28]焦艳婷.从家谱发展史看家谱档案属性的演变[J].图书馆工作与研究,2005(2).
[29]毛建军.中国家谱数字化的新进展[J].数字与缩微影像,2013(2).
[30]邱宁.Excel电子表格与数据库的数据转换[J].计算机应用与软件,2004(10).
[31]饶伟新.清代赣南客民的联宗谱及其意义初探[J].赣南师范学院学报,2007(4).
[32]王鹤鸣.《中国家谱总目》的特点[J].图书馆杂志,2006(1).
[33]王昭.家谱文献资源数字化现状与思考[J].科技情报开发与经济,2013(10).
[34]肖禹.古籍数字化中的集外字处理问题研究[J].图书馆研究,2013.
[35]谢琳惠.家谱文献资源数字化开发与利用[J].河南图书馆学刊,2012(6).
[36]张珍.试述利用方正德赛(DESI)创建家谱资源库[J].科技情报开发与经济,2009(33).

网络文献

[1]DTD教程[EB/OL].[2015-06-30].http://www.w3school.com.cn/dtd/.
[2]Excel[EB/OL].[2014-06-30].http://office.microsoft.com/zh-cn/excel/.
[3]EXCEL技巧——EXCEL如何制作族谱[EB/OL].[2014-06-30].http://jingyan.baidu.com/article/414eccf6197fc86b431f0a0c.html.
[4]GEDCOM XML Beta Version[EB/OL].[2014-06-30].http://heanet.dl.sourceforge.net/project/gedcomfilter/GEDCOM%20XML%20Specification/GEDCOM%20XML%206.0%20Beta/GedXML60.pdf.
[5]GEDCOM[EB/OL].[2014-06-30].http://en.wikipedia.org/wiki/GEDCOM#cite_note-29.
[6]Schema教程[EB/OL].[2015-06-30].http://www.w3school.com.cn/schema/.
[7]THE GEDCOM STANDARD DRAFT Release 5.5.1[EB/OL].[2014-06-30].http://www.phpgedview.net/ged551-5.pdf
[8]The GEDCOM Standard Release 5.5[EB/OL].[2014-06-30].http://homepages.rootsweb.ancestry.com/~pmcbride/gedcom/55gctoc.htm.

[9] The GEDCOM X Conceptual Model [EB/OL]. [2014 - 06 - 30].https ://github.com/FamilySearch/gedcomx/blob/master/specifications/conceptual-model-specification.md.

[10] The GEDCOM X Project [EB/OL]. [2014 - 06 - 30].http ://familysearch.org /developers/docs/guides/gedcom-x.

[11] The Genealogical Proof Standard [EB/OL]. [2014 - 06 - 30].http ://www.bcgcertification.org/resources/standard.html.

[12] What is GEDCOM X [EB/OL]. [2014 - 06 - 30].http ://familysearch.org/developers/docs/guides/gedcom-x.

[13] Why a New Specification [EB/OL]. [2014 - 06 - 30].http ://familysearch.org/developers/docs/guides/gedcom-x.

[14] XML 教程[EB/OL]. [2015 - 06 - 30].http ://www.w3school.com.cn/xml/.

[15] XML 语法规则[EB/OL]. [2015 - 06 - 30].http ://www.w3school.com.cn/xml_syntax.asp.

[16] 家谱元数据规范[EB/OL]. [2014 - 06 - 30].http ://ir.las.ac.cn/handle/12502/4878?mode=full&submit_simple=Show+full+item+record.

附录1　谱系全文文本数据样例

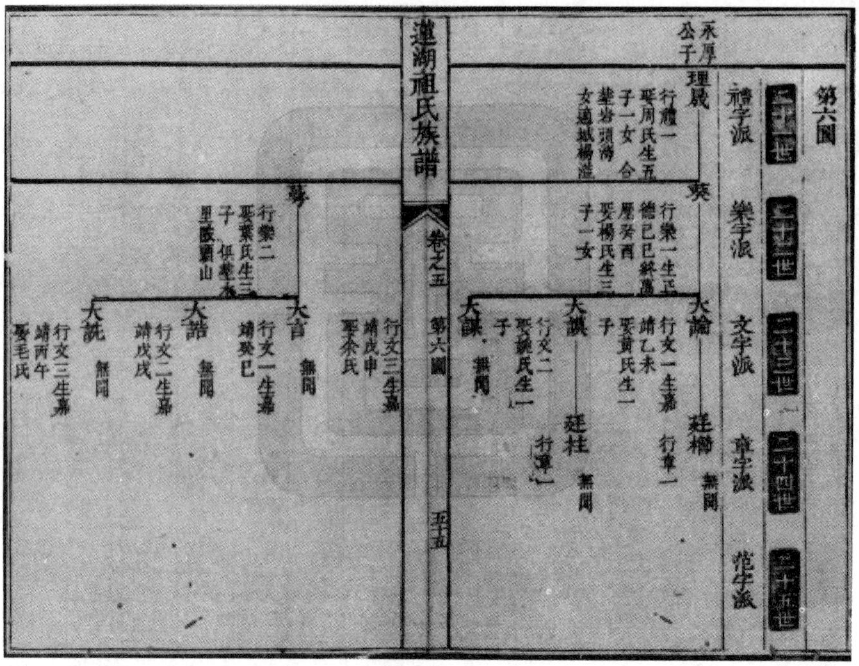

图 1 《莲湖祖氏族谱》①谱系

<?xml version="1.0" encoding="utf-8" ?>
<page page_id="1" relate_id="\IMAGES\055.jpg" width="4217.00" height="3457.00" page_middle_area="269.00,506.00,3949.00,3236.00">
<text_region_list>
<text_region region="3199.00,564.00,3373.00,733.00" direction="1">
<text_line region="3291.00,564.00,3373.00,733.00" font_id="1" decoration="0" rotation="0.00">
<text> 永厚 </text>
</text_line>
<text_line region="3199.00,564.00,3281.00,733.00" font_id="1" decoration="0" rotation="0.00">
<text> 公子 </text>
</text_line>
</text_region>
<text_region region="3784.00,836.00,3878.00,1114.00" direction="1">

① 见：祖国钧纂修《莲湖祖氏族谱》（清光绪二十五年木活字本）。

<text_line region="3784.00,836.00,3878.00,1114.00" font_id="0" decoration="0" rotation="0.00">
<text> 第六圖 </text>
</text_line>
</text_region>
<text_region region="3598.00,827.00,3692.00,1172.00" direction="1">
<text_line region="3598.00,827.00,3692.00,1172.00" font_id="0" decoration="16" rotation="0.00">
<text> 二十一世 </text>
</text_line>
</text_region>
<text_region region="3419.00,827.00,3513.00,1105.00" direction="1">
<text_line region="3419.00,827.00,3513.00,1105.00" font_id="0" decoration="0" rotation="0.00">
<text> 禮字派 </text>
</text_line>
</text_region>
<text_region region="3239.00,768.00,3333.00,957.00" direction="1">
<text_line region="3239.00,768.00,3333.00,957.00" font_id="0" decoration="0" rotation="0.00">
<text> 理晟 </text>
</text_line>
</text_region>
<text_region region="2761.00,840.00,3199.00,1220.00" direction="1">
<text_line region="3117.00,840.00,3199.00,1078.00" font_id="1" decoration="0" rotation="0.00">
<text> 行禮一 </text>
</text_line>
<text_line region="3035.00,840.00,3117.00,1220.00" font_id="1" decoration="0" rotation="0.00">
<text> 娶周氏生五 </text>
</text_line>
<text_line region="2942.00,841.00,3024.00,1078.00" font_id="1" decoration="0" rotation="0.00">
<text> 子一女 </text>
</text_line>
<text_line region="2943.00,1141.00,3025.00,1219.00" font_id="1" decoration="0" rotation="0.00">
<text> 合 </text>

</text_line>
<text_line region="**2853.00,840.00,2935.00,1161.00**" font_id="**1**" decoration="**0**" rotation="**0.00**">
<text> 堇岩頭湾 </text>
</text_line>
<text_line region="**2761.00,840.00,2843.00,1220.00**" font_id="**1**" decoration="**0**" rotation="**0.00**">
<text> 女適城楊溢 </text>
</text_line>
</text_region>
<text_region region="**3598.00,1305.00,3692.00,1648.00**" direction="**1**">
<text_line region="**3598.00,1305.00,3692.00,1648.00**" font_id="**0**" decoration="**16**" rotation="**0.00**">
<text> 二十二世 </text>
</text_line>
</text_region>
<text_region region="**3421.00,1305.00,3515.00,1583.00**" direction="**1**">
<text_line region="**3421.00,1305.00,3515.00,1583.00**" font_id="**0**" decoration="**0**" rotation="**0.00**">
<text> 樂字派 </text>
</text_line>
</text_region>
<text_region region="**3238.00,1242.00,3332.00,1332.00**" direction="**1**">
<text_line region="**3238.00,1242.00,3332.00,1332.00**" font_id="**0**" decoration="**0**" rotation="**0.00**">
<text> 葵 </text>
</text_line>
</text_region>
<text_region region="**2757.00,1319.00,3199.00,1712.00**" direction="**1**">
<text_line region="**3117.00,1319.00,3199.00,1712.00**" font_id="**1**" decoration="**0**" rotation="**0.00**">
<text> 行樂一生正 </text>
</text_line>
<text_line region="**3028.00,1319.00,3110.00,1712.00**" font_id="**1**" decoration="**0**" rotation="**0.00**">
<text> 德己巳終萬 </text>
</text_line>
<text_line region="**2944.00,1319.00,3026.00,1559.00**" font_id="**1**" decoration="**0**" rotation="**0.00**">

<text> 歷癸酉 </text>
</text_line>
<text_line region="2854.00,1319.00,2936.00,1712.00" font_id="1" decoration="0" rotation="0.00">
<text> 娶楊氏生三 </text>
</text_line>
<text_line region="2757.00,1319.00,2839.00,1559.00" font_id="1" decoration="0" rotation="0.00">
<text> 子一女 </text>
</text_line>
</text_region>
<text_region region="1515.00,1245.00,1609.00,1335.00" direction="1">
<text_line region="1515.00,1245.00,1609.00,1335.00" font_id="0" decoration="0" rotation="0.00">
<text> 蕚 </text>
</text_line>
</text_region>
<text_region region="1125.00,1317.00,1469.00,1710.00" direction="1">
<text_line region="1387.00,1317.00,1469.00,1558.00" font_id="1" decoration="0" rotation="0.00">
<text> 行樂二 </text>
</text_line>
<text_line region="1298.00,1317.00,1380.00,1710.00" font_id="1" decoration="0" rotation="0.00">
<text> 娶葉氏生三 </text>
</text_line>
<text_line region="1214.00,1317.00,1296.00,1471.00" font_id="1" decoration="0" rotation="0.00">
<text> 子　</text>
</text_line>
<text_line region="1213.00,1480.00,1295.00,1710.00" font_id="1" decoration="0" rotation="0.00">
<text> 俱葬木 </text>
</text_line>
<text_line region="1125.00,1317.00,1207.00,1638.00" font_id="1" decoration="0" rotation="0.00">
<text> 里陂頭山 </text>
</text_line>
</text_region>

```
<text_region region="3598.00,1793.00,3692.00,2126.00" direction="1">
    <text_line region="3598.00,1793.00,3692.00,2126.00" font_id="0" decoration="16" rotation="0.00">
        <text> 二十三世 </text>
    </text_line>
</text_region>
<text_region region="3419.00,1793.00,3513.00,2051.00" direction="1">
    <text_line region="3419.00,1793.00,3513.00,2051.00" font_id="0" decoration="0" rotation="0.00">
        <text> 文字派 </text>
    </text_line>
</text_region>
<text_region region="3243.00,1715.00,3337.00,1889.00" direction="1">
    <text_line region="3243.00,1715.00,3337.00,1889.00" font_id="0" decoration="0" rotation="0.00">
        <text> 大論 </text>
    </text_line>
</text_region>
<text_region region="2847.00,1796.00,3194.00,2199.00" direction="1">
    <text_line region="3112.00,1796.00,3194.00,2198.00" font_id="1" decoration="0" rotation="0.00">
        <text> 行文一生嘉 </text>
    </text_line>
    <text_line region="3023.00,1796.00,3105.00,2038.00" font_id="1" decoration="0" rotation="0.00">
        <text> 靖乙未 </text>
    </text_line>
    <text_line region="2943.00,1796.00,3025.00,2199.00" font_id="1" decoration="0" rotation="0.00">
        <text> 娶黄氏生一 </text>
    </text_line>
    <text_line region="2847.00,1796.00,2929.00,1874.00" font_id="1" decoration="0" rotation="0.00">
        <text> 子 </text>
    </text_line>
</text_region>
<text_region region="2708.00,1715.00,2802.00,1889.00" direction="1">
    <text_line region="2708.00,1715.00,2802.00,1889.00" font_id="0" decoration="0" rotation="0.00">
```

<text> 大謨 </text>
</text_line>
</text_region>
<text_region region="2397.00,1798.00,2659.00,2188.00" direction="1">
<text_line region="2577.00,1798.00,2659.00,2039.00" font_id="1" decoration="0" rotation="0.00">
<text> 行文二 </text>
</text_line>
<text_line region="2489.00,1798.00,2571.00,2188.00" font_id="1" decoration="0" rotation="0.00">
<text> 娶姚氏生一 </text>
</text_line>
<text_line region="2397.00,1798.00,2479.00,1876.00" font_id="1" decoration="0" rotation="0.00">
<text> 子 </text>
</text_line>
</text_region>
<text_region region="2256.00,1715.00,2350.00,1889.00" direction="1">
<text_line region="2256.00,1715.00,2350.00,1889.00" font_id="0" decoration="0" rotation="0.00">
<text> 大謀 </text>
</text_line>
</text_region>
<text_region region="2308.00,1961.00,2390.00,2114.00" direction="1">
<text_line region="2308.00,1961.00,2390.00,2114.00" font_id="1" decoration="0" rotation="0.00">
<text> 無聞 </text>
</text_line>
</text_region>
<text_region region="1743.00,1812.00,2002.00,2199.00" direction="1">
<text_line region="1920.00,1812.00,2002.00,2199.00" font_id="1" decoration="0" rotation="0.00">
<text> 行文三生嘉 </text>
</text_line>
<text_line region="1832.00,1812.00,1914.00,2044.00" font_id="1" decoration="0" rotation="0.00">
<text> 靖戊申 </text>
</text_line>
<text_line region="1743.00,1812.00,1825.00,2044.00" font_id="1" decoration="0"

rotation="0.00">
<text> 娶余氏 </text>
</text_line>
</text_region>
<text_region region="1507.00,1725.00,1601.00,1914.00" direction="1">
<text_line region="1507.00,1725.00,1601.00,1914.00" font_id="0" decoration="0" rotation="0.00">
<text> 大言 </text>
</text_line>
</text_region>
<text_region region="1568.00,1966.00,1650.00,2119.00" direction="1">
<text_line region="1568.00,1966.00,1650.00,2119.00" font_id="1" decoration="0" rotation="0.00">
<text> 無聞 </text>
</text_line>
</text_region>
<text_region region="1300.00,1811.00,1466.00,2198.00" direction="1">
<text_line region="1383.00,1811.00,1466.00,2198.00" font_id="1" decoration="0" rotation="0.00">
<text> 行文一生嘉 </text>
</text_line>
<text_line region="1300.00,1811.00,1382.00,2043.00" font_id="1" decoration="0" rotation="0.00">
<text> 靖癸巳 </text>
</text_line>
</text_region>
<text_region region="1062.00,1725.00,1156.00,1914.00" direction="1">
<text_line region="1062.00,1725.00,1156.00,1914.00" font_id="0" decoration="0" rotation="0.00">
<text> 大誥 </text>
</text_line>
</text_region>
<text_region region="1122.00,1966.00,1204.00,2120.00" direction="1">
<text_line region="1122.00,1966.00,1204.00,2120.00" font_id="1" decoration="0" rotation="0.00">
<text> 無聞 </text>
</text_line>
</text_region>
<text_region region="845.00,1812.00,1017.00,2199.00" direction="1">

<text_line region="935.00,1812.00,1017.00,2199.00" font_id="1" decoration="0" rotation="0.00">
<text> 行文二生嘉 </text>
</text_line>
<text_line region="845.00,1812.00,927.00,2044.00" font_id="1" decoration="0" rotation="0.00">
<text> 靖戊戌 </text>
</text_line>
</text_region>
<text_region region="611.00,1725.00,705.00,1914.00" direction="1">
<text_line region="611.00,1725.00,705.00,1914.00" font_id="0" decoration="0" rotation="0.00">
<text> 大詵 </text>
</text_line>
</text_region>
<text_region region="656.00,1966.00,738.00,2119.00" direction="1">
<text_line region="656.00,1966.00,738.00,2119.00" font_id="1" decoration="0" rotation="0.00">
<text> 無聞 </text>
</text_line>
</text_region>
<text_region region="309.00,1812.00,565.00,2199.00" direction="1">
<text_line region="483.00,1812.00,565.00,2199.00" font_id="1" decoration="0" rotation="0.00">
<text> 行文三生嘉 </text>
</text_line>
<text_line region="401.00,1812.00,483.00,2044.00" font_id="1" decoration="0" rotation="0.00">
<text> 靖丙午 </text>
</text_line>
<text_line region="309.00,1812.00,391.00,2044.00" font_id="1" decoration="0" rotation="0.00">
<text> 娶毛氏 </text>
</text_line>
</text_region>
<text_region region="3598.00,2291.00,3692.00,2627.00" direction="1">
<text_line region="3598.00,2291.00,3692.00,2627.00" font_id="0" decoration="16" rotation="0.00">
<text> 二十四世 </text>

</text_line>
</text_region>
<text_region region="3413.00,2291.00,3507.00,2555.00" direction="1">
<text_line region="3413.00,2291.00,3507.00,2555.00" font_id="0" decoration="0" rotation="0.00">
<text> 章字派 </text>
</text_line>
</text_region>
<text_region region="3242.00,2191.00,3336.00,2376.00" direction="1">
<text_line region="3242.00,2191.00,3336.00,2376.00" font_id="0" decoration="0" rotation="0.00">
<text> 廷櫛 </text>
</text_line>
</text_region>
<text_region region="3288.00,2452.00,3370.00,2615.00" direction="1">
<text_line region="3288.00,2452.00,3370.00,2615.00" font_id="1" decoration="0" rotation="0.00">
<text> 無聞 </text>
</text_line>
</text_region>
<text_region region="3106.00,2291.00,3191.00,2530.00" direction="1">
<text_line region="3106.00,2291.00,3191.00,2530.00" font_id="1" decoration="0" rotation="0.00">
<text> 行章一 </text>
</text_line>
</text_region>
<text_region region="2706.00,2197.00,2800.00,2382.00" direction="1">
<text_line region="2706.00,2197.00,2800.00,2382.00" font_id="0" decoration="0" rotation="0.00">
<text> 廷柱 </text>
</text_line>
</text_region>
<text_region region="2760.00,2452.00,2845.00,2615.00" direction="1">
<text_line region="2760.00,2452.00,2845.00,2615.00" font_id="1" decoration="0" rotation="0.00">
<text> 無聞 </text>
</text_line>
</text_region>
<text_region region="2576.00,2292.00,2661.00,2531.00" direction="1">

<text_line region="**2576.00,2292.00,2661.00,2531.00**" font_id="**1**" decoration="**0**"
rotation="**0.00**">
<text> 行章一 </text>
</text_line>
</text_region>
<text_region region="**3598.00,2755.00,3692.00,3124.00**" direction="**1**">
<text_line region="**3598.00,2755.00,3692.00,3124.00**" font_id="**0**" decoration="**16**"
rotation="**0.00**">
<text> 二十五世 </text>
</text_line>
</text_region>
<text_region region="**3412.00,2760.00,3506.00,3038.00**" direction="**1**">
<text_line region="**3412.00,2760.00,3506.00,3038.00**" font_id="**0**" decoration="**0**"
rotation="**0.00**">
<text> 范字派 </text>
</text_line>
</text_region>
</text_region_list>
<page_text_list>
<page_text> 蓮湖祖氏族譜 </page_text>
<page_text> 卷之五 </page_text>
<page_text> 第六圖 </page_text>
<page_text> 五十五 </page_text>
</page_text_list>
<image_list />
<line_list>
<line start_position="**2209.00,745.00**" end_position="**3919.00,745.00**"
weight="**10.00**" />
<line start_position="**2209.00,1234.00**" end_position="**3284.00,1234.00**"
weight="**10.00**" />
<line start_position="**2305.00,1720.00**" end_position="**3278.00,1720.00**"
weight="**10.00**" />
<line start_position="**2209.00,3203.00**" end_position="**3919.00,3203.00**"
weight="**3.00**" />
<line start_position="**2209.00,745.00**" end_position="**2209.00,3203.00**"
weight="**3.00**" />
<line start_position="**3378.00,745.00**" end_position="**3378.00,3203.00**"
weight="**3.00**" />
<line start_position="**3551.00,745.00**" end_position="**3551.00,3203.00**"

```
weight="3.00" />
    <line start_position="3735.00,745.00" end_position="3735.00,3203.00" weight="3.00" />
    <line start_position="3919.00,745.00" end_position="3919.00,3203.00" weight="3.00" />
    <line start_position="3291.00,969.00" end_position="3291.00,1209.00" weight="3.00" />
    <line start_position="3291.00,1318.00" end_position="3291.00,1695.00" weight="3.00" />
    <line start_position="3291.00,1885.00" end_position="3291.00,2180.00" weight="3.00" />
    <line start_position="2753.00,1889.00" end_position="2753.00,2192.00" weight="3.00" />
    <line start_position="299.00,737.00" end_position="2010.00,737.00" weight="10.00" />
    <line start_position="656.00,1717.00" end_position="1560.00,1717.00" weight="10.00" />
    <line start_position="299.00,1221.00" end_position="2010.00,1221.00" weight="10.00" />
    <line start_position="299.00,3204.00" end_position="2010.00,3204.00" weight="3.00" />
    <line start_position="299.00,737.00" end_position="299.00,3204.00" weight="3.00" />
    <line start_position="2010.00,737.00" end_position="2010.00,3204.00" weight="3.00" />
    <line start_position="1560.00,1347.00" end_position="1560.00,1721.00" weight="3.00" />
    </line_list>
  <rect_list />
  <reverse_list>
    <reverse type="blur" variant="0" image_name="\cutout\055-JW-001.jpg" region="3242.00,2191.00,3336.00,2281.00" />
    <reverse type="blur" variant="0" image_name="\cutout\055-JW-002.jpg" region="2706.00,2197.00,2800.00,2287.00" />
  </reverse_list>
</page>
```

附录 2　谱系索引数据样例（仍以图 1 为例）


```xml
<?xml version="1.0" encoding="utf-8" ?>
<page page_id="1" relate_id="\IMAGES\055.jpg" width="4217.00" height="3457.00"
page_middle_area="269.00,506.00,3949.00,3236.00">
    <pagetitle> 蓮湖祖氏族譜 卷之五 五十五 第六圖 </pagetitle>
    <index num="11">
        <person id="1" region="3239.00,768.00,3333.00,957.00">
            <name> 理晟 </name>
            <generation> 二十一世 </generation>
            <branch> 禮字派 </branch>
            <detail> 行禮一娶周氏生五子一女合葬岩頭湾女適城楊溢 </detail >
        </person >
        <person id="2" region="3238.00,1242.00,3332.00,1332.00">
            <name> 葵 </name>
            <generation> 二十二世 </generation>
            <branch> 樂字派 </branch>
            <detail> 行樂一生正德己巳終萬歷癸酉娶楊氏生三子一女 </detail >
        </person >
        <person id="3" region="1515.00,1245.00,1609.00,1335.00">
            <name> 萼 </name>
            <generation> 二十二世 </generation>
            <branch> 樂字派 </branch>
            <detail> 行樂二娶葉氏生三子　俱葬木里陂頭山 </detail >
        </person >
        <person id="4" region="1515.00,1245.00,1609.00,1335.00">
            <name> 大論 </name>
            <generation> 二十三世 </generation>
            <branch> 文字派 </branch>
            <detail> 行文一生嘉靖乙未娶黄氏生一子 </detail >
        </person >
        <person id="5" region="2708.00,1715.00,2802.00,1889.00">
            <name> 大謨 </name>
            <generation> 二十三世 </generation>
            <branch> 文字派 </branch>
            <detail> 行文二娶姚氏生一子 </detail >
```

```
    </person >
    <person id="6" region="2256.00,1715.00,2350.00,1889.00">
        <name> 大謀 </name>
        <generation> 二十三世 </generation>
        <branch> 文字派 </branch>
        <detail> 行文三生嘉靖戊申娶余氏 無聞 </detail >
    </person >
    <person id="7" region="1507.00,1725.00,1601.00,1914.00">
        <name> 大言 </name>
        <generation> 二十三世 </generation>
        <branch> 文字派 </branch>
        <detail> 行文一生嘉靖癸巳 無聞 </detail >
    </person >
    <person id="8" region="1062.00,1725.00,1156.00,1914.00">
        <name> 大誥 </name>
        <generation> 二十三世 </generation>
        <branch> 文字派 </branch>
        <detail> 行文二生靖戊戌嘉 無聞 </detail >
    </person >
    <person id="9" region="611.00,1725.00,705.00,1914.00">
        <name> 大詵 </name>
        <generation> 二十三世 </generation>
        <branch> 文字派 </branch>
        <detail> 行文三生嘉靖丙午娶毛氏 無聞 </detail >
    </person >
    <person id="10" region="3242.00,2191.00,3336.00,2376.00">
        <name> 廷櫛 </name>
        <generation> 二十四世 </generation>
        <branch> 章字派 </branch>
        <detail> 行章一 無聞 </detail >
    </person >
    <person id="11" region="2706.00,2197.00,2800.00,2382.00">
        <name> 廷柱 </name>
        <generation> 二十四世 </generation>
        <branch> 章字派 </branch>
        <detail> 行章一 無聞 </detail >
    </person >
  </index>
</page>
```

附录 3 《福州通賢龔氏支譜》①谱系图及世系相关文字摘录（始祖至十五世）

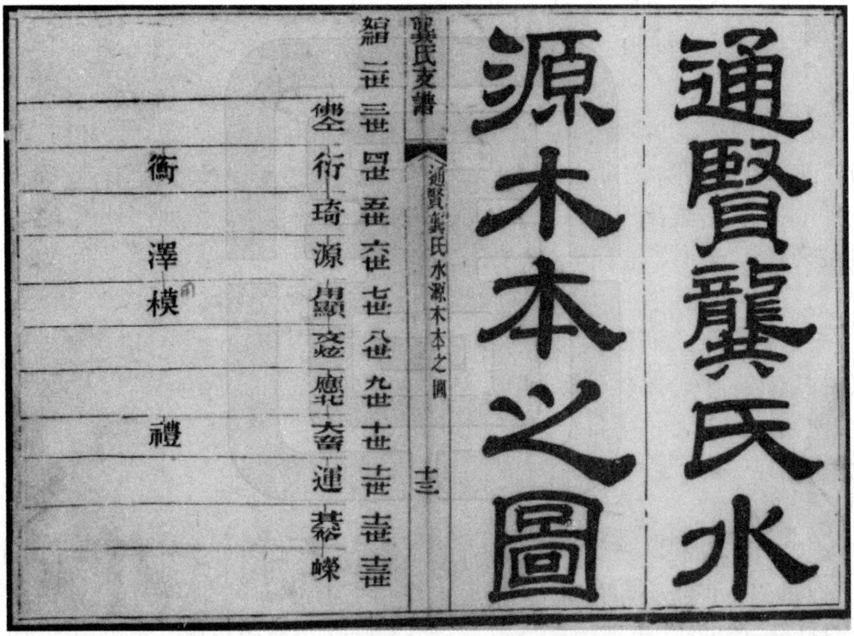

图 2 《福州通賢龔氏支譜》谱系图 1

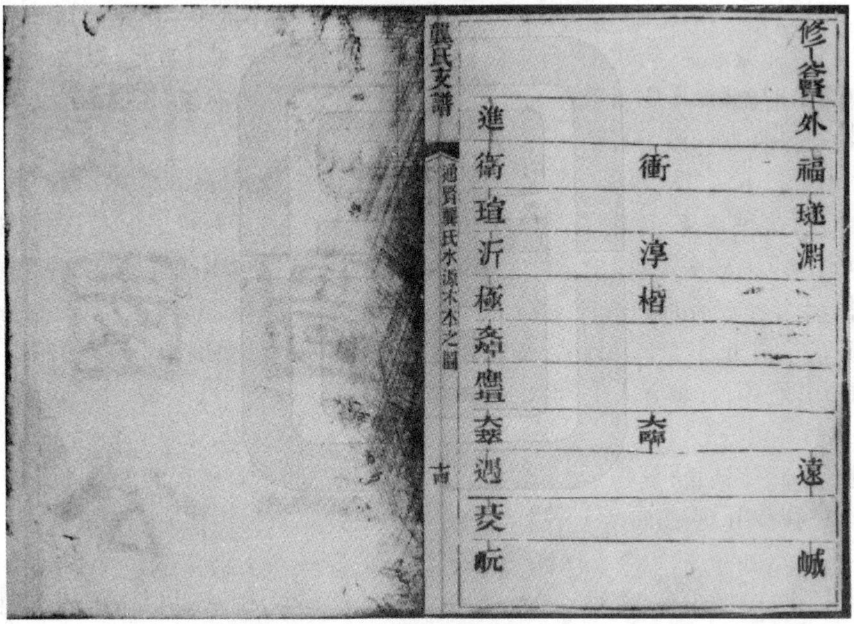

图 3 《福州通賢龔氏支譜》谱系图 2

① 见：龚葆琛纂修《福州通贤龚氏支谱》（清光绪九年刻本）。

始祖

修,字孟質,元處士。元末自莆田遷福州,始居福建省城内南街通賢境巷,世稱通賢龔氏焉。配鄧氏,子一:谷賢。

二世

谷賢,修子,母鄧氏,明處士,以三孫福贈徵仕郎南京翰林院檢討。配趙氏,繼室卓氏,俱贈孺人,子三:佛仝、外、進。

三世

進,字文廸,號約菴,谷賢三子,母趙氏。明洪武二十一年戊辰十二月初八日生,以三子福贈徵仕郎南京翰林院檢討,卒於景泰六年乙亥二月初五日,壽六十有八。配馮孺人,洪武壬申二月十二日生,成化乙酉八月二十三日卒,壽七十有四。葬西門外洪山橋頭,坐壬向丙,碑額通賢龔公之墓。子五:衍、衡、福、衝、衛。

四世

衍,字宏彥,進長子,母馮氏。明永樂十四年丙申三月初一日生,以次孫澤贈奉直大夫廣東鹽課司正提舉,卒於景泰三年壬申十月初六日,年三十有七。配卓宜人,永樂乙未七月初七日生,宏治壬戌八月三十日卒,壽八十有八,守志五十一年,旌表節孝。葬西門外洪山橋頭祔殳塋。子三:琦、璲、瑄。

附四世

福,字天錫,號坦齋,一號澹菴,進三子,母馮氏。明永樂二十二年甲辰正月十五日生,府學廩生,以禮記中正統丁卯科舉人,授廣東欽州學正,改順天通州學正,擢山西平陽府教授,内遷南京國子監助教,再擢翰林院檢討,勅授徵仕郎,卒於正德三年戊辰十二月十二日,壽八十有五。配林孺人,葬洪山橋頭子。子三:廷用、廷和、廷逵。

五世

璲,字廷堅,號木菴,衍次子,母卓氏。明正統八年癸亥某年月日生,以次子澤贈奉直大夫廣東鹽課司正提舉,卒於嘉靖三年甲申正月初五日,壽八十有二,配林宜人,葬西門外洪山橋頭。子五:源、澤、淵、淳、沂。

六世

澤,字汝仁,號東皐,璲次子,母林氏,明成化十一年乙未五月二十五日生,閩縣廩生,以禮記中宏治戊午科舉人,授浙江海鹽縣教諭,擢廣東捉舉司市舶捉舉,改鹽課司正提舉,卒於嘉靖三十年辛亥五月初八日,壽七十有七,誥授奉直大夫。配林宜人,成化丙申三月初二日生,嘉慶辛丑五月二十五日卒,壽六十有六,葬西門外洪山橋頭。側室黃孺人,另葬塋右。子四:用顯、用模,林宜人生;楷、極,黃孺人生。

附六世

澄,原名漳,字清甫,廷逵子,母姜氏,祖福,明正德間由吏員官廣東平圃驛丞。配陳孺人,葬西門外觀音山,坐乙向辛。子一:用材。

七世

用顯,原名桂,號少皐,澤長子,母林氏,明某年月日生,閩縣附生,卒於某年月日,壽若干。配施氏,葬西门外洪山橋頭。子二:文炫、交焯。

附七世

用卿,字鳴治,號雲岡,源長子,母林氏,明宏治十四年辛酉五月二十四日生,由福州府懷安縣廪生,以禮記中嘉靖壬午科五名舉人,丙戌科進士一甲一名及第,授翰林院修撰,充朝鮮詔諭使,賜一品服,擢左春坊左諭德兼翰林院侍讀,充經筵日講官,再擢南京國子监祭酒,誥授朝列大夫予告,著有《雲岡集》行世,卒於嘉靖四十三年甲子六月十七日,壽六十有四。配林恭人,繼室林恭人,葬南門外吉祥洋犢山,坐卯向酉,側室郭孺人,葬東門外登雲路,坐庚向甲。子一:爟,郭孺人生。

八世

文焯,號莘野,用顯次子,母施氏,明某年月日生,閩縣附生,卒於某年月日,壽若干。配鄭氏,繼室陳氏,葬西門外洪山橋頭,穴未詳,疑祔殳塋。子二:應北、應垣,鄭氏生。

九世

應北,字熙臺,文焯長子,母鄭氏,明某年月日生,以三子大臨贈驃騎將軍福建提標中營都司,卒於某年月日,壽若干。配梁恭人,葬西門洪山橋頭。子四:大畜、禮、大臨、大萃。

附九世

懋塀,字克丹,號玉屏,爟三子,母倪氏,祖用卿,曾祖源,明嘉靖四十一年壬戌正月初五日生,由貢生考職,授湖廣郴州州同補湖廣鄖暘衛經歷署上津縣事,崇禎七年癸酉十二月二十六日,流冠陷城,殉難,壽七十有二,事聞,贈湖廣按察使司僉事,祀旌忠祠、上津縣名宦祠,清追謚節愍,詳史志,乘公妹夫曹學佺《石倉全集》有奠公文。配陳宜人,歸葬東門外登雲路。嗣子允奇。

十世

大臨,字敬輿,應北三子,母梁氏,明萬歷十六年戊子五月十一日丑時生,行伍官福建提標中營都司,誥授驃騎將軍,卒於清順治十四年丁酉正月初九日丑時,壽七十。配林宜人,繼室傅宜人,公偕傅宜人葬東門外崎上壽泉山,林宜人葬臺頭馬鞍山,皆坐辛向乙。子三:運、遠、遇,林宜人生。

十一世

遠,字以望,號道山,大臨次子,母林氏,明萬歷四十年壬子閏十一月初十日戌時生,以長子其裕贈朝議大夫,江西吉安府知府晉贈中議大夫兩淮鹽運使,卒於清康熙二十四年甲子五月十八日子時,壽七十有三。配潘淑人,明萬歷壬子八月十八日生,清康熙壬申四月二十一日卒,壽八十有一,葬西門外高沙院後山。子二:其裕、其久。

十二世

其裕,原名起文,字足子,號容溪,又號甦巖,遠長子,母潘氏,明崇禎七年癸酉四月初四日巳時生,閩縣附生,投効江西軍營,以功授江西瑞州府通判,升吉安府知府,調河南懷慶府知府,升兩淮鹽運使,誥授中議大夫,以曾孫景瀚貤贈通奉大夫甘肅蘭州府知府加四級,祀江西瑞州府、吉安府名宦祠,國史立傳,著有《一笑栖集》行世,卒於清康熙三十七年戊寅九月二十九日己時,壽六十有六。配林夫人,歲貢諱子莊女,明崇禎辛未三月二十五日生,清康熙壬午九月十三日卒,壽七十有二,公偕林夫人葬西門外官口浦裡山,側室次姜孺人,康熙乙巳九月初五日生,乾隆辛未十月十七日卒,壽八十有五,旌表節孝祔焉,側室陳孺人,某年月日生,某年月日卒,葬東門外浦下梁家山,側室蔡夫人康熙乙巳十月十五日生,雍正丙午十一月二十五日卒,以本生孫一發貤贈孺人,以本生曾孫景瀚晉贈夫人,葬東門外崎上壽泉山,側室姜孺人順治戊戌五月二十二日生,康熙壬戌二月初四日卒,葬井樓門水頭山。子三:嶸,林夫人生;嵅,陳孺人生;岏,蔡夫人生。

十三世

岏，字徽生，號懷園，其裕三子，生母蔡氏，清康熙一十九年庚午二月初六日卯時生，閩縣增生，以長子一發贈文林郎河南虞城縣知縣，以孫景瀚貤贈奉政大夫陜西邠州直隸州知州，以曾孫瑞穀晉贈通奉大夫陜西延榆綏道加三級，著有《蘭所集》行世，卒於康熙六十一年壬寅十二月十八日午時，年三十有三。配林夫人，封中憲大夫諱仲筠女，康熙壬申四月十七日生，乾隆乙酉十二月二十九日卒，壽七十有四，守志四十三年，壟東門外崎上壽泉山，祔生母蔡夫人塋。子二：一發、一登。

附十三世

嶸，字岱生，號澹巖，其裕長子，母林氏，清順治十年癸巳十二月二十四日巳時生，監生，江西饒九南道三署按察使，以疾告歸，公服官四十馀年，所至有聲，其孝友好施，天性尤厚，至今猶膾炙人口，歷任政績詳載《福建省志》，誥授中憲大夫，祀陜西甘州、江西饒州名宦祠，國史立傳，著有《山影樓集》行世，卒於康熙五十八年己亥五月二十二日未時，壽六十有七，配林淑人，壟東門外來月山，坐壬向丙。子：一鳳。

十四世天字行

一發，原名闊渭，字天磻，號厚齋，岏長子，母林氏，清康熙五十四年乙未十月初七日寅時生，府學廪生，乾隆丁卯科優貢，中乾隆庚午科順天舉人，官至雲南鎮南州知州，誥授奉直大夫，以次子景瀚贈朝議大夫甘肅蘭州府知府，以四孫瑞穀晉贈通奉大夫陜西延榆綏道加三級，祀河南虞城縣名宦祠，國史立傳，卒於乾隆三十八年癸巳正月十九日丑時，壽五十有九。配黄夫人，監生諱建女，康熙甲午七月初三日生，乾隆辛丑十一月十九日卒，側室林氏，以嫡孫瑞穀貤贈安人，乾隆丁巳七月二十七日生壬子四月二十五日卒，側室李氏，以嫡孫豊穀貤贈孺人，乾隆庚申九月十九日生壬寅九月二十七日卒，壟西門外洪山橋頭，坐亥向巳丙兼壬丙外兼乾巽。子四：景范、景瀚，黄夫人生；景李，李孺人生；景淙，林安人生。

一登原名闊漢，字天裳，號慎軒，岏次子，母林氏，清康熙五十七年戊戌九月二十五日丑時生，鑒生，官雲南昆陽州吏目，以四子景沆贈交林郎江西廣昌縣知縣，以曾孫文齡貤贈光禄大夫工部右侍郎加五級，卒於乾隆五十一年丙午七月初六日戌時，壽六十有九。配薩氏，貤贈一品夫人，鑒生諱謨女，康熙辛丑十二月十八日生嘉慶壬戌七月十三日卒，壽八十有二，壟西門外洪山橋頭，坐亥向巳兼乾巽，側室鄧孺人，雍正己巳十一月十九日生，乾隆辛丑三月初十日卒，壟東門外崑山，側室鄭孺人，乾隆己未十二月十三日生，乾隆己酉九月十八日卒，葬西門外象山，側室李孺人，乾隆己卯十一月二十五日生甲辰正月十二日卒，壟崑山瑪瑙崎後路，由宗祠上去内，向甲庚外向卯西。子九：景淳、景濂、景潞、景沆、景湜，薩夫人生；景準、景瀾，鄭孺人生；景淦，鄧孺人生；景泗，李孺人生。

十五世惟字行

景范，原名澔，字惟堅，號小范，一發長子，母黄氏，清乾隆九年甲子十月二十五日辰時生，監生，官湖南桂陽州泗洲寨廵檢，勅封登仕佐郎，卒於嘉慶二十年乙亥三月初八日寅時，壽七十有一。配陳孺人，主簿諱嚣朝極女，乾隆乙丑四月初六日生，道光乙未十一月十五日卒，壟西門外洪山橋頭。子三：佑穀、嘉穀、雙穀。

景瀚，字惟廣，號海峰，一發次子，母黄氏，清乾隆十二年丁卯五月二十三日午時生，府學增生，以書經中乾隆戊子科三名舉人，辛卯恩科進士，選甘肅靖遠縣，調鋪平凉縣知縣，升陜西邠州直隸州知州，再升甘肅慶陽府知府，充乾隆乙卯科陜甘鄉試内監試，嘉慶元年川楚教匪滋事，充左翼長官參贊，戎行建堅壁，清野議教匪，用以蕩平，奉旨編入，皇清交穎，賞戴花翎，調補蘭州府知府，卒於嘉慶壬年壬戌十三月二十六日亥時，壽五十有六，誥授朝議大夫，以四子瑞穀贈通奉大夫陝西延榆綏道加三級，祀甘肅蘭州府名宦祠、本省鄉賢祠並建生祠於蘭州西關外雷壇，國史立傳，著有《祭儀考》《禘祫考説》《裸邶風說》《離騷箋孔志》《循化廳志》《澹靜齋文鈔詩鈔讀書錄仿古錄》《積石山房制藝》行世。配張夫人，乾隆壬午舉人，廣東陸豐縣知縣諱兆榮女，乾隆丁卯四月十三日生，己酉二月初八日卒，葬西門外洪山橋頭，坐乾向巽。子四：式穀、受穀、豐穀、瑞穀。

景李，原名澍，字惟深，號紀堂，一發三子，生母李氏，清乾隆二十五年庚辰五月二十二日酉時生，閩縣附貢生，卒於道光庚子六月十三日，壽八十有一，配高氏，舉人諱振翮女，乾隆丁丑十一月初三日生，道光辛己八月初六日卒，葬洪山橋頭，側室吳氏，待旌節孝。嗣子同穀。

景淙，字惟思，號右梁，一發四子，生母林氏，清乾隆三十四年己丑四月二十七日丑時生，閩縣附生，卒於道光乙未七月十四日，壽六十有七。配何氏，總兵諱尚冕女，乾隆辛卯十一月十五日生，嘉慶甲子三月初五日卒，葬丞相坑，坐寅向辛兼甲庚。子一：泉穀。

景淳，原名潡，字惟方，號又瞿，一登長子，母薩氏，清乾隆五年庚申九月初三日寅時生，監生，候選從九品，以胞弟景沆贈文林郎江西宜春縣知縣，以三孫文齡晉贈光祿大夫工部右侍郎加五级，卒於嘉慶二十四年己卯七月十二日丑時，壽八十。配蔣夫人，舉人諱延璟女，乾隆辛酉十二月二十七日生，嘉慶癸酉九月初二日卒，壽七十有二，葬洪山橋頭坐乾向巽，側室張氏以孫文齡贈一品夫人，乾隆丙寅十一月十八日生，嘉慶癸己閏三月二十六日卒，葬象山保安境上元山工名元裡，坐丁向癸兼子午。子三：守格、大馨、寶穀，俱張夫人生。

景濂，原名湙，字惟苞，號竹窗，一登次子，母薩氏，清乾隆七年壬戌五月十八日午時生，監生，候選從九品，以姪孫衡齡贈文林郎陝西興平縣知縣，卒於嘉慶十年乙丑十二月二十八日未時，壽六十有四。配周孺人，編修諱正思女，側室林氏，旌表節孝，葬西門外象山。子一：鼎穀，林氏生。

景潞，原名灩，字惟穎，號彥士，一登三子，母薩氏，清乾隆十一年丙寅三月初四日丑時生，閩縣附生，乾隆己亥恩科副貢，卒於嘉慶九年甲子四月十二日寅時，壽五十有九，配王孺人，處士諱步階女，乾隆戊辰九月十三日生，嘉慶庚午年六月二十九日卒，側室林氏，乾隆己亥八月十五日生，道光甲午八月初八日卒，待旌節孝，葬象山。子一：祥穀，林氏生。

景沆，字惟靖，一字到三，號鐵夫，一登四子，母薩氏，清乾隆十八年癸酉九月初二日卯時生，監生，乾隆己亥恩科舉人，官江西宜春縣知縣，勅授文林郎卒，於嘉慶十六年辛未十一月初八日子時，壽五十有九。配葛孺人，附生諱玉春女，乾隆癸酉六月十七日生，乙卯五月初四日卒，側室蔣氏，旌表節孝，以嫡子詔贈孺人，葬東門外馬鞍山。子一：詔，葛孺人生。

景湜，原名瀁，字憔新，號沘亭，一登五子，母薩氏，清乾隆二十三年戊寅正月初一日生，監生，候選縣丞，以胞姪孫文齡贈奉直大夫戶部雲南司主事加一級，卒於道光丙申十一月二十日，壽七十有九，配陳宜人，進士諱疇女，乾隆戊寅六月初三日生，嘉慶甲戌十一月十八日卒，側室為氏，乾隆乙酉三月初二日生，道光戊申正月十九日卒，壽八十有四，葬西門外高沙境後山，坐艮向坤兼丑未。子一：杰穀，為氏生。

景準，字惟來，號平仲，一登六子，生母鄭氏，清乾隆二十六年辛巳四月十八日未時生，閩縣增生，嘉慶戊午科副貢，卒於嘉慶八年癸亥四月二十九日亥時，年四十有三，配薩孺人，乾隆己卯十二月二十一日生，丙午七月十八日卒，繼室陳孺人，乾隆癸巳十月十五日生，道光己亥正月二十二日卒，壽六十有七，旌表節孝，葬西門外象山保安境坑口山，祔生母鄭氏塋。子一：燮穀，陳孺人生。

景瀾，字惟安，一登七子，生母鄭氏，清乾墜二十年乙酉四月十五日生，以姪孫衡齡贈承德郎六品銜陝西興平縣知縣，卒於道光辛丑十月二十六日，壽七十有七，配陳安人，監生諱道健女，乾隆甲申十月十三日生，道光庚寅閏四月十二日卒，壽六十有七，葬西門外洪山橋頭。子一：柱穀。

景淦，字惟崴，號省齋，一登八子，生母鄧氏，清乾隆三十八年癸已三月十八日生，卒於咸豐乙卯十月十五日，壽八十有三，配陳氏乾隆丙申六月二十八日生，嘉慶乙丑二月十二日卒，繼室林氏，乾隆辛亥五月初七日生，咸豐丁巳十月十八日卒，六十有七，葬北門外琵琶山，坐亥向已兼乾巽。無子未嗣。

景泗，字惟敦，一登九子，生母李氏，清乾隆四十年乙未五月二十九日生，卒於嘉慶二年丁巳六月二十五日，年二十有三，葬東門外崑山，坐乙向辛兼卯酉。無子未嗣。

附录 4 世系 XML Schema①

```
<?xml version="1.0" encoding="utf-16" ?>
<xs:schema xmlns:xs="http://www.w3.org/2001/XMLSchema"elementFormDefault="qualifi
ed">
    <xs:element name="lineage">
      <xs:annotation>
        <xs:documentation> 世系 </xs:documentation>
      </xs:annotation>
      <xs:complexType>
        <xs:sequence>
            <xs:element name="person" maxOccurs="unbounded"/>
        </xs:sequence>
          <xs:attribute name="title" type="xs:string" use="required"/>
      </xs:complexType>
    </xs:element>
    <xs:element name="person">
      <xs:annotation>
        <xs:documentation> 人物 </xs:documentation>
      </xs:annotation>
      <xs:complexType>
        <xs:sequence>
            <xs:element name="issue"/>
            <xs:element name="location"/>
        </xs:sequence>
          <xs:attribute name="id" type="xs:integer" use="required"/>
          <xs:attribute name="father_id" type="xs:integer"/>
          <xs:attribute name="generation" type="xs:string"/>
          <xs:attribute name="info" type="xs:string"/>
          <xs:attribute name="surname" type="xs:string"/>
          <xs:attribute name="firstname" type="xs:string"/>
          <xs:attribute name="zi" type="xs:string"/>
          <xs:attribute name="hao" type="xs:string"/>
          <xs:attribute name="hui" type="xs:string"/>
```

① 蒋贤春，翟喜奎．中文文献全文版式还原与全文输入 XML 规范和应用指南［M］．北京：国家图书馆出版社，2010：70－72.

```
        <xs:attribute name="alias" type="xs:string"/>
        <xs:attribute name="stepchild" type="xs:string"/>
        <xs:attribute name="heraldry" type="xs:string"/>
        <xs:attribute name="sex" type="xs:string"/>
        <xs:attribute name="birthday" type="xs:string"/>
        <xs:attribute name="death_date" type="xs:string"/>
        <xs:attribute name="homeplace" type="xs:string"/>
        <xs:attribute name="death_place" type="xs:string"/>
        <xs:attribute name="tomb_place" type="xs:string"/>
        <xs:attribute name="wedding_date" type="xs:string"/>
        <xs:attribute name="spouse" type="xs:string"/>
        <xs:attribute name="spouse_birth" type="xs:string"/>
        <xs:attribute name="spouse_death" type="xs:string"/>
        <xs:attribute name="spouse_place" type="xs:string"/>
        <xs:attribute name="spouse_tomb" type="xs:string"/>
        <xs:attribute name="zhiguan" type="xs:string"/>
        <xs:attribute name="story" type="xs:string"/>
        <xs:attribute name="transplant" type="xs:string"/>
        <xs:attribute name="branch" type="xs:string"/>
        <xs:attribute name="possession" type="xs:string"/>
        <xs:attribute name="textual" type="xs:string"/>
    </xs:complexType>
  </xs:element>
  <xs:element name="issue">
    <xs:annotation>
      <xs:documentation> 子女 </xs:documentation>
    </xs:annotation>
    <xs:complexType>
        <xs:attribute name="sex" type="xs:string" default=" 男 ">
            <xs:simpleType>
              <xs:restriction base="xs:string">
                <xs:pattern value=" 男 | 女 "/>
              </xs:restriction>
            </xs:simpleType>
        </xs:attribute>
        <xs:attribute name="birth_order" type="xs:integer" default="0">
            <xs:simpleType>
              <xs:restriction base="xs:integer">
                <xs:minInclusive value="0"/>
```

```
            </xs:restriction>
          </xs:simpleType>
        </xs:attribute>
        <xs:attribute name="given_name" type="xs:string" use="requied"/>
      </xs:complexType>
    </xs:element>
    <xs:element name="location">
      <xs:annotation>
        <xs:documentation> 原图位置标签 </xs:documentation>
      </xs:annotation>
      <xs:complexType>
        <xs:attribute name="relate_id" type="xs:integer"/>
          <xs:simpleType>
            <xs:restriction base="xs:integer">
              <xs:minInclusive value="0"/>
            </xs:restriction>
          </xs:simpleType>
        </xs:attribute>
        <xs:attribute name="region" type="xs:string"/>
      </xs:complexType>
    </xs:element>
  </xs:schema>
```

附录5 世系连接GEDCOM标签（GEDCOM5.5）表①

序号	标签	含义（英）	含义（中）
1	ABBR	ABBREVIATION	缩写
2	ADDR	ADDRESS	地址
3	ADOP	ADOPTION	收养
4	ADR1	ADDRESS1	地址第一行
5	ADR2	ADDRESS2	地址第二行
6	AFN	AFN	祖先档案编号
7	AGE	AGE	年龄
8	AGNC	AGENCY	机构
9	ALIA	ALIAS	别名
10	ANCE	ANCESTORS	祖先
11	ANCI	ANCES_INTEREST	祖先研究兴趣
12	ANUL	ANNULMENT	无效婚姻
13	ASSO	ASSOCIATES	社会关系
14	AUTH	AUTHOR	创建者
15	BAPL	BAPTISM-LDS	婴儿洗礼（LDS）
16	BAPM	BAPTISM	婴儿洗礼（非LDS）
17	BARM	BAR_MITZVAH	受戒礼（犹太男孩）
18	BASM	BAS_MITZVAH	受戒礼（犹太女孩）
19	BIRT	BIRTH	出生
20	BLES	BLESSING	祝福礼
21	BLOB	BINARY_OBJECT	二进制对象
22	BURI	BURIAL	葬礼
23	CALN	CALL_NUMBER	索取号
24	CAST	CASTE	社会等级
25	CAUS	CAUSE	原因
26	CENS	CENSUS	人口普查
27	CHAN	CHANGE	变更
28	CHAR	CHARACTER	字符集
29	CHIL	CHILD	孩子
30	CHR	CHRISTENING	儿童洗礼（非LDS）
31	CHRA	ADULT_CHRISTENING	成人洗礼（非LDS）
32	CITY	CITY	城市
33	CONC	CONCATENATION	连接符（无空格无回车无换行符）
34	CONF	CONFIRMATION	坚信礼（非LDS）

① The GEDCOM Standard Release 5.5 Appendix A [EB/OL]. [2014－06－30].http://homepages.rootsweb.ancestry.com/~pmcbride/gedcom/55gcappa.htm.

续表

序号	标签	含义（英）	含义（中）
35	CONL	CONFIRMATION_LDS	坚信礼（LDS）
36	CONT	CONTINUED	连接符
37	COPR	COPYRIGHT	版权
38	CORP	CORPORATE	团体
39	CREM	CREMATION	火葬
40	CTRY	COUNTRY	国家
41	DATA	DATA	自动生成信息
42	DATE	DATE	日期
43	DEAT	DEATH	死亡
44	DESC	DESCENDANTS	后代
45	DESI	DESCENDANT_INT	后代研究兴趣
46	DEST	DESTINATION	目标系统（接收数据）
47	DIV	DIVORCE	离婚
48	DIVF	DIVORCE_FILED	单方起诉离婚
49	DSCR	PHY_DESCRIPTION	物理特征
50	EDUC	EDUCATION	受教育程度
51	EMIG	EMIGRATION	移民
52	ENDL	ENDOWMENT	圣餐礼（LDS）
53	ENGA	ENGAGEMENT	订婚
54	EVEN	EVENT	事件
55	FAM	FAMILY	家庭
56	FAMC	FAMILY_CHILD	家庭孩子连接
57	FAMF	FAMILY_SPOUSE	家庭配偶连接
58	FAMS	FAMILY_FILE	家庭档案
59	FCOM	FIRST_COMMUNION	开圣体
60	FILE	FILE	文档
61	FORM	FORMAT	传输格式
62	GEDC	GEDCOM	GEDCOM
63	GIVN	GIVEN_NAME	名
64	GRAD	GRADUATION	毕业
65	HEAD	HEADER	文件头
66	HUSB	HUSB	丈夫
67	IDNO	IDENT_NUMBER	识别码
68	IMMI	IMMIGRATION	移居
69	INDI	INDIVIDUAL	个人
70	LANG	LANGUAGE	语言
71	LEGA	LEGATEE	遗产受赠人
72	MARB	MARRIAGE_BANN	结婚公告
73	MARC	MARR_CONTRACT	结婚契约
74	MARL	MARR_LICENSE	结婚证书
75	MARR	MARRIAGE	结婚

续表

序号	标签	含义（英）	含义（中）
76	MARS	MARR_SETTLEMENT	结婚财产契约
77	MEDI	MEDIA	媒体类型
78	NAME	NAME	名称
79	NATI	NATIONALITY	国籍
80	NATU	NATURALIZATION	加入国籍
81	NCHI	CHILDREN_COUNT	孩子数量
82	NICK	NICKNAME	昵称
83	NMR	MARRIAGE_COUNT	婚姻数量
84	NOTE	NOTE	注释
85	NPFX	NAME_PREFIX	名字前缀
86	NSFX	NAME_SUFFIX	名字后缀
87	OBJE	OBJECT	对象
88	OCCU	OCCUPATION	职业
89	ORDI	ORDINANCE	宗教仪式
90	ORDN	ORDINATION	神职授任
91	PAGE	PAGE	页码
92	PEDI	PEDIGREE	谱系
93	PHON	PHONE	电话号码
94	PLAC	PLACE	地点
95	POST	POSTAL_CODE	邮政编码
96	PROB	PROBATE	遗嘱认证
97	PROP	PROPERTY	财产
98	PUBL	PUBLICATION	出版
99	QUAY	QUALITY_OF_DATA	可信度
100	REFN	REFERENCE	参考
101	RELA	RELATIONSHIP	关联
102	RELI	RELIGION	教派
103	REPO	REPOSITORY	藏品
104	RESI	RESIDENCE	居住地
105	RESN	RESTRICTION	限制
106	RETI	RETIREMENT	退休
107	RFN	REC_FILE_NUMBER	已知文档编号
108	RIN	REC_ID_NUMBER	ID 编号
109	ROLE	ROLE	角色
110	SEX	SEX	性别
111	SLGC	SEALING_CHILD	孩子仪式（LDS）
112	SLGS	SEALING_SPOUSE	配偶仪式（LDS）
113	SOUR	SOURCE	来源
114	SPFX	SURN_PREFIX	姓氏前缀
115	SSN	SOC_SEC_NUMBER	社保号
116	STAE	STATE	州

续表

序号	标签	含义（英）	含义（中）
117	STAT	STATUS	状态
118	SUBM	SUBMITTER	提交者
119	SUBN	SUBMISSION	提交
120	SURN	SURNAME	姓
121	TEMP	TEMPLE	圣殿（LDS）
122	TEXT	TEXT	文本
123	TIME	TIME	时间
124	TITL	TITLE	题名
125	TRLR	TRAILER	文件尾
126	TYPE	TYPE	分类
127	VERS	VERSION	版本
128	WIFE	WIFE	妻子
129	WILL	WILL	遗嘱

附录 6　世系连接 GEDCOM 结构和子结构（GEDCOM5.5）表①

序号	名称（英）	名称（中）	类型
1	HEADER	文件头	结构
2	SUBMISSION_RECORD	提交记录	结构
3	RECORD	记录	结构
4	FAM_RECORD	家庭记录	结构
5	INDIVIDUAL_RECORD	个人记录	结构
6	MULTIMEDIA_RECORD	多媒体记录	结构
7	NOTE_RECORD	注释记录	结构
8	REPOSITORY_RECORD	藏品记录	结构
9	SOURCE_RECORD	来源记录	结构
10	SUBMITTER_RECORD	提交者记录	结构
11	ADDRESS_STRUCTURE	地址结构	子结构
12	ASSOCIATION_STRUCTURE	社会关系结构	子结构
13	CHANGE_DATE	日期变更	子结构
14	CHILD_TO_FAMILY_LINK	家庭孩子连接	子结构
15	EVENT_DETAIL	事件描述	子结构
16	FAMILY_EVENT_STRUCTURE	家庭事件结构	子结构
17	INDIVIDUAL_ATTRIBUTE_STRUCTURE	个人属性结构	子结构
18	INDIVIDUAL_EVENT_STRUCTURE	个人事件结构	子结构
19	LDS_INDIVIDUAL_ORDINANCE	LDS 个人教仪	子结构
20	LDS_SPOUSE_SEALING	LDS 配偶印证	子结构
21	MULTIMEDIA_LINK	多媒体连接	子结构
22	NOTE_STRUCTURE	注释结构	子结构
23	PERSONAL_NAME_STRUCTURE	人名结构	子结构
24	PLACE_STRUCTURE	地点结构	子结构
25	SOURCE_CITATION	引用来源	子结构
26	SOURCE_REPOSITORY_CITATION	藏品来源	子结构
27	SPOUSE_TO_FAMILY_LINK	家庭配偶连接	子结构

在 GEDCOM 5.5 标准中，双尖括号（<<　>>）表示结构或子结构，尖括号（<　>）表示标签对应的可选值，大括号（{　}）表示行的数量限制，中括号（[　]）表示可选项，竖线（|）用于分隔多个并列选项，“n”表示层级号，“+1”表示层级号增一，“+2”、“+3”以此类推。

① The GEDCOM Standard Release 5.5 Chapter 2 [EB/OL]. [2014 - 06 - 30].http://homepages.rootsweb.ancestry.com/~pmcbride/gedcom/ 55gcch2.htm.

1. 文件头

n　HEAD　{1:1}
+1　SOUR　<APPROVED_SYSTEM_ID>　{1:1}
+2　VERS　<VERSION_NUMBER>　{0:1}
+2　NAME　<NAME_OF_PRODUCT>　{0:1}
+2　CORP　<NAME_OF_BUSINESS>　{0:1}
+3　<<ADDRESS_STRUCTURE>>　{0:1}
+2　DATA　<NAME_OF_SOURCE_DATA>　{0:1}
+3　DATE　<PUBLICATION_DATE>　{0:1}
+3　COPR　<COPYRIGHT_SOURCE_DATA>　{0:1}
+1　DEST　<RECEIVING_SYSTEM_NAME>　{0:1}
+1　DATE　<TRANSMISSION_DATE>　{0:1}
+2　TIME　<TIME_VALUE>　{0:1}
+1　SUBM　@<XREF:SUBM>@　{1:1}
+1　SUBN　@<XREF:SUBN>@　{0:1}
+1　FILE　<FILE_NAME>　{0:1}
+1　COPR　<COPYRIGHT_GEDCOM_FILE>　{0:1}
+1　GEDC　{1:1}
+2　VERS　<VERSION_NUMBER>　{1:1}
+2　FORM　<GEDCOM_FORM>　{1:1}
+1　CHAR　<CHARACTER_SET>　{1:1}
+2　VERS　<VERSION_NUMBER>　{0:1}
+1　LANG　<LANGUAGE_OF_TEXT>　{0:1}
+1　PLAC　{0:1}
+2　FORM　<PLACE_HIERARCHY>　{1:1}
+1　NOTE　<GEDCOM_CONTENT_DESCRIPTION>　{0:1}
+2　[CONT|CONC]　<GEDCOM_CONTENT_DESCRIPTION>　{0:M}

2. 提交记录

n　@<XREF:SUBN>@　SUBN　{1:1]
+1　SUBM　@<XREF:SUBM>@　{0:1}
+1　FAMF　<NAME_OF_FAMILY_FILE>　{0:1}
+1　TEMP　<TEMPLE_CODE>　{0:1}
+1　ANCE　<GENERATIONS_OF_ANCESTORS>　{0:1}
+1　DESC　<GENERATIONS_OF_DESCENDANTS>　{0:1}
+1　ORDI　<ORDINANCE_PROCESS_FLAG>　{0:1}
+1　RIN　<AUTOMATED_RECORD_ID>　{0:1}

3. 记录

```
[
n <<FAM_RECORD>> {1:1}
|
n <<INDIVIDUAL_RECORD>> {1:1}
|
n <<MULTIMEDIA_RECORD>> {1:M}
|
n <<NOTE_RECORD>> {1:1}
|
n <<REPOSITORY_RECORD>> {1:1}
|
n <<SOURCE_RECORD>> {1:1}
|
n <<SUBMITTER_RECORD>> {1:1}
]
```

4. 家庭记录

```
n @<XREF:FAM>@ FAM {1:1}
  +1 <<FAMILY_EVENT_STRUCTURE>> {0:M}
    +2 HUSB {0:1}
      +3 AGE <AGE_AT_EVENT> {1:1}
    +2 WIFE {0:1}
      +3 AGE <AGE_AT_EVENT> {1:1}
  +1 HUSB @<XREF:INDI>@ {0:1}
  +1 WIFE @<XREF:INDI>@ {0:1}
  +1 CHIL @<XREF:INDI>@ {0:M}
  +1 NCHI <COUNT_OF_CHILDREN> {0:1}
  +1 SUBM @<XREF:SUBM>@ {0:M}
  +1 <<LDS_SPOUSE_SEALING>> {0:M}
  +1 <<SOURCE_CITATION>> {0:M}
    +2 <<NOTE_STRUCTURE>> {0:M}
    +2 <<MULTIMEDIA_LINK>> {0:M}
  +1 <<MULTIMEDIA_LINK>> {0:M}
  +1 <<NOTE_STRUCTURE>> {0:M}
  +1 REFN <USER_REFERENCE_NUMBER> {0:M}
    +2 TYPE <USER_REFERENCE_TYPE> {0:1}
```

+1　RIN　<AUTOMATED_RECORD_ID>　{0:1}
+1　<<CHANGE_DATE>>　{0:1}

5. 个人记录

n　@<XREF:INDI>@　INDI　{1:1}
+1　RESN　<RESTRICTION_NOTICE>　{0:1}
+1　<<PERSONAL_NAME_STRUCTURE>>　{0:M}
+1　SEX　<SEX_VALUE>　{0:1}
+1　<<INDIVIDUAL_EVENT_STRUCTURE>>　{0:M}
+1　<<INDIVIDUAL_ATTRIBUTE_STRUCTURE>>　{0:M}
+1　<<LDS_INDIVIDUAL_ORDINANCE>>　{0:M}
+1　<<CHILD_TO_FAMILY_LINK>>　{0:M}
+1　<<SPOUSE_TO_FAMILY_LINK>>　{0:M}
+1　SUBM　@<XREF:SUBM>@　{0:M}
+1　<<ASSOCIATION_STRUCTURE>>　{0:M}
+1　ALIA　@<XREF:INDI>@　{0:M}
+1　ANCI　@<XREF:SUBM>@　{0:M}
+1　DESI　@<XREF:SUBM>@　{0:M}
+1　<<SOURCE_CITATION>>　{0:M}
+1　<<MULTIMEDIA_LINK>>　{0:M}
+1　<<NOTE_STRUCTURE>>　{0:M}
+1　RFN　<PERMANENT_RECORD_FILE_NUMBER>　{0:1}
+1　AFN　<ANCESTRAL_FILE_NUMBER>　{0:1}
+1　REFN　<USER_REFERENCE_NUMBER>　{0:M}
+2　TYPE　<USER_REFERENCE_TYPE>　{0:1}
+1　RIN　<AUTOMATED_RECORD_ID>　{0:1}
+1　<<CHANGE_DATE>>　{0:1}

6. 多媒体记录

n　@<XREF:OBJE>@　OBJE　{1:1}
+1　FORM　<MULTIMEDIA_FORMAT>　{1:1}
+1　TITL　<DESCRIPTIVE_TITLE>　{0:1}
+1　<<NOTE_STRUCTURE>>　{0:M}
+1　<<SOURCE_CITATION>>　{0:M}
+1　BLOB　{1:1}
+2　CONT　<ENCODED_MULTIMEDIA_LINE>　{1:M}
+1　OBJE　@<XREF:OBJE>@　{0:1}
+1　REFN　<USER_REFERENCE_NUMBER>　{0:M}
+2　TYPE　<USER_REFERENCE_TYPE>　{0:1}

```
    +1 RIN <AUTOMATED_RECORD_ID> {0:1}
    +1 <<CHANGE_DATE>> {0:1}
```

7. 注释记录

```
n @<XREF:NOTE>@ NOTE <SUBMITTER_TEXT> {1:1}
    +1 [ CONC | CONT ] <SUBMITTER_TEXT> {0:M}
    +1 <<SOURCE_CITATION>> {0:M}
    +1 REFN <USER_REFERENCE_NUMBER> {0:M}
      +2 TYPE <USER_REFERENCE_TYPE> {0:1}
    +1 RIN <AUTOMATED_RECORD_ID> {0:1}
    +1 <<CHANGE_DATE>> {0:1}
```

8 存储记录

```
n @<XREF:REPO>@ REPO {1:1}
    +1 NAME <NAME_OF_REPOSITORY> {0:1}
    +1 <<ADDRESS_STRUCTURE>> {0:1}
    +1 <<NOTE_STRUCTURE>> {0:M}
    +1 REFN <USER_REFERENCE_NUMBER> {0:M}
      +2 TYPE <USER_REFERENCE_TYPE> {0:1}
    +1 RIN <AUTOMATED_RECORD_ID> {0:1}
    +1 <<CHANGE_DATE>> {0:1}
```

9. 来源记录

```
n @<XREF:SOUR>@ SOUR {1:1}
    +1 DATA {0:1}
      +2 EVEN <EVENTS_RECORDED> {0:M}
        +3 DATE <DATE_PERIOD> {0:1}
        +3 PLAC <SOURCE_JURISDICTION_PLACE> {0:1}
      +2 AGNC <RESPONSIBLE_AGENCY> {0:1}
      +2 <<NOTE_STRUCTURE>> {0:M}
    +1 AUTH <SOURCE_ORIGINATOR> {0:1}
      +2 [CONT|CONC] <SOURCE_ORIGINATOR> {0:M}
    +1 TITL <SOURCE_DESCRIPTIVE_TITLE> {0:1}
      +2 [CONT|CONC] <SOURCE_DESCRIPTIVE_TITLE> {0:M}
    +1 ABBR <SOURCE_FILED_BY_ENTRY> {0:1}
    +1 PUBL <SOURCE_PUBLICATION_FACTS> {0:1}
      +2 [CONT|CONC] <SOURCE_PUBLICATION_FACTS> {0:M}
    +1 TEXT <TEXT_FROM_SOURCE> {0:1}
```

+2 [CONT|CONC] <TEXT_FROM_SOURCE> {0:M}
+1 <<SOURCE_REPOSITORY_CITATION>> {0:1}
+1 <<MULTIMEDIA_LINK>> {0:M}
+1 <<NOTE_STRUCTURE>> {0:M}
+1 REFN <USER_REFERENCE_NUMBER> {0:M}
+2 TYPE <USER_REFERENCE_TYPE> {0:1}
+1 RIN <AUTOMATED_RECORD_ID> {0:1}
+1 <<CHANGE_DATE>> {0:1}

10. 提交者记录

n @<XREF:SUBM>@ SUBM {1:1}
+1 NAME <SUBMITTER_NAME> {1:1}
+1 <<ADDRESS_STRUCTURE>> {0:1}
+1 <<MULTIMEDIA_LINK>> {0:M}
+1 LANG <LANGUAGE_PREFERENCE> {0:3}
+1 RFN <SUBMITTER_REGISTERED_RFN> {0:1}
+1 RIN <AUTOMATED_RECORD_ID> {0:1}
+1 <<CHANGE_DATE>> {0:1}

11. 地址结构

n ADDR <ADDRESS_LINE> {0:1}
+1 CONT <ADDRESS_LINE> {0:M}
+1 ADR1 <ADDRESS_LINE1> {0:1}
+1 ADR2 <ADDRESS_LINE2> {0:1}
+1 CITY <ADDRESS_CITY> {0:1}
+1 STAE <ADDRESS_STATE> {0:1}
+1 POST <ADDRESS_POSTAL_CODE> {0:1}
+1 CTRY <ADDRESS_COUNTRY> {0:1}
n PHON <PHONE_NUMBER> {0:3}
n EMAIL <ADDRESS_EMAIL> {0:3}
n FAX <ADDRESS_FAX> {0:3}
n WWW <ADDRESS_WEB_PAGE> {0:3}

12. 社会关系结构

n ASSO @<XREF:INDI>@ {0:M}
+1 RELA <RELATION_IS_DESCRIPTOR> {1:1}
+1 <<NOTE_STRUCTURE>> {0:M}
+1 <<SOURCE_CITATION>> {0:M}

13. 变更日期

```
n  CHAN                {1:1}
   +1  DATE  <CHANGE_DATE>  {1:1}
     +2  TIME  <TIME_VALUE>  {0:1}
   +1  <<NOTE_STRUCTURE>>  {0:M}
```

14. 家庭孩子连接

```
n  FAMC  @<XREF:FAM>@  {1:1}
   +1  PEDI  <PEDIGREE_LINKAGE_TYPE>  {0:1}
   +1  <<NOTE_STRUCTURE>>  {0:M}
```

15. 事件细节

```
n  TYPE  <EVENT_DESCRIPTOR>  {0:1}
n  DATE  <DATE_VALUE>  {0:1}
n  <<PLACE_STRUCTURE>>  {0:1}
n  <<ADDRESS_STRUCTURE>>  {0:1}
n  AGE  <AGE_AT_EVENT>  {0:1}
n  AGNC  <RESPONSIBLE_AGENCY>  {0:1}
n  CAUS  <CAUSE_OF_EVENT>  {0:1}
n  <<SOURCE_CITATION>>  {0:M}
   +1  <<NOTE_STRUCTURE>>  {0:M}
   +1  <<MULTIMEDIA_LINK>>  {0:M}
n  <<MULTIMEDIA_LINK>>  {0:M}
n  <<NOTE_STRUCTURE>>  {0:M}
```

16. 家庭事件结构

```
[
n [  ANUL | CENS | DIV | DIVF  ] [ Y|<NULL> ] {1:1}
     +1  <<EVENT_DETAIL>>  {0:1}
|
n [  ENGA | MARR | MARB | MARC  ] [ Y|<NULL> ] {1:1}
     +1  <<EVENT_DETAIL>>  {0:1}
|
n [  MARL | MARS  ] [ Y|<NULL> ] {1:1}
     +1  <<EVENT_DETAIL>>  {0:1}
|
n  EVEN              {1:1}
```

+1　<<EVENT_DETAIL>>　{0:1}

]

17. 个人属性结构

[

n　CAST　<CASTE_NAME>　{1:1}

+1　<<EVENT_DETAIL>>　{0:1}

|

n　DSCR　<PHYSICAL_DESCRIPTION>　{1:1}

+1　<<EVENT_DETAIL>>　{0:1}

|

n　EDUC　<SCHOLASTIC_ACHIEVEMENT>　{1:1}

+1　<<EVENT_DETAIL>>　{0:1}

|

n　IDNO　<NATIONAL_ID_NUMBER>　{1:1}

+1　<<EVENT_DETAIL>>　{0:1}

|

n　NATI　<NATIONAL_OR_TRIBAL_ORIGIN>　{1:1}

+1　<<EVENT_DETAIL>>　{0:1}

|

n　NCHI　<COUNT_OF_CHILDREN>　{1:1}

+1　<<EVENT_DETAIL>>　{0:1}

|

n　NMR　<COUNT_OF_MARRIAGES>　{1:1}

+1　<<EVENT_DETAIL>>　{0:1}

|

n　OCCU　<OCCUPATION>　{1:1}

+1　<<EVENT_DETAIL>>　{0:1}

|

n　PROP　<POSSESSIONS>　{1:1}

+1　<<EVENT_DETAIL>>　{0:1}

|

n　RELI　<RELIGIOUS_AFFILIATION>　{1:1}

+1　<<EVENT_DETAIL>>　{0:1}

|

n　RESI　{1:1}

+1　<<EVENT_DETAIL>>　{0:1}

|

```
n  SSN  <SOCIAL_SECURITY_NUMBER>     {0:1}
   +1  <<EVENT_DETAIL>>  {0:1}
|
n  TITL  <NOBILITY_TYPE_TITLE>  {1:1}
   +1  <<EVENT_DETAIL>>  {0:1}
]
```

18. 个人事件结构

```
[
n [  BIRT | CHR  ] [ Y|<NULL> ]  {1:1}
     +1  <<EVENT_DETAIL>>  {0:1}
     +1  FAMC  @<XREF:FAM>@  {0:1}
  |
n [  DEAT | BURI | CREM  ] [ Y|<NULL> ]    {1:1}
     +1  <<EVENT_DETAIL>>  {0:1}
  |
n  ADOP  [ Y|<NULL> ]  {1:1}
     +1  <<EVENT_DETAIL>>  {0:1}
     +1  FAMC  @<XREF:FAM>@  {0:1}
       +2  ADOP  <ADOPTED_BY_WHICH_PARENT>  {0:1}
  |
n [  BAPM | BARM | BASM | BLES  ] [ Y|<NULL> ]  {1:1}
     +1  <<EVENT_DETAIL>>  {0:1}
  |
n [  CHRA | CONF | FCOM | ORDN  ] [ Y|<NULL> ]  {1:1}
     +1  <<EVENT_DETAIL>>  {0:1}
  |
n [  NATU | EMIG | IMMI  ] [ Y|<NULL> ]  {1:1}
     +1  <<EVENT_DETAIL>>  {0:1}
  |
n [  CENS | PROB | WILL ] [ Y|<NULL> ]  {1:1}
     +1  <<EVENT_DETAIL>>  {0:1}
  |
n [  GRAD | RETI  ] [ Y|<NULL> ]  {1:1}
     +1  <<EVENT_DETAIL>>  {0:1}
  |
n  EVEN          {1:1}
     +1  <<EVENT_DETAIL>>  {0:1}
]
```

19.LDS 个人宗教仪式

```
[
n [  BAPL  |  CONL  ] {1:1}
    +1  STAT  <LDS_BAPTISM_DATE_STATUS>  {0:1}
    +1  DATE  <DATE_LDS_ORD>  {0:1}
    +1  TEMP  <TEMPLE_CODE>  {0:1}
    +1  PLAC  <PLACE_LIVING_ORDINANCE>  {0:1}
    +1  <<SOURCE_CITATION>>  {0:M}
    +1  <<NOTE_STRUCTURE>>  {0:M}
|
n  ENDL          {1:1}
    +1  STAT  <LDS_ENDOWMENT_DATE_STATUS>  {0:1}
    +1  DATE  <DATE_LDS_ORD>  {0:1}
    +1  TEMP  <TEMPLE_CODE>  {0:1}
    +1  PLAC  <PLACE_LIVING_ORDINANCE>  {0:1}
    +1  <<SOURCE_CITATION>>  {0:M}
    +1  <<NOTE_STRUCTURE>>  {0:M}
|
n  SLGC          {1:1}
    +1  STAT  <LDS_CHILD_SEALING_DATE_STATUS>  {0:1}
    +1  DATE  <DATE_LDS_ORD>  {0:1}
    +1  TEMP  <TEMPLE_CODE>  {0:1}
    +1  PLAC  <PLACE_LIVING_ORDINANCE>  {0:1}
    +1  FAMC  @<XREF:FAM>@  {1:1}
    +1  <<SOURCE_CITATION>>  {0:M}
    +1  <<NOTE_STRUCTURE>>  {0:M}
]
```

20.LDS 结婚仪式

```
n  SLGS          {1:1}
    +1  STAT  <LDS_SPOUSE_SEALING_DATE_STATUS>  {0:1}
    +1  DATE  <DATE_LDS_ORD>  {0:1}
    +1  TEMP  <TEMPLE_CODE>  {0:1}
    +1  PLAC  <PLACE_LIVING_ORDINANCE>  {0:1}
    +1  <<SOURCE_CITATION>>  {0:M}
    +1  <<NOTE_STRUCTURE>>  {0:M}
```

21. 多媒体连接

```
[
n  OBJE  @<XREF:OBJE>@  {1:1}
|
n  OBJE                 {1:1}
   +1  FORM  <MULTIMEDIA_FORMAT>  {1:1}
   +1  TITL  <DESCRIPTIVE_TITLE>  {0:1}
   +1  FILE  <MULTIMEDIA_FILE_REFERENCE>  {1:1}
   +1  <<NOTE_STRUCTURE>>  {0:M}
]
```

22. 注释结构

```
[
n  NOTE  @<XREF:NOTE>@  {1:1}
   +1  SOUR  @<XREF:SOUR>@  {0:M}
|
n  NOTE  [<SUBMITTER_TEXT>  |  <NULL>]  {1:1}
   +1  [  CONC  |  CONT  ]  <SUBMITTER_TEXT>  {0:M}
   +1  SOUR  @<XREF:SOUR>@  {0:M}
]
```

23. 人名结构

```
n  NAME  <NAME_PERSONAL>  {1:1}
   +1  NPFX  <NAME_PIECE_PREFIX>  {0:1}
   +1  GIVN  <NAME_PIECE_GIVEN>  {0:1}
   +1  NICK  <NAME_PIECE_NICKNAME>  {0:1}
   +1  SPFX  <NAME_PIECE_SURNAME_PREFIX>  {0:1}
   +1  SURN  <NAME_PIECE_SURNAME>  {0:1}
   +1  NSFX  <NAME_PIECE_SUFFIX>  {0:1}
   +1  <<SOURCE_CITATION>>  {0:M}
     +2  <<NOTE_STRUCTURE>>  {0:M}
     +2  <<MULTIMEDIA_LINK>>  {0:M}
   +1  <<NOTE_STRUCTURE>>  {0:M}
```

24. 地点结构

```
n  PLAC  <PLACE_VALUE>  {1:1}
   +1  FORM  <PLACE_HIERARCHY>  {0:1}
```

```
    +1  <<SOURCE_CITATION>>  {0:M}
    +1  <<NOTE_STRUCTURE>>  {0:M}
```

25. 引用来源

```
  [
  n  SOUR  @<XREF:SOUR>@        {1:1}
    +1  PAGE  <WHERE_WITHIN_SOURCE>  {0:1}
    +1  EVEN  <EVENT_TYPE_CITED_FROM>  {0:1}
      +2  ROLE  <ROLE_IN_EVENT>  {0:1}
    +1  DATA          {0:1}
      +2  DATE  <ENTRY_RECORDING_DATE>  {0:1}
      +2  TEXT  <TEXT_FROM_SOURCE>  {0:M}
        +3  [  CONC  |  CONT  ]  <TEXT_FROM_SOURCE>  {0:M}
    +1  QUAY  <CERTAINTY_ASSESSMENT>  {0:1}
    +1  <<MULTIMEDIA_LINK>>  {0:M}
    +1  <<NOTE_STRUCTURE>>  {0:M}
  |
  n  SOUR  <SOURCE_DESCRIPTION>  {1:1}
    +1  [  CONC  |  CONT  ]  <SOURCE_DESCRIPTION>  {0:M}
    +1  TEXT  <TEXT_FROM_SOURCE>  {0:M}
      +2  [CONC  |  CONT  ]  <TEXT_FROM_SOURCE>  {0:M}
    +1  <<NOTE_STRUCTURE>>  {0:M}
  ]
```

26. 存储来源

```
  n  REPO  @<XREF:REPO>@  {1:1}
    +1  <<NOTE_STRUCTURE>>  {0:M}
    +1  CALN  <SOURCE_CALL_NUMBER>  {0:M}
      +2  MEDI  <SOURCE_MEDIA_TYPE>  {0:1}
```

27. 家庭配偶连接

```
  n  FAMS  @<XREF:FAM>@  {1:1}
    +1  <<NOTE_STRUCTURE>>  {0:M}
```

附录 7 GEDCOM XML 元素表

No	元素（英）	元素（中）	属性数量	是否新增
1	Addressee	收信人	0	是
2	AddrLine	邮寄地址行	0	
3	Age	年龄	0	
4	Article	文章	0	是
5	Association	联系	0	
6	AssocIndiv	联系描述	0	
7	Author	作者	0	
8	b	加粗	0	是
9	BasedOn	基于	0	是
10	blockquote	缩进	0	是
11	br	换行	0	是
12	CallNbr	索取号	0	
13	Caption	图片说明	0	是
14	center	居中	0	是
15	Changed	变更	2	
16	Child	孩子	0	
17	ChildNbr	孩子数量	0	是
18	Citation	引用	0	
19	Contact	联系	0	是
20	ContactRec	联系记录	2	
21	Coordinates	坐标	0	是
22	Copyright	版权	0	
23	Date	日期	1	
24	DeathStatus	死亡状态	0	是
25	DupIndiv	重复个人描述	0	是
26	Email	电子邮件地址	0	是
27	Enrichment	扩展资料	0	是
28	EventRec	事件记录	3	
29	Evidence	证据	0	
30	ExternalID	外部连接	2	
31	Extract	摘要	1	
32	FamilyNbr	家庭数量	0	是
33	FamilyRec	家庭记录	1	
34	FileCreation	文件创建	2	
35	GEDCOM	GEDCOM	0	是
36	Gender	性别	0	
37	GroupRec	团体记录	2	是

续表

No	元素（英）	元素（中）	属性数量	是否新增
38	HeaderRec	头文件记录	0	
39	HusbFath	丈夫父亲	0	
40	i	斜体	0	是
41	IndividualRec	个人记录	1	
42	IndivName	个人姓名	3	
43	IndNameVariation	个人姓名变化	3	是
44	Information	个人信息	0	是
45	LDSOrdRec	LDS 教仪记录	2	
46	Link	连接	2	
47	Living	在世	0	是
48	MailAddress	邮寄地址	1	
49	Member	成员	0	是
50	Name	姓名	2	
51	NamePart	姓名部分	2	
52	Note	注释	1	
53	OrdStat	LDS 教仪状态	1	
54	P	分段	0	是
55	ParentGroup	父组	0	是
56	Participant	参与者	0	
57	PersInfo	个人信息	1	
58	Phone	电话号码	1	
59	Place	地点	0	
60	PlaceName	地点名称	3	是
61	PlaceNameVar	地点名称变化	3	是
62	PlacePart	地名部分	2	
63	Product	软件产品	0	
64	ProductId	软件产品缩写	0	是
65	Public	公开	0	是
66	Publishing	出版	0	
67	Religion	宗教	0	
68	RelToFath	父子关系	0	
69	RelToMoth	母子关系	0	
70	Repository	藏品信息	0	
71	RepositoryRec	藏品记录	2	
72	Role	作用	0	
73	SameIndiv	重复个人连接	0	是
74	SourceRec	来源记录	3	
75	sub	下标	0	是
76	Submitter	提交者	0	
77	sup	上标	0	是
78	Supplier	供应商	0	

续表

No	元素（英）	元素（中）	属性数量	是否新增
79	TempleCode	神殿编码	0	
80	Title	题名	0	
81	u	下划线	0	是
82	URI	URI	0	
83	Version	版本	0	
84	WhenRecorded	记录时间	0	是
85	WhereInSource	记录地点	0	是
86	WifeMoth	妻子母亲	0	

附录 8 GEDCOM 5.5 标签与 GEDCOM XML 对应关系表①

序号	GEDCOM 5.5 标签	GEDCOM XML 元素 \ 属性	备注
1	ABBR		取消
2	ADDR	ContactRec → MailAddress	
3	ADR1	ContactRec → MailAddress → AddrLine	
4	ADR2	ContactRec → MailAddress → AddrLine	
5	ADOP	EventRec → Type="adoption"	
6	AFN	IndividualRec → ExternalID → Type="AFN" Id="..."	
		FamilyRec → ExternalID → Type="AFN" ID="..."	
7	AGE	EventRec → Participant → Age	
8	AGNC	SourceRec → Note	
9	ALIA	IndividualRec → IndivName → Type="alias"	
10	ANCE	HeaderRec → Note	
11	ANCI	IndividualRec → Note	
12	ANUL	EventRec → Type="annulment"	
13	ASSO	IndividualRec → AssocIndiv	
14	AUTH	SourceRec → Author	
15	BAPL	LDSOrdRec → Type="B"	
16	BAPM	EventRec → Type="baptism"	
17	BARM	EventRec → Type="bar mitzvah"	
18	BASM	EventRec → Type="bas mitzvah"	
19	BIRT	EventRec → Type="birth" VitalType="birth"	
20	BLES	EventRec → Type="blessing"	
21	BLOB	SourceRec → URI	
22	BURI	EventRec → Type="burial" VitalType="death"	
23	CALN	SourceRec → Repository → CallNbr	
24	CAST	IndividualRec → PersInfo → Type="cast"	
25	CAUS	EventRec → Note	
26	CENS	EventRec → Type="census"	
27	CHAN	xxxxxRec → Changed	
28	CHAR		取消
29	CHIL	FamilyRec → Child	
30	CHR	EventRec → Type="christening" VitalType="birth"	
31	CHRA	EventRec → Type="adult christening"	

① GEDCOM XML Beta Version [EB/OL]. [2014 - 06 - 30].http://heanet.dl.sourceforge.net/project/gedcomfilter/GEDCOM%20XML%20Specification/GEDCOM%20XML%206.0%20Beta/GedXML60.pdf.

续表

序号	GEDCOM 5.5 标签	GEDCOM XML 元素 \ 属性	备注
32	CITY	EventRec → Place → PlacePart → Type="city"	
		ContactRec → MailAddress → AddrLine → PlacePart → Type="city"	
33	CONC		取消
34	CONF	EventRec → Type="confirmation"	
35	CONL	LDSOrdRec → Type="C"	
36	CONT		取消
37	COPR	HeaderRec → FileCreation → Copyright	
38	CORP	HeaderRec → FileCreation → Product → Supplier	
39	CREM	EventRec → Type="cremation" VitalType = "death"	
40	CTRY	EventRec → Place → PlacePart → Type="country"	
		ContactRec → MailAddress → AddrLine → PlacePart → Type="country"	
41	DATA		取消
42	DATE	EventRec → Date	
		LDSOrdRec → Date	
		HeaderRec → FileCreation → Date	
		LDSOrdRec → OrdStat → Date	
		xxxxxRec → Changed → Date	
43	DEAT	EventRec → Type="death" VitalType="death"	
44	DESC	HeaderRec → Note	
45	DESI	IndividualRec → Note	
46	DEST		取消
47	DIV	EventRec → Type="divorce"	
48	DIVF	EventRec → Type="filed for divorce"	
49	DSCR	IndividualRec → PersInfo → Type="attribute"	
		xxxxxRec → Note	
50	EDUC	IndividualRec → PersInfo → Type="education"	
51	EMIG	EventRec → Type="emigration"	
52	ENDL	LDSOrdRec → Type="E"	
53	ENGA	EventRec → Type="engagement" VitalType="marriage"	
54	EVEN	EventRec	
55	FAM	FamilyRec	
56	FAMC	FamilyRec → Child	
		LDSOrdRec → FamParticipant	
57	FAMF		取消
58	FAMS	FamilyRec → HusbFath	
		FamilyRec → WifeMoth	
59	FCOM	EventRec → Type="first communion"	
60	FILE		(HEAD) 取消
		SourceRec → URI	

续表

序号	GEDCOM 5.5 标签	GEDCOM XML 元素 \ 属性	备注
61	FORM		取消
62	GEDC		取消
63	GIVN	IndividualRec → IndivName → NamePart → Type="given name"	
64	GRAD	EventRec → Type="graduation"	
65	HEAD	HeaderRec	
66	HUSB	FamilyRec → HusbFath	
67	IDNO	IndividualRec → PersInfo → Type="Canadian SSN" or whatever	
68	IMMI	EventRec → Type="immigration"	
69	INDI	IndividualRec	
70	LANG	xml:lang	
71	LEGA	EventRec → Participant → Role	
72	MARB	EventRec → Type="marriage banns" VitalType="marriage"	
73	MARC	EventRec → Type="marriage contract" VitalType="marriage"	
74	MARL	EventRec → Type="marriage license" VitalType="marriage"	
75	MARR	EventRec → Type="marriage" VitalType="marriage"	
76	MARS	EventRec → Type="marriage settlement" VitalType="marriage"	
77	MEDI	SourceRec → Type="video" or "photo" or "sound"	
78	NAME	IndividualRec → IndivName	
		HeaderRec → FileCreation → Product → Name	
		ContactRec → Name	
		RepositoryRec → Name	
		GroupRec → Name	
79	NATI	IndividualRec → PersInfo → Type="nationality"	
80	NATU	EventRec → Type="naturalization"	
81	NCHI	IndividualRec → Note	
		FamilyRec → Note	
82	NICK	IndividualRec → IndivName → Type="nickname"	
83	NMR	IndividualRec → Note	
84	NOTE	xxxxxRec → Note	
85	NPFX	IndividualRec → IndivName → NamePart → Type="prefix"	
86	NSFX	IndividualRec → IndivName → NamePart → Type="suffix"	
87	OBJE	SourceRec → URI	
		xxxxxRec → Evidence → Citation → Link → Target="SourceRec" Ref="..."	
		xxxxxRec → Enrichment → Citation → Link → Target="SourceRec" Ref="..."	
88	OCCU	IndividualRec → PersInfo → Type="occupation"	
89	ORDI		取消
90	ORDN	EventRec → Type="ordination"	

续表

序号	GEDCOM 5.5 标签	GEDCOM XML 元素\属性	备注
91	PAGE	xxxxxRec → Evidence → Citation → WhereInSource	
		xxxxxRec → Enrichment → Citation → WhereInSource	
92	PEDI	FamilyRec → Child → RelToFath and/or RelToMoth	
93	PHON	ContactRec → Phone	
94	PLAC	EventRec → Place	
		LDSOrdRec → Place	
95	POST	ContactRec → MailAddress → AddrLine → PlacePart → Type="postal code"	
96	PROB	EventRec → Type="will probate" VitalType="death"	
97	PROP	IndividualRec → PersInfo → Type="property"	
98	PUBL	SourceRec → Publishing	
99	QUAY	xxxxxRec → Note	
100	REFN	xxxxxRec → ExternalID → Type="REFN" Id="..."	
101	RELA	IndividualRec → AssocIndiv → Association	
102	RELI	EventRec → Religion	
		IndividualRec → PersInfo → Type="religion"	
103	REPO	RepositoryRec	
		SourceRec → Repository	
104	RESI	IndividualRec → PersInfo → Type="residence"	
105	RESN		取消
106	RETI	EventRec → Type="retirement"	
107	RFN	IndividualRec → ExternalID → Type="RFN" Id="..."	
108	RIN	IndividualRec → ExternalID → Type="RIN" Id="..."	
109	ROLE	EventRec → Participant → Role	
110	SEX	IndividualRec → Gender	
111	SLGC	LDSOrdRec → Type="SP"	
112	SLGS	LDSOrdRec → Type="SS"	
113	SOUR	SourceRec	
		xxxxxRec → Evidence → Citation → Link → Target="SourceRec" Ref="..."	
		xxxxxRec → Enrichment → Citation → Link → Target="SourceRec" Ref="..."	
114	SPFX	IndividualRec → IndivName → NamePart → Type="surname prefix"	
115	SSN	IndividualRec → PersInfo → Type="SSN"	
116	STAE	EventRec → Place → PlacePart → Type="state"	
		ContactRec → MailAddress → AddrLine → PlacePart → Type="state"	
117	STAT	LDSOrdRec → OrdStat → Code="..."	

续表

序号	GEDCOM 5.5 标签	GEDCOM XML 元素 \ 属性	备注
118	SUBM	ContactRec	
		xxxxxRec → Submitter	
119	SUBN		取消
120	SURN	IndividualRec → IndivName → NamePart → Type="surname"	
121	TEMP	LDSOrdRec → TempleCode	
122	TEXT	xxxxxRec → Evidence → Citation → Extract	
		xxxxxRec → Enrichment → Citation → Extract	
123	TIME	xxxxxRec → Changed → Time	
124	TITL	SourceRec → Title	
		IndividualRec → IndivName → NamePart → Type="title"	
		IndividualRec → PersInfo → Type="title"	
125	TRLR		取消
126	TYPE	EventRec → Type	
		xxxxxRec → ExternalID → Type	
127	VERS	HeaderRec → FileCreation → Product → Version	
128	WIFE	FamilyRec → WifeMoth	
129	WILL	EventRec → Type="will" VitalType="death"	

附录 9 GEDCOM XML DTD①

```
<?xml version="1.0" encoding="UTF-8"?>
<!-- GEDCOM Root -->
<!-- The first level of elements contained in the GEDCOM element will be referred to as
"records," that is, a family record, individual record, and so on -->
<!ELEMENT GEDCOM (HeaderRec,FamilyRec*,IndividualRec+,EventRec*,LDSOrdRec*,
ContactRec*,SourceRec*,RepositoryRec*,GroupRec*)>
<!-- Elements Common to Multiple Records -->
<!ENTITY % RecordCom "ExternalID*,Submitter?,Note*,Evidence*,Enrichment*,Chan
ged*">
<!-- Header Record -->
<!ELEMENT HeaderRec (FileCreation,Citation?,Submitter, Note?)>
<!-- The citation is useful when all the data in the file comes from a single source -->
<!-- Family Record -->
<!ELEMENT FamilyRec (HusbFath?, WifeMoth?,Child*,BasedOn?,%RecordCom;)>
<!ATTLIST FamilyRec
Id ID #REQUIRED
>
<!-- Individual Record -->
<!ELEMENT IndividualRec (IndivName*, Gender?, DeathStatus?,PersInfo*, AssocIndiv*,
DupIndiv*,%RecordCom;)>
<!ATTLIST IndividualRec
Id ID #REQUIRED
>
<!-- Event Record -->
<!ELEMENT EventRec (Participant+,Date?,Place?,Religion?, %RecordCom;)>
<!ATTLIST EventRec
Id ID #REQUIRED
Type CDATA #REQUIRED
VitalType (birth | marriage | death ) #IMPLIED
>
<!-- LDS Ordinance Record -->
```

① GEDCOM XML Beta Version [EB/OL]. [2014 - 06 - 30].http://heanet.dl.sourceforge.net/project/gedcomfilter/GEDCOM%20XML%20Specification/GEDCOM%20XML%206.0%20Beta/GedXML60.pdf.

```
<!ELEMENT LDSOrdRec (Participant+,OrdStat*,TempleCode?,Date?,Place?,BasedOn?,%Re
cordCom;)>
<!ATTLIST LDSOrdRec
Id ID #REQUIRED
Type (B | C | E | SM | SP | SS | TO | W) #REQUIRED
>
<!-- Contact Record -->
<!ELEMENT ContactRec (Name, MailAddress*,Phone*,Email*,URI*,Public?,Note*,Chan
ged*,
SameIndiv*)>
<!ATTLIST ContactRec
Id ID #REQUIRED
Type CDATA #IMPLIED
>
<!-- Source Record -->
<!ELEMENT SourceRec (Repository*,Title,Article?,Author?,URI*,Publishing?,Note*,Chan
ged*)>
<!ATTLIST SourceRec
Id ID #REQUIRED
Type CDATA #IMPLIED
xml:lang NMTOKEN #IMPLIED
>
<!-- Repository Record -->
<!ELEMENT RepositoryRec (Name,MailAddress*,Phone*,Email*,URI*,Note*,Changed*)>
<!ATTLIST RepositoryRec
Id ID #REQUIRED
Type CDATA #IMPLIED
>
<!-- Group Record -->
<!ELEMENT GroupRec (Name,Contact*,Member*,ParentGroup*,MailAddress*,Phone*,Email*,
URI*,%RecordCom;)>
<!ATTLIST GroupRec
Id ID #REQUIRED
Type CDATA #IMPLIED
>
<!-- Subrecord Elements in Alphabetical Order-->
<!ELEMENT Addressee (#PCDATA)>
<!ELEMENT AddrLine (#PCDATA | Addressee | PlacePart)*>
<!ELEMENT Age (#PCDATA)>
```

```
<!ELEMENT Article (#PCDATA)>
<!ELEMENT Association (#PCDATA)>
<!ELEMENT AssocIndiv (Link,Association,Note*,Citation*)>
<!ELEMENT Author (#PCDATA)>
<!ELEMENT b (#PCDATA)>
<!ELEMENT BasedOn (Link*, Note*)>
<!ELEMENT blockquote (#PCDATA)>
<!ELEMENT br EMPTY>
<!ELEMENT CallNbr (#PCDATA)>
<!ELEMENT Caption (#PCDATA)>
<!ELEMENT center (#PCDATA)>
<!ELEMENT Changed (Contact?,Note?)>
<!ATTLIST Changed
Date CDATA #REQUIRED
Time CDATA #REQUIRED
>
<!ELEMENT Child (Link,ChildNbr?,RelToFath?,RelToMoth?)>
<!ELEMENT ChildNbr (#PCDATA)>
<!ELEMENT Citation (Link,Caption?,WhereInSource?, WhenRecorded?,Extract*,Note*)>
<!ELEMENT Contact (Link)>
<!ELEMENT Coordinates (#PCDATA)>
<!ELEMENT Copyright (#PCDATA) >
<!ELEMENT Date (#PCDATA)>
<!ATTLIST Date
Calendar CDATA #IMPLIED
>
<!ELEMENT DeathStatus (#PCDATA)>
<!ELEMENT DupIndiv (Link,Note*,Citation*)>
<!ELEMENT Email (#PCDATA)>
<!ELEMENT Enrichment (Citation*)>
<!ELEMENT Evidence (Citation*)>
<!ELEMENT ExternalID EMPTY>
<!ATTLIST ExternalID
Type CDATA #REQUIRED
Id CDATA #REQUIRED
>
<!ELEMENT Extract (#PCDATA | u | b | i | blockquote | br | p | sub | sup | center)*>
<!ATTLIST Extract
xml:lang NMTOKEN #IMPLIED
```

```
>
<!ELEMENT FamilyNbr (#PCDATA)>
<!ELEMENT FileCreation (Product?,Copyright?)>
<!ATTLIST FileCreation
Date CDATA #REQUIRED
Time CDATA #IMPLIED
>
<!ELEMENT Gender (#PCDATA)>
<!ELEMENT HusbFath (Link,FamilyNbr?)>
<!ELEMENT i (#PCDATA)>
<!ELEMENT IndivName (#PCDATA | NamePart | IndNameVariation)*>
<!ATTLIST IndivName
Type CDATA #IMPLIED
Method CDATA #IMPLIED
xml:lang NMTOKEN #IMPLIED
>
<!ELEMENT IndNameVariation (#PCDATA | NamePart)*>
<!ATTLIST IndNameVariation
Type CDATA #IMPLIED
Method CDATA #IMPLIED
xml:lang NMTOKEN #IMPLIED
>
<!ELEMENT Information (#PCDATA)>
<!ELEMENT Link EMPTY>
<!ATTLIST Link
Target CDATA #REQUIRED
Ref IDREF #REQUIRED
>
<!ELEMENT Living (#PCDATA)>
<!ELEMENT MailAddress (AddrLine*)>
<!ATTLIST MailAddress
xml:lang NMTOKEN #IMPLIED
>
<!ELEMENT Member (Link,Role?)>
<!ELEMENT Name (#PCDATA)>
<!ATTLIST Name
Type CDATA #IMPLIED
xml:lang NMTOKEN #IMPLIED
>
```

```
<!ELEMENT NamePart (#PCDATA)>
<!ATTLIST NamePart
Type CDATA #REQUIRED
Level CDATA #IMPLIED
>
<!ELEMENT Note (#PCDATA)>
<!ATTLIST Note
xml:lang NMTOKEN #IMPLIED
>
<!ELEMENT OrdStat (Date?)>
<!ATTLIST OrdStat
Code (bic | canceled | child | cleared | completed | dns | qualified | stillborn | submitted |
uncleared) #REQUIRED
>
<!ELEMENT p (#PCDATA)>
<!ELEMENT ParentGroup (Link)>
<!ELEMENT Participant (Link,Role?,Living?,Age?)>
<!ELEMENT PersInfo (Information?,Date?,Place?)>
<!ATTLIST PersInfo
Type CDATA #IMPLIED
>
<!ELEMENT Phone (#PCDATA)>
<!ATTLIST Phone
Type CDATA #IMPLIED
>
<!ELEMENT Place (PlaceName?,Coordinates?,PlaceNameVar*)>
<!ELEMENT PlaceName (#PCDATA | PlacePart)*>
<!ATTLIST PlaceName
Method CDATA #IMPLIED
xml:lang NMTOKEN #IMPLIED
>
<!ELEMENT PlaceNameVar (#PCDATA | PlacePart)*>
<!ATTLIST PlaceNameVar
Method CDATA #IMPLIED
xml:lang NMTOKEN #IMPLIED
>
<!ELEMENT PlacePart (#PCDATA)>
<!ATTLIST PlacePart
Type CDATA #IMPLIED
```

```
Level (1 | 2 | 3 | 4 | 5 | 6 | 7) #IMPLIED
>
<!ELEMENT Product (ProductId?, Version, Name, Supplier?)>
<!ELEMENT ProductId (#PCDATA)>
<!ELEMENT Public (#PCDATA)>
<!ELEMENT Publishing (#PCDATA)>
<!ELEMENT Religion (#PCDATA)>
<!ELEMENT RelToFath (#PCDATA)>
<!ELEMENT RelToMoth (#PCDATA)>
<!ELEMENT Repository (Link, CallNbr?)>
<!ELEMENT Role (#PCDATA)>
<!ELEMENT SameIndiv (Link,Note*)>
<!ELEMENT sub (#PCDATA)>
<!ELEMENT Submitter (Link)>
<!ELEMENT sup (#PCDATA)>
<!ELEMENT Supplier (Link)>
<!ELEMENT TempleCode (#PCDATA)>
<!ELEMENT Title (#PCDATA)>
<!ELEMENT u (#PCDATA)>
<!ELEMENT URI (#PCDATA)>
<!ELEMENT Version (#PCDATA)>
<!ELEMENT WhenRecorded (#PCDATA)>
<!ELEMENT WhereInSource (#PCDATA)*>
<!ELEMENT WifeMoth (Link,FamilyNbr?)>
```

附录 10 家谱元数据 XML Schema①

```
<?xml version="1.0" encoding="UTF-8"?>
<xs:schema xmlns:xs="http://www.w3.org/2001/XMLSchema" elementFormDefault="qualified" attributeFormDefault="unqualified">
    <xs:element name="GenealogyMetadata" type="GenealogyMetadata">
        <xs:annotation>
            <xs:documentation> 家谱元数据 </xs:documentation>
        </xs:annotation>
    </xs:element>
    <xs:complexType name="GenealogyMetadata">
        <xs:sequence>
            <xs:element name="HeadInfo" type="HeadInfoType">
                <xs:annotation>
                    <xs:documentation> 头信息 </xs:documentation>
                </xs:annotation>
            </xs:element>
            <xs:element name="BibliographyManageInfo" type="BibliographyManageInfoType" minOccurs="0">
                <xs:annotation>
                    <xs:documentation> 书目管理信息 </xs:documentation>
                </xs:annotation>
            </xs:element>
            <xs:element name="StylisticRulesInfo" type="StylisticRulesInfoType" minOccurs="0">
                <xs:annotation>
                    <xs:documentation> 内容结构信息 </xs:documentation>
                </xs:annotation>
            </xs:element>
            <xs:element name="FamilyCharateristicsInfo" type="FamilyCharacteristicsInfoType" minOccurs="0">
                <xs:annota3tion>
                    <xs:documentation> 宗族信息 </xs:documentation>
                </xs:annotation>
            </xs:element>
```

① 冯一茹 . 家谱元数据规范设计与 XML 实现[D]. 南京:南京师范大学,2011:72 - 85.

```
        <xs:element name="TimeRec" type="Time" minOccurs="0" maxOccurs="unbounded">
            <xs:annotation>
                <xs:documentation> 时间信息 </xs:documentation>
            </xs:annotation>
        </xs:element>
        <xs:element name="PlaceRec" type="PlaceInfo" minOccurs="0" maxOccurs=
    "unbounded">
            <xs:annotation>
                <xs:documentation> 空间信息 </xs:documentation>
            </xs:annotation>
        </xs:element>
        <xs:element name="PersonRec" type="Person" minOccurs="0" maxOccurs="unbounded">
            <xs:annotation>
                <xs:documentation> 个人 / 单位信息 </xs:documentation>
            </xs:annotation>
        </xs:element>
    </xs:sequence>
</xs:complexType>
<xs:complexType name="BibliographyManageInfoType">
    <xs:annotation>
        <xs:documentation> 书目管理信息 </xs:documentation>
    </xs:annotation>
    <xs:sequence>
        <xs:element name="Title">
            <xs:annotation>
                <xs:documentation> 题名 </xs:documentation>
            </xs:annotation>
            <xs:complexType>
                <xs:sequence>
                    <xs:element name="FormalTitle" type="xs:string"/>
                    <xs:element name="ParallelTitle" type="xs:string" minOccurs="0"/>
                    <xs:element name="CoveringTitle" type="xs:string" minOccurs="0"/>
                    <xs:element name="BookJacketTitle" type="xs:string" minOccurs="0"/>
                    <xs:element name="BookmarkTitle" type="xs:string" minOccurs="0"/>
                    <xs:element name="FlylealTitle" type="xs:string" minOccurs="0"/>
                    <xs:element name="VolumnTopTitle" type="xs:string" minOccurs="0"/>
                    <xs:element name="PageMarginTitle" type="xs:string" minOccurs="0"/>
                    <xs:element name="ContentsTitle" type="xs:string" minOccurs="0"/>
                    <xs:element name="PrefaceTitle" type="xs:string" minOccurs="0"/>
```

```
                <xs:element name="BackboneTitle" type="xs:string" minOccurs="0"/>
                <xs:element name="OuterMarginTitle" type="xs:string" minOccurs="0"/>
                <xs:element name="RootTitle" type="xs:string" minOccurs="0"/>
                <xs:element name="OtherTitle" type="xs:string" minOccurs="0"/>
            </xs:sequence>
        </xs:complexType>
    </xs:element>
    <xs:element name="Responsibility" minOccurs="0" maxOccurs="unbounded">
        <xs:annotation>
            <xs:documentation> 责任者信息 </xs:documentation>
        </xs:annotation>
        <xs:complexType>
            <xs:sequence>
                <xs:element name="ResponsibilityPerson" type="Person"/>
                <xs:element name="Role" type="xs:string" minOccurs="0"/>
                <xs:element name="FinishDate" type="Time" minOccurs="0"/>
            </xs:sequence>
        </xs:complexType>
    </xs:element>
    <xs:element name="Publisher" minOccurs="0" maxOccurs="unbounded">
        <xs:annotation>
            <xs:documentation> 出版信息 </xs:documentation>
        </xs:annotation>
        <xs:complexType>
            <xs:sequence>
                <xs:element name="PublisherPerson" type="Person"/>
                <xs:element name="PublishPlace" type="PlaceInfo" minOccurs="0"/>
                <xs:element name="PublishDate" type="Time" minOccurs="0"/>
            </xs:sequence>
        </xs:complexType>
    </xs:element>
    <xs:element name="Printer" minOccurs="0" maxOccurs="unbounded">
        <xs:annotation>
            <xs:documentation> 印刷信息 </xs:documentation>
        </xs:annotation>
        <xs:complexType>
            <xs:sequence>
                <xs:element name="PrinterPerson" type="Person"/>
                <xs:element name="PrintPlace" type="PlaceInfo" minOccurs="0"/>
```

```
                <xs:element name="PrintDate" type="Time" minOccurs="0"/>
            </xs:sequence>
        </xs:complexType>
    </xs:element>
    <xs:element name="Annotations" type="xs:string" minOccurs="0">
        <xs:annotation>
            <xs:documentation> 附注 </xs:documentation>
        </xs:annotation>
    </xs:element>
    <xs:element name="Relation" minOccurs="0" maxOccurs="unbounded">
        <xs:annotation>
            <xs:documentation> 相关资源信息 </xs:documentation>
        </xs:annotation>
        <xs:complexType>
            <xs:sequence>
                <xs:element name="ResourceName" type="xs:string" maxOccurs=
            "unbounded"/>
                <xs:element name="RelationMode" type="xs:string" minOccurs="0"/>
                <xs:element name="PrintDate" type="Time" minOccurs="0"/>
            </xs:sequence>
        </xs:complexType>
    </xs:element>
    <xs:element name="Language" type="xs:string" minOccurs="0">
        <xs:annotation>
            <xs:documentation> 语种 </xs:documentation>
        </xs:annotation>
    </xs:element>
    <xs:element name="EditionDescription" minOccurs="0">
        <xs:annotation>
            <xs:documentation> 版本信息 </xs:documentation>
        </xs:annotation>
        <xs:complexType>
            <xs:sequence>
                <xs:element name="Edition" type="xs:string" minOccurs="0"/>
                <xs:element name="EditionInstructions" type="xs:string" minOccurs="0"/>
                <xs:element name="PrintDate" type="Time" minOccurs="0"/>
            </xs:sequence>
        </xs:complexType>
    </xs:element>
```

```
        <xs:element name="PhysicalDescription" minOccurs="0">
          <xs:annotation>
            <xs:documentation> 载体形态信息 </xs:documentation>
          </xs:annotation>
          <xs:complexType>
            <xs:sequence>
              <xs:element name="StorageMedium" type="xs:string" minOccurs="0"/>
              <xs:element name="Binding" type="xs:string" minOccurs="0"/>
              <xs:element name="Number" type="xs:integer" minOccurs="0"/>
              <xs:element name="Unit" type="xs:string" minOccurs="0"/>
            </xs:sequence>
          </xs:complexType>
        </xs:element>
        <xs:element name="CollectionStatus" minOccurs="0" maxOccurs="unbounded">
          <xs:annotation>
            <xs:documentation> 收藏信息 </xs:documentation>
          </xs:annotation>
          <xs:complexType>
            <xs:sequence>
              <xs:element name="Collector" type="Person"/>
              <xs:element name="CollectLocation" type="PlaceInfo" minOccurs="0"/>
              <xs:element name="CollectionDescription" type="xs:string" minOccurs="0"/>
            </xs:sequence>
          </xs:complexType>
        </xs:element>
      </xs:sequence>
    </xs:complexType>
    <xs:complexType name="StylisticRulesInfoType">
      <xs:annotation>
        <xs:documentation> 内容结构信息 </xs:documentation>
      </xs:annotation>
      <xs:sequence>
        <xs:element name="Preface" minOccurs="0">
          <xs:annotation>
            <xs:documentation> 谱序 </xs:documentation>
          </xs:annotation>
          <xs:complexType>
            <xs:sequence>
              <xs:element name="Number" type="xs:integer"/>
```

```
            <xs:element name="Author" type="xs:string"/>
            <xs:element name="Location" type="xs:string"/>
        </xs:sequence>
    </xs:complexType>
</xs:element>
<xs:element name="Contents" type="xs:string" minOccurs="0">
    <xs:annotation>
        <xs:documentation> 目录 </xs:documentation>
    </xs:annotation>
</xs:element>
<xs:element name="Items" type="xs:string" minOccurs="0">
    <xs:annotation>
        <xs:documentation> 修谱名目 </xs:documentation>
    </xs:annotation>
</xs:element>
<xs:element name="ExplanatoryNotes" minOccurs="0">
    <xs:annotation>
        <xs:documentation> 谱例 </xs:documentation>
    </xs:annotation>
    <xs:complexType>
        <xs:sequence>
            <xs:element name="Number" type="xs:integer"/>
            <xs:element name="Location" type="xs:string"/>
        </xs:sequence>
    </xs:complexType>
</xs:element>
<xs:element name="Quotation" minOccurs="0">
    <xs:annotation>
        <xs:documentation> 谱论 </xs:documentation>
    </xs:annotation>
    <xs:complexType>
        <xs:sequence>
            <xs:element name="Number" type="xs:integer"/>
            <xs:element name="Location" type="xs:string"/>
        </xs:sequence>
    </xs:complexType>
</xs:element>
<xs:element name="SurnameOrigin" type="xs:string" minOccurs="0">
    <xs:annotation>
```

```
            <xs:documentation> 姓氏源流 </xs:documentation>
        </xs:annotation>
    </xs:element>
    <xs:element name="PortraitAndEulogy" minOccurs="0">
        <xs:annotation>
            <xs:documentation> 像赞 </xs:documentation>
        </xs:annotation>
        <xs:complexType>
            <xs:sequence>
                <xs:element name="Number" type="xs:integer"/>
                <xs:element name="Name" type="xs:string"/>
                <xs:element name="Location" type="xs:string"/>
            </xs:sequence>
        </xs:complexType>
    </xs:element>
    <xs:element name="EnRongLu" type="xs:string" minOccurs="0">
        <xs:annotation>
            <xs:documentation> 恩荣录 </xs:documentation>
        </xs:annotation>
    </xs:element>
    <xs:element name="Lineage" minOccurs="0">
        <xs:annotation>
            <xs:documentation> 世系 </xs:documentation>
        </xs:annotation>
        <xs:complexType>
            <xs:sequence>
                <xs:element name="Table" type="xs:string"/>
                <xs:element name="TableFormat" type="xs:string"/>
                <xs:element name="Detail" type="xs:string"/>
                <xs:element name="Location" type="xs:string"/>
            </xs:sequence>
        </xs:complexType>
    </xs:element>
    <xs:element name="GenerationName" type="xs:string" minOccurs="0">
        <xs:annotation>
            <xs:documentation> 字辈 </xs:documentation>
        </xs:annotation>
    </xs:element>
    <xs:element name="Biography" minOccurs="0">
```

```
        <xs:annotation>
            <xs:documentation> 传记 </xs:documentation>
        </xs:annotation>
        <xs:complexType>
            <xs:sequence>
                <xs:element name="Number" type="xs:integer"/>
                <xs:element name="Author" type="xs:string"/>
                <xs:element name="Figure" type="xs:string"/>
                <xs:element name="Location" type="xs:string"/>
            </xs:sequence>
        </xs:complexType>
    </xs:element>
    <xs:element name="RedBook" type="xs:string" minOccurs="0">
        <xs:annotation>
            <xs:documentation> 仕宦录 </xs:documentation>
        </xs:annotation>
    </xs:element>
    <xs:element name="Rites" type="xs:string" minOccurs="0">
        <xs:annotation>
            <xs:documentation> 礼仪 </xs:documentation>
        </xs:annotation>
    </xs:element>
    <xs:element name="AncestralHall" type="xs:string" minOccurs="0">
        <xs:annotation>
            <xs:documentation> 祠堂 </xs:documentation>
        </xs:annotation>
    </xs:element>
    <xs:element name="Tomb" type="xs:string" minOccurs="0">
        <xs:annotation>
            <xs:documentation> 墓茔 </xs:documentation>
        </xs:annotation>
    </xs:element>
    <xs:element name="ClanRegulations" type="xs:string" minOccurs="0">
        <xs:annotation>
            <xs:documentation> 族规家训 </xs:documentation>
        </xs:annotation>
    </xs:element>
    <xs:element name="Literature" minOccurs="0">
        <xs:annotation>
```

```
        <xs:documentation> 艺文著述 </xs:documentation>
    </xs:annotation>
    <xs:complexType>
        <xs:sequence>
            <xs:element name="Number" type="xs:integer"/>
            <xs:element name="Author" type="xs:string"/>
            <xs:element name="Location" type="xs:string"/>
        </xs:sequence>
    </xs:complexType>
</xs:element>
<xs:element name="FamilialProperty" type="xs:string" minOccurs="0">
    <xs:annotation>
        <xs:documentation> 族产 </xs:documentation>
    </xs:annotation>
</xs:element>
<xs:element name="Contract" type="xs:string" minOccurs="0">
    <xs:annotation>
        <xs:documentation> 契约 </xs:documentation>
    </xs:annotation>
</xs:element>
<xs:element name="ReceiveID" type="xs:string" minOccurs="0">
    <xs:annotation>
        <xs:documentation> 领谱字号 </xs:documentation>
    </xs:annotation>
</xs:element>
<xs:element name="BlackPage" type="xs:string" minOccurs="0">
    <xs:annotation>
        <xs:documentation> 余庆录 </xs:documentation>
    </xs:annotation>
</xs:element>
<xs:element name="OtherItems" minOccurs="0">
    <xs:annotation>
        <xs:documentation> 其他 </xs:documentation>
    </xs:annotation>
    <xs:complexType>
        <xs:sequence>
            <xs:element name="ItemName" type="xs:string"/>
            <xs:element name="Location" type="xs:string"/>
        </xs:sequence>
```

```
            </xs:complexType>
        </xs:element>
    </xs:sequence>
</xs:complexType>
<xs:complexType name="FamilyCharacteristicsInfoType">
    <xs:annotation>
        <xs:documentation> 宗族信息 </xs:documentation>
    </xs:annotation>
    <xs:sequence>
        <xs:element name="Surname" type="xs:string">
            <xs:annotation>
                <xs:documentation> 姓氏 </xs:documentation>
            </xs:annotation>
        </xs:element>
        <xs:element name="OriginalPlace" type="PlaceInfo" minOccurs="0">
            <xs:annotation>
                <xs:documentation> 郡望 </xs:documentation>
            </xs:annotation>
        </xs:element>
        <xs:element name="HallName" type="xs:string" minOccurs="0">
            <xs:annotation>
                <xs:documentation> 堂号 </xs:documentation>
            </xs:annotation>
        </xs:element>
        <xs:element name="GenerationsRange">
            <xs:annotation>
                <xs:documentation> 世代范围 </xs:documentation>
            </xs:annotation>
            <xs:complexType>
                <xs:sequence>
                    <xs:element name="StartGeneration" type="xs:integer"/>
                    <xs:element name="EndGeneration" type="xs:integer"/>
                </xs:sequence>
            </xs:complexType>
        </xs:element>
        <xs:element name="TimeRange">
            <xs:annotation>
                <xs:documentation> 时间跨度 </xs:documentation>
            </xs:annotation>
```

```
        <xs:complexType>
            <xs:sequence>
                <xs:element name="StartTime" type="Time"/>
                <xs:element name="EndTime" type="Time"/>
            </xs:sequence>
        </xs:complexType>
    </xs:element>
    <xs:element name="CompileHistory" minOccurs="0" maxOccurs="unbounded">
        <xs:annotation>
            <xs:documentation> 修谱历史信息 </xs:documentation>
        </xs:annotation>
        <xs:complexType>
            <xs:sequence>
                <xs:element name="CompileTime" type="xs:integer"/>
                <xs:element name="CompileDate" type="Time"/>
            </xs:sequence>
        </xs:complexType>
    </xs:element>
    <xs:element name="LivingPlace">
        <xs:annotation>
            <xs:documentation> 谱籍信息 </xs:documentation>
        </xs:annotation>
        <xs:complexType>
            <xs:sequence>
                <xs:element name="MigratedPlace" type="PlaceInfo"/>
                <xs:element name="EarliestPlace" type="PlaceInfo"/>
                <xs:element name="CloserPlace" type="PlaceInfo"/>
                <xs:element name="ScatteredPlace" type="PlaceInfo"/>
            </xs:sequence>
        </xs:complexType>
    </xs:element>
    <xs:element name="Ancestors">
        <xs:annotation>
            <xs:documentation> 始祖信息 </xs:documentation>
        </xs:annotation>
        <xs:complexType>
            <xs:sequence>
                <xs:element name="EarliestAncestor" type="xs:string"/>
                <xs:element name="CloserAncestor" type="xs:string"/>
```

```
                <xs:element name="MigratedAncestor" type="xs:string"/>
                <xs:element name="BranchAncestor" type="xs:string"/>
                <xs:element name="FamilyAncestor" type="xs:string"/>
            </xs:sequence>
        </xs:complexType>
    </xs:element>
    <xs:element ref="Celebrity" minOccurs="0" maxOccurs="unbounded">
        <xs:annotation>
            <xs:documentation> 名人信息 </xs:documentation>
        </xs:annotation>
    </xs:element>
    <xs:element name="FamilyGroup" type="xs:string" minOccurs="0">
        <xs:annotation>
            <xs:documentation> 房系信息 </xs:documentation>
        </xs:annotation>
    </xs:element>
    <xs:element name="BreachGroup" type="xs:string" minOccurs="0">
        <xs:annotation>
            <xs:documentation> 支系信息 </xs:documentation>
        </xs:annotation>
    </xs:element>
    <xs:element name="ContentRemarks" type="xs:string" minOccurs="0">
        <xs:annotation>
            <xs:documentation> 备注信息 </xs:documentation>
        </xs:annotation>
    </xs:element>
  </xs:sequence>
</xs:complexType>
<xs:element name="Celebrity">
  <xs:complexType>
    <xs:sequence>
        <xs:element name="BaseInfo" type="Person"/>
        <xs:element name="Birthday" type="Time" minOccurs="0"/>
        <xs:element name="Deathday" type="Time" minOccurs="0"/>
        <xs:element name="Field" type="xs:string"/>
        <xs:element name="MainAchievement" type="xs:string"/>
        <xs:element name="Examination" type="xs:string" minOccurs="0"/>
    </xs:sequence>
  </xs:complexType>
```

```
</xs:element>
<xs:complexType name="HeadInfoType">
    <xs:annotation>
        <xs:documentation> 头信息 </xs:documentation>
    </xs:annotation>
    <xs:sequence>
        <xs:element name="Title" type="xs:string">
            <xs:annotation>
                <xs:documentation> 标题 </xs:documentation>
            </xs:annotation>
        </xs:element>
        <xs:element name="Version" type="xs:string" minOccurs="0">
            <xs:annotation>
                <xs:documentation> 版本 </xs:documentation>
            </xs:annotation>
        </xs:element>
        <xs:element name="Language" type="xs:string" minOccurs="0">
            <xs:annotation>
                <xs:documentation> 语言 </xs:documentation>
            </xs:annotation>
        </xs:element>
        <xs:element name="CreateInfo" minOccurs="0">
            <xs:annotation>
                <xs:documentation> 创建信息 </xs:documentation>
            </xs:annotation>
            <xs:complexType>
                <xs:sequence>
                    <xs:element name="Creator" type="Person" minOccurs="0"/>
                    <xs:element name="CreatedTime" type="Time" minOccurs="0"/>
                    <xs:element name="CreatedPlace" type="PlaceInfo" minOccurs="0"/>
                </xs:sequence>
            </xs:complexType>
        </xs:element>
        <xs:element name="ModifyInfo" minOccurs="0" maxOccurs="unbounded">
            <xs:annotation>
                <xs:documentation> 修改信息 </xs:documentation>
            </xs:annotation>
            <xs:complexType>
                <xs:sequence>
```

```
            <xs:element name="Modifier" type="Person" minOccurs="0"/>
            <xs:element name="ModifiedTime" type="Time" minOccurs="0"/>
            <xs:element name="ModifiedPlace" type="PlaceInfo" minOccurs="0"/>
        </xs:sequence>
    </xs:complexType>
</xs:element>
<xs:element name="ReleaseInfo" minOccurs="0">
    <xs:annotation>
        <xs:documentation> 发布信息 </xs:documentation>
    </xs:annotation>
    <xs:complexType>
        <xs:sequence>
            <xs:element name="Releaser" type="Person" minOccurs="0"/>
            <xs:element name="ReleasedTime" type="Time" minOccurs="0"/>
            <xs:element name="ReleasedPlace" type="PlaceInfo" minOccurs="0"/>
            <xs:element name="ReleasedPlatform" type="xs:string" minOccurs="0"/>
        </xs:sequence>
    </xs:complexType>
</xs:element>
<xs:element name="ContactInfo" minOccurs="0">
    <xs:annotation>
        <xs:documentation> 联系信息 </xs:documentation>
    </xs:annotation>
    <xs:complexType>
        <xs:sequence>
            <xs:element name="ContactPerson" type="xs:string" minOccurs="0"/>
            <xs:element name="ContactOrganization" type="xs:string" minOccurs="0"/>
            <xs:element name="ContactAddress" type="xs:string" minOccurs="0"/>
            <xs:element name="ContactPhone" type="xs:string" minOccurs="0"/>
            <xs:element name="ContactFax" type="xs:string" minOccurs="0"/>
            <xs:element name="ContactEmail" type="xs:string" minOccurs="0"/>
        </xs:sequence>
    </xs:complexType>
</xs:element>
<xs:element name="StoreInfo" minOccurs="0">
    <xs:annotation>
        <xs:documentation> 存储信息 </xs:documentation>
    </xs:annotation>
    <xs:complexType>
```

```
            <xs:sequence>
                <xs:element name="FileType" type="xs:string" minOccurs="0"/>
                <xs:element name="StoreLocation" type="xs:string" minOccurs="0"/>
            </xs:sequence>
        </xs:complexType>
    </xs:element>
    <xs:element name="AccessInfo" minOccurs="0">
        <xs:annotation>
            <xs:documentation> 访问信息 </xs:documentation>
        </xs:annotation>
        <xs:complexType>
            <xs:sequence>
                <xs:element name="AccessRestrict" type="xs:string" minOccurs="0"/>
                <xs:element name="UseRestrict" type="xs:string" minOccurs="0"/>
            </xs:sequence>
        </xs:complexType>
    </xs:element>
    <xs:element name="FileNotes" type="xs:string" minOccurs="0">
        <xs:annotation>
            <xs:documentation> 文件备注信息 </xs:documentation>
        </xs:annotation>
    </xs:element>
  </xs:sequence>
</xs:complexType>
<xs:complexType name="Person">
    <xs:sequence>
        <xs:element name="PersonName" type="PersonName" minOccurs="0">
            <xs:annotation>
                <xs:documentation> 名称 </xs:documentation>
            </xs:annotation>
        </xs:element>
        <xs:element name="Dynasty" type="xs:string" minOccurs="0">
            <xs:annotation>
                <xs:documentation> 朝代 </xs:documentation>
            </xs:annotation>
        </xs:element>
        <xs:element name="Country" type="xs:string" minOccurs="0">
            <xs:annotation>
                <xs:documentation> 国家 </xs:documentation>
```

```
            </xs:annotation>
        </xs:element>
        <xs:element name="Nation" type="xs:string" minOccurs="0">
            <xs:annotation>
                <xs:documentation> 民族 </xs:documentation>
            </xs:annotation>
        </xs:element>
        <xs:element name="Remark" type="xs:string" minOccurs="0">
            <xs:annotation>
                <xs:documentation> 备注信息 </xs:documentation>
            </xs:annotation>
        </xs:element>
    </xs:sequence>
</xs:complexType>
<xs:complexType name="PersonName">
    <xs:choice>
        <xs:element name="Individual" type="IndividualNameType">
            <xs:annotation>
                <xs:documentation> 个人名称 </xs:documentation>
            </xs:annotation>
        </xs:element>
        <xs:element name="Group">
            <xs:annotation>
                <xs:documentation> 团体名称 </xs:documentation>
            </xs:annotation>
            <xs:complexType>
                <xs:sequence>
                    <xs:element name="GroupName" type="xs:string"/>
                    <xs:element name="OtherName" type="xs:string" minOccurs="0"/>
                </xs:sequence>
            </xs:complexType>
        </xs:element>
    </xs:choice>
</xs:complexType>
<xs:complexType name="IndividualNameType">
    <xs:sequence>
        <xs:element name="Formal" type="xs:string">
            <xs:annotation>
                <xs:documentation> 姓名 </xs:documentation>
```

```
        </xs:annotation>
    </xs:element>
    <xs:element name="Old" type="xs:string" minOccurs="0" maxOccurs="unbounded">
        <xs:annotation>
            <xs:documentation> 曾用名 </xs:documentation>
        </xs:annotation>
    </xs:element>
    <xs:element name="Nickname" type="xs:string" minOccurs="0" maxOccurs="unbounded">
        <xs:annotation>
            <xs:documentation> 昵称 </xs:documentation>
        </xs:annotation>
    </xs:element>
    <xs:element name="Zi" type="xs:string" minOccurs="0" maxOccurs="unbounded">
        <xs:annotation>
            <xs:documentation> 字 </xs:documentation>
        </xs:annotation>
    </xs:element>
    <xs:element name="Hao" type="xs:string" minOccurs="0" maxOccurs="unbounded">
        <xs:annotation>
            <xs:documentation> 号 </xs:documentation>
        </xs:annotation>
    </xs:element>
    <xs:element name="Honorific" type="xs:string" minOccurs="0" maxOccurs="unbounded">
        <xs:annotation>
            <xs:documentation> 尊称 </xs:documentation>
        </xs:annotation>
    </xs:element>
    <xs:element name="Posthumous" type="xs:string" minOccurs="0" maxOccurs="unbounded">
        <xs:annotation>
            <xs:documentation> 谥号 </xs:documentation>
        </xs:annotation>
    </xs:element>
    <xs:element name="Temple" type="xs:string" minOccurs="0" maxOccurs="unbounded">
        <xs:annotation>
            <xs:documentation> 庙号 </xs:documentation>
        </xs:annotation>
    </xs:element>
```

```
        <xs:element name="Stage" type="xs:string" minOccurs="0" maxOccurs="unbounded">
            <xs:annotation>
                <xs:documentation> 艺名 </xs:documentation>
            </xs:annotation>
        </xs:element>
        <xs:element name="Other" type="xs:string" minOccurs="0" maxOccurs="unbounded">
            <xs:annotation>
                <xs:documentation> 其他名 </xs:documentation>
            </xs:annotation>
        </xs:element>
    </xs:sequence>
</xs:complexType>
<!-- 地名属性类别 -->
<xs:simpleType name="PeriodType">
    <xs:restriction base="xs:token">
        <xs:enumeration value="Present"/>
        <xs:enumeration value="Old"/>
        <xs:enumeration value="Ancient"/>
        <xs:enumeration value="AncientOld"/>
        <xs:enumeration value="Unknown"/>
    </xs:restriction>
</xs:simpleType>
<!-- 地名信息 -->
<xs:complexType name="PlaceInfo">
    <xs:choice>
        <xs:element name="StructureDescription" type="PlaceType">
            <xs:annotation>
                <xs:documentation> 结构化描述 </xs:documentation>
            </xs:annotation>
        </xs:element>
        <xs:element name="StringDescription" type="xs:string">
            <xs:annotation>
                <xs:documentation> 纯文本描述 </xs:documentation>
            </xs:annotation>
        </xs:element>
    </xs:choice>
</xs:complexType>
<xs:complexType name="PlaceType">
    <xs:sequence>
```

```
        <xs:element name="ExistenceTime" type="Time" minOccurs="0"/>
        <xs:element name="AdministrativeDivision" type="AdministrativeDivisionType"/>
        <xs:element name="Location" type="LocationType" minOccurs="0"/>
        <xs:element name="PresentContrast" type="AdministrativeDivisionType" minOccurs="0"/>
    </xs:sequence>
    <xs:attribute name="PeriodType" type="PeriodType" use="optional" default="Unknown"/>
</xs:complexType>
<xs:complexType name="AdministrativeDivisionType">
    <xs:sequence>
        <xs:element name="AdministrativeLevel" type="AdministrativeLevelType"/>
        <xs:element name="AdministrativeSubordinate" type="AdministrativeSubordinateT
    ype" minOccurs="0"/>
    </xs:sequence>
</xs:complexType>
<xs:complexType name="AdministrativeLevelType">
    <xs:sequence>
        <xs:element name="LevelName" type="xs:string" minOccurs="0"/>
        <xs:element name="PlaceName" type="xs:string"/>
    </xs:sequence>
</xs:complexType>
<xs:complexType name="AdministrativeSubordinateType">
    <xs:sequence>
        <xs:element name="FirstLevelName" type="xs:string"/>
        <xs:element name="SecondLevelName" type="xs:string"/>
        <xs:element name="ThirdLevelName" type="xs:string"/>
        <xs:element name="ForthLevelName" type="xs:string"/>
    </xs:sequence>
</xs:complexType>
<xs:complexType name="LocationType">
    <xs:sequence>
        <xs:element name="Longitude" type="xs:string"/>
        <xs:element name="Latitude" type="xs:string"/>
        <xs:element name="Elevation" type="xs:string" minOccurs="0"/>
        <xs:element name="LocationGrade" type="xs:integer" minOccurs="0"/>
    </xs:sequence>
</xs:complexType>
<!-- 古今日历类别 -->
<xs:simpleType name="CalendarTypes">
    <xs:restriction base="xs:token">
```

```
            <xs:enumeration value="AncientChinese"/>
            <xs:enumeration value="Gregorian"/>
            <xs:enumeration value="Other"/>
        </xs:restriction>
    </xs:simpleType>
    <!-- 时间精确度类型 -->
    <xs:simpleType name="DateAccuracyTypes">
        <xs:restriction base="xs:token">
            <xs:enumeration value="Exactly"/>
            <xs:enumeration value="About"/>
            <xs:enumeration value="In"/>
            <xs:enumeration value="Early"/>
            <xs:enumeration value="Middle"/>
            <xs:enumeration value="Last"/>
            <xs:enumeration value="Before"/>
            <xs:enumeration value="After"/>
            <xs:enumeration value="Other"/>
        </xs:restriction>
    </xs:simpleType>
    <xs:simpleType name="GregorianYear">
        <xs:restriction base="xs:token">
            <xs:pattern value="(\-)?d{4}"/>
        </xs:restriction>
    </xs:simpleType>
    <xs:simpleType name="GregorianOther">
        <xs:restriction base="xs:token">
            <xs:pattern value="\d{2}"/>
        </xs:restriction>
    </xs:simpleType>
    <!-- 时间信息 -->
    <xs:complexType name="Time">
        <xs:choice>
            <xs:element name="StructDescription" type="TimeType"/>
            <xs:element name="StringDescription" type="xs:string"/>
        </xs:choice>
    </xs:complexType>
    <xs:complexType name="TimeType">
        <xs:sequence>
            <xs:element name="GregorianTime" type="GregorianTimeType" minOccurs="0"/>
```

```
        <xs:element name="AncientChineseTime" type="AncientChineseTimeType"
    minOccurs="0"/>
        <xs:element name="OtherCalendarType" type="xs:string" minOccurs="0"/>
    </xs:sequence>
    <xs:attribute name="DateAccuracy" type="DateAccuracyTypes" use="optional"
default="About"/>
</xs:complexType>
<xs:complexType name="GregorianTimeType">
    <xs:sequence>
        <xs:element name="Year" type="GregorianYear" minOccurs="0"/>
        <xs:element name="Month" type="GregorianOther" minOccurs="0"/>
        <xs:element name="Day" type="GregorianOther" minOccurs="0"/>
        <xs:element name="Hour" type="GregorianOther" minOccurs="0"/>
        <xs:element name="Minute" type="GregorianOther" minOccurs="0"/>
        <xs:element name="Second" type="GregorianOther" minOccurs="0"/>
    </xs:sequence>
</xs:complexType>
<xs:complexType name="AncientChineseTimeType">
    <xs:sequence>
        <xs:element ref="AncientChineseYear" minOccurs="0"/>
        <xs:element ref="AncientChineseMonth" minOccurs="0"/>
        <xs:element ref="AncientChineseDay" minOccurs="0"/>
        <xs:element ref="AncientChineseHour" minOccurs="0"/>
        <xs:element ref="AncientChineseMinute" minOccurs="0"/>
    </xs:sequence>
</xs:complexType>
<xs:complexType name="AncientChineseYearSubdivide">
    <xs:sequence>
        <xs:element name="Dynasty" type="xs:string" minOccurs="0"/>
        <xs:element name="Emperor" type="xs:string" minOccurs="0"/>
        <xs:element name="NianHao" type="xs:string" minOccurs="0"/>
        <xs:element name="GanZhi" type="xs:string" minOccurs="0"/>
        <xs:element name="YearNumber" type="xs:string" minOccurs="0"/>
    </xs:sequence>
</xs:complexType>
<xs:element name="AncientChineseYear">
    <xs:complexType>
        <xs:sequence>
            <xs:element name="YearMethod" type="YearMethod"/>
```

```
            <xs:element name="YearValue" type="AncientChineseYearSubdivide"/>
        </xs:sequence>
    </xs:complexType>
</xs:element>
<xs:element name="AncientChineseMonth">
    <xs:complexType>
        <xs:sequence>
            <xs:element name="MonthMethod" type="MonthMethod"/>
            <xs:element name="MonthValue" type="xs:string"/>
        </xs:sequence>
    </xs:complexType>
</xs:element>
<xs:element name="AncientChineseDay">
    <xs:complexType>
        <xs:sequence>
            <xs:element name="DayMethod" type="DayMethod"/>
            <xs:element name="DayValue" type="xs:string"/>
        </xs:sequence>
    </xs:complexType>
</xs:element>
<xs:element name="AncientChineseHour">
    <xs:complexType>
        <xs:sequence>
            <xs:element name="HourMethod" type="HourMethod"/>
            <xs:element name="HourValue" type="xs:string"/>
        </xs:sequence>
    </xs:complexType>
</xs:element>
<xs:element name="AncientChineseMinute">
    <xs:complexType>
        <xs:sequence>
            <xs:element name="MinuteMethod" type="MinuteMethod"/>
            <xs:element name="MinuteValue" type="xs:string"/>
        </xs:sequence>
    </xs:complexType>
</xs:element>
<xs:simpleType name="YearMethod">
    <xs:restriction base="xs:string">
        <xs:enumeration value="TheRepublicOfChina"/>
```

```
            <xs:enumeration value="Emperor"/>
            <xs:enumeration value="ReignTitle"/>
            <xs:enumeration value="HeavenlyStemAndTerrestrialBranch"/>
        </xs:restriction>
    </xs:simpleType>
    <xs:simpleType name="MonthMethod">
        <xs:restriction base="xs:string">
            <xs:enumeration value="Ordinal"/>
            <xs:enumeration value="Season"/>
            <xs:enumeration value="TerrestrialBranch"/>
            <xs:enumeration value="HeavenlyStemAndTerrestrialBranch"/>
            <xs:enumeration value="Pitch-Pipes"/>
            <xs:enumeration value="Name"/>
        </xs:restriction>
    </xs:simpleType>
    <xs:simpleType name="DayMethod">
        <xs:restriction base="xs:string">
            <xs:enumeration value="Ordinal"/>
            <xs:enumeration value="HeavenlyStemAndTerrestrialBranch"/>
            <xs:enumeration value="MoonPhase"/>
            <xs:enumeration value="HSTBAndMP"/>
        </xs:restriction>
    </xs:simpleType>
    <xs:simpleType name="HourMethod">
        <xs:restriction base="xs:string">
            <xs:enumeration value="SkyLuminance"/>
            <xs:enumeration value="TerrestrialBranch"/>
            <xs:enumeration value="BellDrum"/>
        </xs:restriction>
    </xs:simpleType>
    <xs:simpleType name="MinuteMethod">
        <xs:restriction base="xs:string">
            <xs:enumeration value="Quarter"/>
            <xs:enumeration value="Brreakpoint"/>
        </xs:restriction>
    </xs:simpleType>
</xs:schema>
```

附录 11　家谱数据交换标准 XML Schema①

```
<?xml version="1.0" encoding="UTF-8"?>
<xs:schema xmlns:xs="http://www.w3.org/2001/XMLSchema" xmlns:Genealogy="http://www.hxjiapu.com.cn/Genealogy" elementFormDefault="qualified" attributeFormDefault="unqualified">
    <!-- **************************** //-->
    <!-- defining simple types //-->
    <!-- **************************** //-->
    <!-- 简单日期信息 -->
    <xs:simpleType name="SimpleDateType">
        <xs:restriction base="xs:token">
            <xs:pattern value="(\-)?\d{4}(/\d{4})?(\-\d{2}(\-\d{2})?)?"/>
        </xs:restriction>
    </xs:simpleType>
    <!-- 简单时间信息 -->
    <xs:simpleType name="SimpleTimeType">
        <xs:restriction base="xs:token">
            <xs:pattern value="\d{2}(:\d{2}(:\d{2})?)?"/>
        </xs:restriction>
    </xs:simpleType>
    <!--Email 信息 -->
    <xs:simpleType name="EmailType">
        <xs:restriction base="xs:token">
            <xs:pattern value="/^\w+((-\w+)|(\.\w+))*\.@［A-Za-z0-9］+((\.|-)［A-Za-z0-9］+)*\.［A-Za-z0-9］+MYM/"/>
        </xs:restriction>
    </xs:simpleType>
    <!-- ************************************ //-->
    <!-- defining enumerations //-->
    <!-- ************************************ //-->
    <!-- 性别类别 -->
    <xs:simpleType name="GenderTypes">
        <xs:restriction base="xs:token">
```

① 杨翼. 家谱数据交换标准研究［D］. 南京：南京师范大学，2009：66－72.

```
        <xs:enumeration value="Male"/>
        <xs:enumeration value="Female"/>
        <xs:enumeration value="Unknown"/>
    </xs:restriction>
</xs:simpleType>
<!-- 宗教信仰类别 -->
<xs:simpleType name="ReligionTypes">
    <xs:restriction base="xs:token">
        <xs:enumeration value="Anglican"/>
        <xs:enumeration value="Baptist"/>
        <xs:enumeration value="Buddhist"/>
        <xs:enumeration value="Christian"/>
        <xs:enumeration value="GreekOrchodox"/>
        <xs:enumeration value="Hindi"/>
        <xs:enumeration value="Jewish"/>
        <xs:enumeration value="Methodist"/>
        <xs:enumeration value="Mormon"/>
        <xs:enumeration value="Muslim"/>
        <xs:enumeration value="NoReligion"/>
        <xs:enumeration value="Protestant"/>
        <xs:enumeration value="RomanCatholic"/>
        <xs:enumeration value="Sikh"/>
        <xs:enumeration value="Taoism"/>
        <xs:enumeration value="Unknown"/>
    </xs:restriction>
</xs:simpleType>
<!-- 地址类别 -->
<xs:simpleType name="AddressTypes">
    <xs:restriction base="xs:token">
        <xs:enumeration value="Home"/>
        <xs:enumeration value="Office"/>
        <xs:enumeration value="Other"/>
    </xs:restriction>
</xs:simpleType>
<!-- 电话类别 -->
<xs:simpleType name="PhoneTypes">
    <xs:restriction base="xs:token">
        <xs:enumeration value="Home"/>
        <xs:enumeration value="Office"/>
```

```
        <xs:enumeration value="Fax"/>
        <xs:enumeration value="Mobile"/>
        <xs:enumeration value="Other"/>
    </xs:restriction>
</xs:simpleType>
<!-- 链接类别 -->
<xs:simpleType name="LinkTypes">
    <xs:restriction base="xs:token">
        <xs:enumeration value="External"/>
        <xs:enumeration value="Internal"/>
    </xs:restriction>
</xs:simpleType>
<!-- 状态类别 -->
<xs:simpleType name="ExistanceTypes">
    <xs:restriction base="xs:token">
        <xs:enumeration value="Living"/>
        <xs:enumeration value="Deceased"/>
        <xs:enumeration value="Mythical"/>
        <xs:enumeration value="Unknown"/>
    </xs:restriction>
</xs:simpleType>
<!-- 事件类别 -->
<xs:simpleType name="EventTypes">
    <xs:restriction base="xs:token">
        <xs:enumeration value="Birth"/>
        <xs:enumeration value="Baptism"/>
        <xs:enumeration value="Death"/>
        <xs:enumeration value="Burial"/>
        <xs:enumeration value="Marriage"/>
        <xs:enumeration value="Divorce"/>
        <xs:enumeration value="Immigration"/>
        <xs:enumeration value="Emigration"/>
        <xs:enumeration value="Education"/>
        <xs:enumeration value="Occupation"/>
        <xs:enumeration value="Other"/>
        <xs:enumeration value="Unknown"/>
    </xs:restriction>
</xs:simpleType>
<!-- 中西方日历类别 -->
```

```
<xs:simpleType name="CalendarTypes">
    <xs:restriction base="xs:token">
        <xs:enumeration value="ChineseTraditional"/>
        <xs:enumeration value="ChineseDynasty"/>
        <xs:enumeration value="Gregorian"/>
        <xs:enumeration value="Julian"/>
        <xs:enumeration value="Hebrew"/>
        <xs:enumeration value="FrenchRevolutionary"/>
        <xs:enumeration value="Islamic"/>
        <xs:enumeration value="Indian"/>
        <xs:enumeration value="Unknown"/>
    </xs:restriction>
</xs:simpleType>
<!-- 时间精确度种类 -->
<xs:simpleType name="DateTypes">
    <xs:restriction base="xs:token">
        <xs:enumeration value="About"/>
        <xs:enumeration value="Exactly"/>
        <xs:enumeration value="Before"/>
        <xs:enumeration value="After"/>
        <xs:enumeration value="Unknown"/>
    </xs:restriction>
</xs:simpleType>
<!-- 地名属性类别 -->
<xs:simpleType name="PeriodTypes">
    <xs:restriction base="xs:token">
        <xs:enumeration value="Present"/>
        <xs:enumeration value="Old"/>
        <xs:enumeration value="Ancient"/>
        <xs:enumeration value="Unknown"/>
    </xs:restriction>
</xs:simpleType>
<!-- 行政区划类别 -->
<xs:simpleType name="PlacePartTypes">
    <xs:restriction base="xs:token">
        <xs:enumeration value="Continent"/>
        <xs:enumeration value="Country"/>
        <xs:enumeration value="State"/>
        <xs:enumeration value="Province"/>
```

```
            <xs:enumeration value="County"/>
            <xs:enumeration value="District"/>
            <xs:enumeration value="Region"/>
            <xs:enumeration value="City"/>
            <xs:enumeration value="Town"/>
            <xs:enumeration value="Village"/>
            <xs:enumeration value="Street"/>
            <xs:enumeration value="Diocese"/>
            <xs:enumeration value="Parish"/>
            <xs:enumeration value="Building"/>
            <xs:enumeration value="Mountain"/>
            <xs:enumeration value="Lake"/>
            <xs:enumeration value="Unknown"/>
        </xs:restriction>
    </xs:simpleType>
    <!-- 关联目标类别 -->
    <xs:simpleType name="TargetTypes">
        <xs:restriction base="xs:token">
            <xs:enumeration value="Individual"/>
            <xs:enumeration value="Family"/>
            <xs:enumeration value="Group"/>
            <xs:enumeration value="Citation"/>
            <xs:enumeration value="MultiMedia"/>
            <xs:enumeration value="Document"/>
            <xs:enumeration value="Event"/>
        </xs:restriction>
    </xs:simpleType>
    <!-- 状态类别 -->
    <xs:simpleType name="StatusTypes">
        <xs:restriction base="xs:token">
            <xs:enumeration value="Married"/>
            <xs:enumeration value="Divorced"/>
            <xs:enumeration value="Separated"/>
            <xs:enumeration value="Widowed"/>
            <xs:enumeration value="Engaged"/>
            <xs:enumeration value="Cohabited"/>
            <xs:enumeration value="Annulled"/>
            <xs:enumeration value="Other"/>
            <xs:enumeration value="Unknown"/>
```

```
    </xs:restriction>
</xs:simpleType>
<!--Group 类型 -->
<xs:simpleType name="GroupTypes">
    <xs:restriction base="xs:token">
        <xs:enumeration value="Tribe"/>
        <xs:enumeration value="Household"/>
        <xs:enumeration value="Neighborhood"/>
        <xs:enumeration value="Commune"/>
        <xs:enumeration value="Army"/>
        <xs:enumeration value="Unknown"/>
    </xs:restriction>
</xs:simpleType>
<!--Group 成员角色类别 -->
<xs:simpleType name="GroupMemberRoleTypes">
    <xs:restriction base="xs:token">
        <xs:enumeration value="Ancestor"/>
        <xs:enumeration value="Descendant"/>
        <xs:enumeration value="Neighbor"/>
        <xs:enumeration value="Comrade"/>
        <xs:enumeration value="Unknown"/>
    </xs:restriction>
</xs:simpleType>
<!-- 文献信息类别 -->
<xs:simpleType name="DocumentTypes">
    <xs:restriction base="xs:token">
        <xs:enumeration value="Genealogy"/>
        <xs:enumeration value="Group"/>
        <xs:enumeration value="Individual"/>
        <xs:enumeration value="Unknown"/>
    </xs:restriction>
</xs:simpleType>
<!-- 多媒体类别 -->
<xs:simpleType name="MultiMediaTypes">
    <xs:restriction base="xs:token">
        <xs:enumeration value="Video"/>
        <xs:enumeration value="Picture"/>
        <xs:enumeration value="Audio"/>
        <xs:enumeration value="Unknown"/>
```

```
    </xs:restriction>
</xs:simpleType>
<!-- 几何类别 -->
<xs:simpleType name="GeometryTypes">
    <xs:restriction base="xs:token">
        <xs:enumeration value="Point"/>
        <xs:enumeration value="LineString"/>
        <xs:enumeration value="LinearRing"/>
        <xs:enumeration value="Polygon"/>
    </xs:restriction>
</xs:simpleType>
<!-- ****************************** //-->
<!-- defining complex types //-->
<!-- ****************************** //-->
<!-- 性别信息 -->
<xs:complexType name="GenderType">
    <xs:simpleContent>
        <xs:extension base="xs:string">
            <xs:attribute name="Type" type="GenderTypes" use="optional" default="Unknown"/>
        </xs:extension>
    </xs:simpleContent>
</xs:complexType>
<!-- 宗教信仰信息 -->
<xs:complexType name="ReligionType">
    <xs:simpleContent>
        <xs:extension base="xs:string">
            <xs:attribute name="Type" type="ReligionTypes" use="optional" default="Unknown"/>
        </xs:extension>
    </xs:simpleContent>
</xs:complexType>
<!-- 生存状态信息 -->
<xs:complexType name="ExistanceType">
    <xs:simpleContent>
        <xs:extension base="xs:string">
            <xs:attribute name="Type" type="ExistanceTypes" use="optional" default=
        "Unknown"/>
        </xs:extension>
    </xs:simpleContent>
</xs:complexType>
```

```
<!-- 关联信息 -->
<xs:complexType name="RefIdType">
    <xs:attribute name="Target" type="TargetTypes" use="required"/>
    <xs:attribute name="RefId" type="xs:IDREF" use="required"/>
</xs:complexType>
<!-- 个人名字信息 -->
<xs:complexType name="IndivNameType">
    <xs:sequence>
        <xs:element name="Given" type="xs:string" minOccurs="0"/>
        <xs:element name="Surname" type="xs:string" minOccurs="0"/>
        <xs:element name="Middle" type="xs:string" minOccurs="0"/>
        <xs:element name="Nickname" type="xs:string" minOccurs="0"/>
        <xs:element name="Cognomen" type="xs:string" minOccurs="0"/>
        <xs:element name="Religious" type="xs:string" minOccurs="0"/>
        <xs:element name="Honorific" type="xs:string" minOccurs="0"/>
        <xs:element name="Prefix" type="xs:string" minOccurs="0"/>
        <xs:element name="Suffix" type="xs:string" minOccurs="0"/>
        <xs:element name="Agnomen" type="xs:string" minOccurs="0"/>
        <xs:element name="Title" type="xs:string" minOccurs="0"/>
        <xs:element name="Stage" type="xs:string" minOccurs="0"/>
        <xs:element name="Zi" type="xs:string" minOccurs="0"/>
        <xs:element name="Hao" type="xs:string" minOccurs="0"/>
    </xs:sequence>
</xs:complexType>
<!-- 修改信息 -->
<xs:complexType name="ModifiedType">
    <xs:sequence>
        <xs:element name="Date" type="SimpleDateType" minOccurs="0"/>
        <xs:element name="Time" type="SimpleTimeType" minOccurs="0"/>
        <xs:element name="Note" type="xs:string" minOccurs="0" maxOccurs="unbounded"/>
    </xs:sequence>
</xs:complexType>
<!-- 地址信息 -->
<xs:complexType name="AddressType">
    <xs:sequence>
        <xs:element name="Description" type="xs:string" minOccurs="0"/>
        <xs:element name="PostalCode" type="xs:string" minOccurs="0"/>
    </xs:sequence>
    <xs:attribute name="Type" type="AddressTypes" use="optional" default="Other"/>
```

```xml
</xs:complexType>
<!-- 电话信息 -->
<xs:complexType name="PhoneType">
    <xs:simpleContent>
        <xs:extension base="xs:token">
            <xs:attribute name="Type" type="PhoneTypes" use="optional" default="Other"/>
        </xs:extension>
    </xs:simpleContent>
</xs:complexType>
<!-- 联系信息 -->
<xs:complexType name="ContactInfoType">
    <xs:choice minOccurs="0" maxOccurs="unbounded">
        <xs:element name="Addresses" minOccurs="0">
            <xs:complexType>
                <xs:sequence>
                    <xs:element name="Address" type="AddressType" minOccurs="0" maxOccurs="unbounded"/>
                </xs:sequence>
            </xs:complexType>
        </xs:element>
        <xs:element name="Phones" minOccurs="0">
            <xs:complexType>
                <xs:sequence>
                    <xs:element name="Phone" type="PhoneType" minOccurs="0" maxOccurs="unbounded"/>
                </xs:sequence>
            </xs:complexType>
        </xs:element>
        <xs:element name="Email" type="EmailType" minOccurs="0" maxOccurs="unbounded"/>
    </xs:choice>
</xs:complexType>
<!-- 链接信息 -->
<xs:complexType name="LinkType">
    <xs:sequence>
        <xs:element name="URI" type="xs:anyURI"/>
    </xs:sequence>
    <xs:attribute name="Type" type="LinkTypes" use="optional" default="External"/>
</xs:complexType>
```

```
<!-- 事件信息 -->
<xs:complexType name="EventType">
    <xs:sequence>
        <xs:element name="Participants" minOccurs="0">
            <xs:complexType>
                <xs:sequence>
                    <xs:element name="ParticipantRef" type="RefIdType" minOccurs="0"
                maxOccurs="unbounded"/>
                </xs:sequence>
            </xs:complexType>
        </xs:element>
        <xs:element name="When" type="WhenType" minOccurs="0"/>
        <xs:element name="Place" type="PlaceType" minOccurs="0"/>
        <xs:element name="MultiMedia" minOccurs="0">
            <xs:complexType>
                <xs:sequence>
                    <xs:element name="MultiMediaRef" type="RefIdType" minOccurs="0"
                maxOccurs="unbounded"/>
                </xs:sequence>
            </xs:complexType>
        </xs:element>
        <xs:element name="Citation" minOccurs="0">
            <xs:complexType>
                <xs:sequence>
                    <xs:element name="CitationRec" type="RefIdType" minOccurs="0"
                maxOccurs="unbounded"/>
                </xs:sequence>
            </xs:complexType>
        </xs:element>
        <xs:element name="Document" minOccurs="0">
            <xs:complexType>
                <xs:sequence>
                    <xs:element name="DocumentRec" type="RefIdType" minOccurs="0"
                maxOccurs="unbounded"/>
                </xs:sequence>
            </xs:complexType>
        </xs:element>
    </xs:sequence>
    <xs:attribute name="Type" type="EventTypes" use="optional" default="Unknown"/>
```

```
</xs:complexType>
<!-- 时间信息 -->
<xs:complexType name="WhenType">
    <xs:choice>
        <xs:element name="TimePeriod">
            <xs:complexType>
                <xs:sequence>
                    <xs:element name="Begin" type="DateType" minOccurs="0"/>
                    <xs:element name="End" type="DateType" minOccurs="0"/>
                </xs:sequence>
            </xs:complexType>
        </xs:element>
        <xs:element name="TimePosition" type="DateType" minOccurs="0"/>
        <xs:element name="Description" type="xs:string" minOccurs="0"/>
    </xs:choice>
</xs:complexType>
<!-- 日期 -->
<xs:complexType name="DateType">
    <xs:sequence>
        <xs:element name="Date" minOccurs="0">
            <xs:complexType>
                <xs:choice>
                    <xs:element name="WorldStandardDate" type="SimpleDateType"/>
                    <xs:element name="ChineseDate">
                        <xs:complexType>
                            <xs:sequence>
                                <xs:element name="ChineseDynastyDate" type="Chinese
                            DynastyDateType"/>
                                <xs:element name="ChineseLunarDate" type="ChineseLunar
                            DateType"/>
                            </xs:sequence>
                        </xs:complexType>
                    </xs:element>
                </xs:choice>
                <xs:attribute name="Calendar" type="CalendarTypes" use="optional"
            default="Unknown"/>
            </xs:complexType>
        </xs:element>
        <xs:element name="Time" type="TimeType" minOccurs="0"/>
```

```
        <xs:element name="Era" type="xs:string" minOccurs="0"/>
    </xs:sequence>
    <xs:attribute name="Type" type="DateTypes" use="optional" default="About"/>
</xs:complexType>
<!-- 中国朝代纪年 -->
<xs:complexType name="ChineseDynastyDateType">
    <xs:sequence>
        <xs:element name="Dynasty" type="xs:string" minOccurs="0"/>
        <xs:element name="Emperor" type="xs:string" minOccurs="0"/>
        <xs:element name="Year" type="xs:string" minOccurs="0"/>
        <xs:element name="Month" type="xs:string" minOccurs="0"/>
        <xs:element name="Day" type="xs:string" minOccurs="0"/>
    </xs:sequence>
</xs:complexType>
<!-- 中国农历 -->
<xs:complexType name="ChineseLunarDateType">
    <xs:sequence>
        <xs:element name="LunarYear" type="xs:string" minOccurs="0"/>
        <xs:element name="LunarMonth" type="xs:string" minOccurs="0"/>
        <xs:element name="LunarDay" type="xs:string" minOccurs="0"/>
    </xs:sequence>
</xs:complexType>
<!-- 计时 -->
<xs:complexType name="TimeType">
    <xs:choice>
        <xs:element name="WorldStandardTime" type="SimpleTimeType"/>
        <xs:element name="ChineseAncientTime" type="ChineseAncientTimeType"/>
    </xs:choice>
</xs:complexType>
<!-- 中国古代计时 -->
<xs:complexType name="ChineseAncientTimeType">
    <xs:sequence>
        <xs:element name="Hour" type="xs:string" minOccurs="0"/>
        <xs:element name="Minute" type="xs:string" minOccurs="0"/>
    </xs:sequence>
</xs:complexType>
<!-- 地名信息 -->
<xs:complexType name="PlaceType">
    <xs:sequence>
```

```
        <xs:element name="ExistDate" type="WhenType" minOccurs="0"/>
        <xs:element name="PlaceParts" minOccurs="0">
            <xs:complexType>
                <xs:sequence>
                    <xs:element name="PlacePart" type="PlacePartType" minOccurs="0"
                maxOccurs="unbounded"/>
                </xs:sequence>
            </xs:complexType>
        </xs:element>
        <xs:element name="Geometry">
            <xs:complexType>
                <xs:sequence>
                    <xs:element name="GeometryType" type="GeometryTypes"/>
                    <xs:element name="Coordinates" type="xs:string" minOccurs="0"/>
                </xs:sequence>
            </xs:complexType>
        </xs:element>
        <xs:element name="Description" type="xs:string" minOccurs="0"/>
    </xs:sequence>
    <xs:attribute name="PeriodType" type="PeriodTypes" use="optional" default=
"Unknown"/>
</xs:complexType>
<!-- 地名分级 -->
<xs:complexType name="PlacePartType">
    <xs:simpleContent>
        <xs:extension base="xs:string">
            <xs:attribute name="Type" type="PlacePartTypes" use="optional" default=
        "Unknown"/>
            <xs:attribute name="Level" type="xs:string" use="optional" default="1"/>
        </xs:extension>
    </xs:simpleContent>
</xs:complexType>
<!-- **************************** //-->
<!-- defining root element //-->
<!-- **************************** //-->
<xs:element name="Genealogy">
    <xs:complexType>
        <xs:sequence>
            <xs:element name="Metadata">
```

```
<xs:complexType>
    <xs:sequence>
        <xs:element name="Title" type="xs:string" minOccurs="0"/>
        <xs:element name="Keyword" type="xs:string" minOccurs="0"/>
        <xs:element name="Version" type="xs:string" minOccurs="0"/>
        <xs:element name="Language" type="xs:string" minOccurs="0"/>
        <xs:element name="CreateInfo">
            <xs:complexType>
                <xs:sequence>
                    <xs:element name="Creator" type="xs:string" maxOccurs=
                "unbounded"/>
                    <xs:element name="When" type="WhenType" minOccurs=
                "0"/>
                    <xs:element name="Place" type="PlaceType" minOccurs=
                "0"/>
                </xs:sequence>
            </xs:complexType>
        </xs:element>
        <xs:element name="ModifyInfo" maxOccurs="unbounded">
            <xs:complexType>
                <xs:sequence>
                    <xs:element name="Modifier" type="xs:string" maxOccurs=
                "unbounded"/>
                    <xs:element name="When" type="WhenType" minOccurs=
                "0"/>
                    <xs:element name="Place" type="PlaceType" minOccurs=
                "0"/>
                </xs:sequence>
            </xs:complexType>
        </xs:element>
        <xs:element name="ContactInfo">
            <xs:complexType>
                <xs:sequence>
                    <xs:element name="Name" type="xs:string" minOccurs=
                "0"/>
                    <xs:element name="Organization" type="xs:string" min
                Occurs="0"/>
                    <xs:element name="Adress" type="xs:string" minOccurs=
                "0"/>
```

```
                <xs:element name="Phone" type="PhoneType" minOccurs="0" maxOccurs="unbounded"/>
                <xs:element name="Fax" type="xs:string" minOccurs="0"/>
                <xs:element name="Email" type="xs:string" minOccurs="0"/>
            </xs:sequence>
        </xs:complexType>
    </xs:element>
    <xs:element name="PublishInfo">
        <xs:complexType>
            <xs:sequence>
                <xs:element name="Publisher" type="xs:string" minOccurs="0"/>
                <xs:element name="When" type="WhenType" minOccurs="0"/>
                <xs:element name="Place" type="PlaceType" minOccurs="0"/>
            </xs:sequence>
        </xs:complexType>
    </xs:element>
    <xs:element name="GenealogyInfo">
        <xs:complexType>
            <xs:sequence>
                <xs:element name="Surname" type="xs:string"/>
                <xs:element name="Ancestry" type="RefIdType"/>
                <xs:element name="Settlement" type="xs:string"/>
                <xs:element name="MemberNum" type="xs:integer"/>
                <xs:element name="Notables" type="RefIdType" minOccurs="0" maxOccurs="unbounded"/>
            </xs:sequence>
        </xs:complexType>
    </xs:element>
    <xs:element name="Note" type="xs:string" minOccurs="0"/>
  </xs:sequence>
 </xs:complexType>
</xs:element>
<xs:element name="Individual" minOccurs="0" maxOccurs="unbounded">
    <xs:complexType>
        <xs:sequence>
```

```
    <xs:element name="IndivName" type="IndivNameType"/>
    <xs:element name="Gender" type="GenderType" minOccurs="0"/>
    <xs:element name="Nationality" type="xs:string" minOccurs="0"/>
    <xs:element name="Religion" type="ReligionType" minOccurs="0"/>
    <xs:element name="Occupation" type="xs:string" minOccurs="0"/>
    <xs:element name="Existance" type="ExistanceType" minOccurs="0"/>
    <xs:element name="Generation" type="xs:string" minOccurs="0"/>
    <xs:element name="OrderOfBirth" type="xs:string" minOccurs="0"/>
    <xs:element name="ContactInfo" type="ContactInfoType" minOccurs=
"0"/>
    <xs:element name="FamReferTo" minOccurs="0">
        <xs:complexType>
            <xs:sequence>
                <xs:element name="FamRef" type="RefIdType" minOccurs=
            "0" maxOccurs="unbounded"/>
            </xs:sequence>
        </xs:complexType>
    </xs:element>
    <xs:element name="Events" minOccurs="0">
        <xs:complexType>
            <xs:choice>
                <xs:element name="Event" type="EventType" minOccurs=
            "0" maxOccurs="unbounded"/>
                <xs:element name="EventRef" type="RefIdType" min
            Occurs="0" maxOccurs="unbounded"/>
            </xs:choice>
        </xs:complexType>
    </xs:element>
    <xs:element name="Document" minOccurs="0">
        <xs:complexType>
            <xs:sequence>
                <xs:element name="DocumentRec" type="RefIdType"
            minOccurs="0" maxOccurs="unbounded"/>
            </xs:sequence>
        </xs:complexType>
    </xs:element>
    <xs:element name="MultiMedia" minOccurs="0">
        <xs:complexType>
            <xs:sequence>
```

```
                <xs:element name="MultiMediaRef" type="RefIdType"
                minOccurs="0" maxOccurs="unbounded"/>
            </xs:sequence>
        </xs:complexType>
    </xs:element>
    <xs:element name="Citation" minOccurs="0">
        <xs:complexType>
            <xs:sequence>
                <xs:element name="CitationRec" type="RefIdType" min
            Occurs="0" maxOccurs="unbounded"/>
            </xs:sequence>
        </xs:complexType>
    </xs:element>
</xs:sequence>
<xs:attribute name="ID" type="xs:ID" use="required"/>
</xs:complexType>
</xs:element>
<xs:element name="Family" minOccurs="0" maxOccurs="unbounded">
    <xs:complexType>
        <xs:sequence>
            <xs:element name="Husband">
                <xs:complexType>
                    <xs:sequence>
                        <xs:element name="IndivRef" type="RefIdType"/>
                    </xs:sequence>
                </xs:complexType>
            </xs:element>
            <xs:element name="Wife" minOccurs="0">
                <xs:complexType>
                    <xs:sequence>
                        <xs:element name="WifeRef" minOccurs="0" maxOccurs=
                        "unbounded">
                            <xs:complexType>
                                <xs:sequence>
                                    <xs:element name="WifeRank" type="xs:integer"
                                minOccurs="0"/>
                                </xs:sequence>
                                <xs:attribute name="RefId" type="xs:IDREF" use=
                            "required"/>
```

```
                <xs:attribute name="Status" type="StatusTypes"
            use="optional" default="Unknown"/>
            </xs:complexType>
        </xs:element>
    </xs:sequence>
</xs:complexType>
</xs:element>
<xs:element name="Child" minOccurs="0">
    <xs:complexType>
        <xs:sequence>
            <xs:element name="ChildRef" minOccurs="0" maxOccurs=
        "unbounded">
                <xs:complexType>
                    <xs:sequence>
                        <xs:element name="RelToFath" type="xs:string"
                    minOccurs="0"/>
                        <xs:element name="ChildOrder" type="xs:integer"
                    minOccurs="0"/>
                    </xs:sequence>
                    <xs:attribute name="RefId" type="xs:IDREF" use=
                "required"/>
                </xs:complexType>
            </xs:element>
        </xs:sequence>
    </xs:complexType>
</xs:element>
<xs:element name="FamRefTo" minOccurs="0">
    <xs:complexType>
        <xs:sequence>
            <xs:element name="ParentFamilyRef" type="RefIdType"
        minOccurs="0" maxOccurs="unbounded"/>
        </xs:sequence>
    </xs:complexType>
</xs:element>
<xs:element name="GroupRefTo" minOccurs="0">
    <xs:complexType>
        <xs:sequence>
            <xs:element name="GroupRef" type="RefIdType" minOccurs=
        "0" maxOccurs="unbounded"/>
```

```
        </xs:sequence>
      </xs:complexType>
    </xs:element>
    <xs:element name="Events" minOccurs="0">
      <xs:complexType>
        <xs:choice>
          <xs:element name="Event" type="EventType" minOccurs=
        "0" maxOccurs="unbounded"/>
          <xs:element name="EventRef" type="RefIdType" min
        Occurs= "0" maxOccurs="unbounded"/>
        </xs:choice>
      </xs:complexType>
    </xs:element>
    <xs:element name="MultiMedia" minOccurs="0">
      <xs:complexType>
        <xs:sequence>
          <xs:element name="MultiMediaRef" type="RefIdType"
        minOccurs="0" maxOccurs="unbounded"/>
        </xs:sequence>
      </xs:complexType>
    </xs:element>
    <xs:element name="Citation" minOccurs="0">
      <xs:complexType>
        <xs:sequence>
          <xs:element name="CitationRec" type="RefIdType"
        minOccurs="0" maxOccurs="unbounded"/>
        </xs:sequence>
      </xs:complexType>
    </xs:element>
    <xs:element name="Document" minOccurs="0">
      <xs:complexType>
        <xs:sequence>
          <xs:element name="DocumentRec" type="RefIdType"
        minOccurs="0" maxOccurs="unbounded"/>
        </xs:sequence>
      </xs:complexType>
    </xs:element>
  </xs:sequence>
  <xs:attribute name="ID" type="xs:ID" use="required"/>
```

```
        </xs:complexType>
    </xs:element>
    <xs:element name="Group" minOccurs="0" maxOccurs="unbounded">
        <xs:complexType>
            <xs:sequence>
                <xs:element name="GroupName" type="xs:string" minOccurs="0"/>
                <xs:element name="Members">
                    <xs:complexType>
                        <xs:sequence>
                            <xs:element name="MemberRef" type="RefIdType"
                        minOccurs="0" maxOccurs="unbounded"/>
                        </xs:sequence>
                        <xs:attribute name="Role" type="GroupMemberRoleTypes"
                        use="optional" default="Unknown"/>
                    </xs:complexType>
                </xs:element>
                <xs:element name="GroupRefTo" minOccurs="0">
                    <xs:complexType>
                        <xs:sequence>
                            <xs:element name="ParentGroupRef" type="RefIdType"
                        minOccurs="0" maxOccurs="unbounded"/>
                        </xs:sequence>
                    </xs:complexType>
                </xs:element>
                <xs:element name="Events" minOccurs="0">
                    <xs:complexType>
                        <xs:choice>
                            <xs:element name="Event" type="EventType" minOccurs=
                        "0" maxOccurs="unbounded"/>
                            <xs:element name="EventRef" type="RefIdType" minOccurs=
                        "0" maxOccurs="unbounded"/>
                        </xs:choice>
                    </xs:complexType>
                </xs:element>
                <xs:element name="MultiMedia" minOccurs="0">
                    <xs:complexType>
                        <xs:sequence>
                            <xs:element name="MultiMediaRef" type="RefIdType"
                        minOccurs="0" maxOccurs="unbounded"/>
```

```
                <xs:sequence>
            </xs:complexType>
        </xs:element>
        <xs:element name="Citation" minOccurs="0">
            <xs:complexType>
                <xs:sequence>
                    <xs:element name="CitationRec" type="RefIdType"
                minOccurs="0" maxOccurs="unbounded"/>
                </xs:sequence>
            </xs:complexType>
        </xs:element>
        <xs:element name="Document" minOccurs="0">
            <xs:complexType>
                <xs:sequence>
                    <xs:element name="DocumentRec" type="RefIdType"
                minOccurs="0" maxOccurs="unbounded"/>
                </xs:sequence>
            </xs:complexType>
        </xs:element>
    </xs:sequence>
    <xs:attribute name="ID" type="xs:ID" use="required"/>
    <xs:attribute name="Type" type="GroupTypes" use="optional" default=
    "Unknown"/>
  </xs:complexType>
</xs:element>
<xs:element name="DocumentRec" minOccurs="0" maxOccurs="unbounded">
    <xs:complexType>
        <xs:sequence>
            <xs:element name="Title" type="xs:string" minOccurs="0"/>
            <xs:element name="Author" type="xs:string" minOccurs="0"/>
            <xs:element name="DetailText" type="xs:string" minOccurs="0"/>
            <xs:element name="Publishing" type="xs:string" minOccurs="0"/>
            <xs:element name="Note" type="xs:string" minOccurs="0"/>
            <xs:element name="Link" type="LinkType" minOccurs="0"/>
            <xs:element name="MultiMedia" minOccurs="0">
                <xs:complexType>
                    <xs:sequence>
                        <xs:element name="MultiMediaRef" type="RefIdType"
                    minOccurs="0" maxOccurs="unbounded"/>
```

```
                </xs:sequence>
            </xs:complexType>
        </xs:element>
    </xs:sequence>
    <xs:attribute name="ID" type="xs:ID" use="required"/>
    <xs:attribute name="Type" type="DocumentTypes" use="optional"
default="Unknown"/>
</xs:complexType>
</xs:element>
<xs:element name="CitationRec" minOccurs="0" maxOccurs="unbounded">
    <xs:complexType>
        <xs:sequence>
            <xs:element name="Title" type="xs:string" minOccurs="0"/>
            <xs:element name="Author" type="xs:string" minOccurs="0"/>
            <xs:element name="ExtractText" type="xs:string" minOccurs="0"/>
            <xs:element name="Link" type="LinkType" minOccurs="0"/>
            <xs:element name="MultiMedia" minOccurs="0">
                <xs:complexType>
                    <xs:sequence>
                        <xs:element name="MultiMediaRef" type="RefIdType"
                    minOccurs="0" maxOccurs="unbounded"/>
                    </xs:sequence>
                </xs:complexType>
            </xs:element>
        </xs:sequence>
        <xs:attribute name="ID" type="xs:ID" use="required"/>
    </xs:complexType>
</xs:element>
<xs:element name="MultiMediaRec" minOccurs="0" maxOccurs="unbounded">
    <xs:complexType>
        <xs:sequence>
            <xs:element name="Title" type="xs:string" minOccurs="0"/>
            <xs:element name="Description" type="xs:string" minOccurs="0"/>
            <xs:element name="Type" type="MultiMediaTypes"/>
            <xs:element name="Format" type="xs:string" minOccurs="0"/>
            <xs:element name="Link" type="LinkType" minOccurs="0"/>
        </xs:sequence>
        <xs:attribute name="ID" type="xs:ID" use="required"/>
    </xs:complexType>
```

```
</xs:element>
<xs:element name="EventRec">
    <xs:complexType>
        <xs:sequence>
            <xs:element name="Description" type="xs:string" minOccurs="0"
        maxOccurs="unbounded"/>
            <xs:element name="EventType" type="EventTypes"/>
            <xs:element name="Participants" minOccurs="0">
                <xs:complexType>
                    <xs:sequence>
                        <xs:element name="Participant" minOccurs="0" max
                    Occurs="unbounded">
                            <xs:complexType>
                                <xs:sequence>
                                    <xs:element name="ParticipantRef" type=
                                "RefIdType" minOccurs="0"/>
                                    <xs:element name="Role" type="xs:string"
                                minOccurs="0"/>
                                </xs:sequence>
                            </xs:complexType>
                        </xs:element>
                    </xs:sequence>
                </xs:complexType>
            </xs:element>
            <xs:element name="When" type="WhenType" minOccurs="0"/>
            <xs:element name="Place" type="PlaceType" minOccurs="0"/>
            <xs:element name="MultiMedia" minOccurs="0">
                <xs:complexType>
                    <xs:sequence>
                        <xs:element name="MultiMediaRef" type="RefIdType"
                    minOccurs="0" maxOccurs="unbounded"/>
                    </xs:sequence>
                </xs:complexType>
            </xs:element>
            <xs:element name="Citation" minOccurs="0">
                <xs:complexType>
                    <xs:sequence>
                        <xs:element name="CitationRec" type="RefIdType"
                    minOccurs="0" maxOccurs="unbounded"/>
```

```
                </xs:sequence>
              </xs:complexType>
            </xs:element>
            <xs:element name="Document" minOccurs="0">
              <xs:complexType>
                <xs:sequence>
                  <xs:element name="DocumentRec" type="RefIdType"
                minOccurs="0" maxOccurs="unbounded"/>
                </xs:sequence>
              </xs:complexType>
            </xs:element>
          </xs:sequence>
          <xs:attribute name="ID" type="xs:ID" use="required"/>
        </xs:complexType>
      </xs:element>
    </xs:sequence>
  </xs:complexType>
</xs:element>
</xs:schema>
```